KEXUE FAZHAN ZAI GUANGDONG DANG DE JIANSHE PIAN

科学发展在广东

广东是改革开放的先行地，广东是科学发展的排头兵。
广东科学发展经历了从思想到行动、从经济政治到文化社会、
从重点突破到全面推进的过程。

党的建设篇

陈金龙 主编／许冲 著

廣東省出版集團
全国优秀出版社 全国百佳图书出版单位 广东教育出版社
·广州·

图书在版编目（CIP）数据

科学发展在广东．党的建设篇 / 陈金龙主编；许冲著．—广州：广东教育出版社，2013. 6
ISBN 978-7-5548-0334-9

Ⅰ．①科…　Ⅱ．①陈…②许…　Ⅲ．①社会主义建设模式—研究—广东省②中国共产党—地方组织—党的建设—广东省　Ⅳ．①D676.5

中国版本图书馆CIP数据核字（2013）第123467号

责任编辑：靳淑敏
责任技编：吴伟腾
装帧设计：刘敏妮

广东教育出版社出版发行
（广州市环市东路472号12–15楼）
邮政编码：510075
网址：http://www.gjs.cn
广东新华发行集团股份有限公司经销
广东新华印刷有限公司印刷
（佛山市南海盐步河东中心路）
787毫米×1092毫米　16开本　13.75印张　275 000字
2013年6月第1版　2013年6月第1次印刷
ISBN 978-7-5548-0334-9
定价：29.50元
质量监督电话：020-87613102　购书咨询电话：020-87621848

写在前面的话

陈金龙

广东是改革开放的先行地，广东是科学发展的排头兵。

20世纪80年代，广东以“杀出一条血路”的勇气与胆识，开启了中国改革开放的步伐。进入21世纪，当中国经济社会发展徘徊在新的十字路口时，历史再次赋予广东特殊的使命，担负了科学发展先行先试的重任。经过近十年的探索与实践，广东闯出了一条科学发展的新路，交出了一份科学发展的满意答卷，提供了科学发展的典型样本。

21世纪之初，广东经济发展方式粗放、区域发展不平衡、环境资源压力增大、文化发展与社会管理滞后等结构性、体制性矛盾日益凸显，严重制约了广东经济社会协调发展，所谓“中等收入陷阱”的危机悄悄来临。

路在何方?

正当广东人苦苦思索之时，2003年4月，胡锦涛总书记来到广东视察，要求广东抓住机遇，加快发展，率先发展，协调发展，在全面建设小康社会、开创中国特色社会主义事业新局面的进程中更好地发挥排头兵的作用。从此，一个全新的发展理念、战略构想在萌生、在酝酿。

科学发展观的提出及其内涵的日渐明晰，为广东经济社会发展指明了方向。近十年，广东无论经济、政治、文化发展，还是社会建设、党的建设、生态文明建设，都贯穿了科学发展的要求，渗透了科学发展的理念。广东科学发展之花，已结出科学发展之果。

近十年，广东经济发展实现了新跨越。经济总量提升，综合实力增强，2011年全省GDP总量达到5.3万亿元，成为全国首个GDP突破5万亿元大关的省份。通过推动服务型政府建设、深化国有企业改革、完善要素配置机制，广东市场经济体制日益完善，现代市场体系日益健全。广东巧妙利用国际经济危机带来的机遇，化危为机，适时实行"双转移"战略，珠三角"腾笼换鸟"，粤东西北"筑巢引凤"，实现了产业结构优化升级与发展方式的转变。通过加大研发资金的投入，改革科技创新体制，自主创新能力明显增强，广东专利申请量和授权量位居全国第一，"创新型广东"崭露头角。广东积极推进珠三角区域一体化，促进东西两翼振兴发展、山区生态发展，形成了优势互补的多极格局，全省区域协调发展的势头显现。通过多领域、多层次的对外开放，深化了与周边地区及发达国家的合作，外向型经济得到拓展，外贸大省地位进一步巩固，并开始实现从"引进来"到"走出去"的战略转变，广东开放型经济的格局基本形成。经济发展的目的是为了民生幸福，广东通过一系列民生工程的实施，使幸福广东成为现实。当前，广东总体上仍处于可以大有作为的重要战略机遇期，继续领跑全国经济发展的方向不会改变。

近十年，广东政治改革与政治发展取得新突破。有人说，广东只有经济改革而无政治改革，其实这是莫大的误解。"寓政治改革于经济改革之中"，是广东政治改革的策略，也是广东政治改革的特点。精心选择政治改革的内容，谨慎确定政治改革的内部次序，让政治改革与经济改革有效协同，以促进广东产业的转型升级和区域的科学发展，是近年广东政治改革的基点所在。与此同时，广东政治改革的附属性、被动性出现了改变趋势，政治改革的独立地位和自身价值开始呈现。2008年以来，广东以新的思路，重新开启了政府职能转变改革。大部制改革中，创造了"顺德模式"和"深圳模式"，被称为大部制改革的"双黄蛋"；以"减、转、放"为主线的行政审批制度改革力度前所未有，成效明显；重构地方各级政府职权关系的富县强镇、简政强镇改革取得阶段性成果。创造了网络问政独特的"广东样本"，广东对互联网这一新的政治技术的运用走在全国前列，拓展了社会政治参与的渠道，成为推动广东改革开放和科学发展的重要力量，体现了广东政治发展的领先性和前瞻性，引起各方关注。人民民主得到发展，人民代表大会建设进一步加强，人大的作用得到有效发挥；协商民主实现跨越式发展，政治协商被纳入各级党委、人大、政府的决策程序，预示多党合作和政治协商未来的发展方向。基层民主和基层治理在曲折探索中奋力前行，创造了农村基层民主的“云浮模式”、“蕉岭模式”，城市社区治理的“盐田模式”、“南山模式”。面对基层抗争演变的新形势，广东不断探索新的治理思路和对策，保持了社会的总体稳定。可以说，政治改革是近年广东改革格局中成效最为明显、最为引人注目的部分。

近十年，广东迈开了从文化大省到文化强省的步伐。文化体制改革从试点走向全面推广，在建立现代文化市场体系、转变政府文化管理职能、处理文化事业与文化产业关系、推进经营性文化单位转企改制等方面进行了积极探索，在诸多文化领域初步实现了企业化经营和市场化运作。广东省委、省政府加大对公共文化服务体系建设的投入，在公共文化基础设施建设、公共文化资源共享、群众性文化活动开展、现代文明城市与文明村镇建设等方面取得了明显进展。广东文化创作呈现繁荣局面，精品佳作不断涌现，成为全国生产创作文化精品的重要基地，走出了一条具有广东特色的文化精品创作之路。广东借助国家文化产业发展政策之力，培育文化产权市场，提高文化产业发展质量，加快文化产业发展速度，文化产业日渐崛起。广东在物质文化遗产保护、非物质文化遗产保护、文化遗产的司法保护等方面取得成效，创新了文化遗产保护理念。通过实施文化“走出去”战略，加大对外文化交流力度，丰富对外文化交流形式，扩大对外文化交流范围，使更多的文化产品和文化活动进入国际市场，提升了广东文化的国际影响力。广东重视文化发展的“顶层设计”与文化立法，《广东省建设文化强省规划纲要（2011—2020年）》的制颁，系列文化法规的制定，使广东文化发展有目标、有规约。“厚于德、诚于信、敏于行”的新时期广东精神的提出与践行，促进了良好社会风尚的形成，提升了广东干部群众的道德素养。可以说，广东走出了一条经济、政治、社会发展与文化发展的互动双赢之路，被外界误读为“文化沙漠”的广东，以文化发展的新景象消解了外界的误会、赢得了社会的认同。

近十年，广东社会建设呈现良好势头。从和谐广东到幸福广东，从幸福广东到平安广东，这是广东社会建设的目标追求。改善民生是幸福广东的核心所在，广东各级政府不断探索解决民生问题的机制与举措，民生福祉成为政府主业。广东在提高社会管理科学化水平过程中，通过发挥社会组织力量、保障底线民生、公正处理群体性事件，创新了社会管理模式。

广东社会组织呈现快速、稳定发展的态势，门类齐全、结构趋于合理，去行政化和去垄断化的发展主线日益明晰，社会组织开始成为社会建设的主体。广东大胆探索异地务工人员融入城市社会的路径，通过推进户籍制度改革、取消“农民工”称谓、推动基本公共服务均等化、畅通政治参与渠道等，促进了农民工的华丽转身。目前，广东正在探索平安广东建设的路子，力求实现由被动维稳到主动创平的转变。广东在全国率先出台省级幸福指标体系，目的是让幸福广东“摸得着，看得到”，让争取幸福、创造幸福成为广东的主流风气。可以说，经过近年的思考和摸索，广东社会建设的思路已基本明确，即“强党委、小政府、大社会、活基层、广参与”。

广东科学发展关键在党，科学发展对党的执政能力、执政水平、执政方式提出了新的要求。广东省委主动应对挑战，全面提高管党治党水平，“主业”意识显著增强。解放思想是广东科学发展的突破口，新一轮解放思想达成的共识、凝聚的力量，成为推动科学发展的重要力量。广东学习型政党建设着力打造适合不同对象的学习平台，营造重视学习、善于学习、自觉学习的社会氛围，让学习成为生活方式，让学习成为社会时尚。广东干部选拔任用的民主化程度日益提高，公开选拔、竞争上岗等竞争性选拔方式成为常态，促进科学发展的干部考核评价机制正在形成，科学发展成为配班子、选干部、用人才的重要标准，让善于科学发展的人上、不善于科学发展的人让、阻碍科学发展的人下，成为社会共识。党内民主是人民民主的引领，广东通过实行民主选举、党代表任期制、党务公开，改革与完善全委会制度，党内民主得到发展。广东党组织从解决民生问题、完善体制机制、畅通诉求渠道、加强党风廉政建设等方面入手，全面加强和改进群众工作，党群关系走向和谐。“两新”组织建设是党建工作的新领域、新课题，广东对“两新”组织党建工作进行了积极有效的探索，切实解决了“两新”组织党建工作面临的新问题，把握了“两新”组织党建工作的规律。广东通过建立和完善领导干部巡视制度、加强对一把手的监督、建立信访督查专员制度、举办“纪委开放日”活动等，推进了反腐倡廉建设。未来一段时期，广东党的建设将着力化解思想懈怠、能力不足、脱离群众、消极腐败、制度缺陷的危险，努力提高党的建设科学化水平。

广东科学发展经历了从思想到行动、从经济政治到文化社会、从重点突破到全面推进的过程。广东近十年的辉煌，得益于科学发展；广东科学发展积累的经验，对全国具有启迪和借鉴意义。

解放思想是科学发展的前提。解放思想是观念领域的变革，这种变革可以为科学发展提供精神支撑、思想引导。广东科学发展的动力，来源于解放思想释放出来的能量。通过开展解放思想大讨论，破除了阻碍科学发展的观念，转变了妨碍科学发展的思维，达成了科学发展的共识，提出了科学发展的新思路、新举措，形成了推动科学发展的新机制、新路径，解放思想成为广东科学发展的切入点。广东科学发展样本的生成，在一定意义上可以说是解放思想的结果。

敏识潮流是科学发展的基石。广东省委、省政府能以世界眼光、国际视野谋划广东的经济社会发展，既立足广东，又面向全球，将广东的经济社会发展置于国际背景下来思考，因而能敏锐抓住国际机遇，从容应对国际挑战。同时，广东能将中央的决策、部署与广东的实际结合起来，创造性地制定具体政策和措施，推动广东科学发展。同时，广东省委、省政府能从市场经济内在规律和市场经济发展要求出发，谋划发展蓝图，创新发展理念，转变发展方式，破解发展难题。敏识国际、国内发展潮流，遵循市场经济规律，是广东科学发展的重要经验。

制度安排是科学发展的保障。科学发展需要相应的制度安排，否则难以落到实处。广东从改革考核、考评、考察干部的“指挥棒”入手，制定实施了《市厅级党政领导班子和领导干部落实科学发展观评价指标体系和考核评价办法》。这根“指挥棒”突出科学发展的主题主线，引导各级干部告别GDP崇拜。同时，为推进社会建设，广东省委、省政府颁发了《关于加强社会建设的决定》及七个配套文件，形成了完整的推进社会建设的制度体系。广东科学发展每前进一步，都有相应的制度安排作支撑。

人民群众是科学发展的主体。人民群众是创造历史、推动社会发展的主体，科学发展同样有赖于人民群众的实践。广东在科学发展的过程中，注意集中群众的智慧、才能和力量谋科学发展、促科学发展。在尊重群众意见、反映群众呼声的同时，注意充分发挥群众的积极性、主动性、创造性。以人为本是科学发展观的核心，广东科学发展的归宿是民生问题的解决与人民幸福指数的提升，这正体现了对科学发展主体的尊重。

岭南文化是广东科学发展的底蕴。岭南文化务实、开放、包容、进取的传统，孕育了广东敢为人先、海纳百川、开拓进取的精神品格，广东科学发展的路子是闯出来的、干出来的，是务实的结果、创新的结果。广东科学发展之路诠释了新时期广东精神的内涵，体现了广东的文化传统。

事实表明，广东已步入科学发展的轨道，但也应当清醒认识到，广东科学发展面临的问题依然十分突出。正如广东省委书记汪洋在广东省第十一次党代会的报告中所言："制约我省经济社会发展的长期性、结构性、体制性矛盾尚未得到根本解决，我们的工作与人民群众的期待还有不少差距。转变经济发展方式有待深化，城乡区域发展不协调问题依然突出；社会建设相对滞后，经济建设和社会建设一手硬一手软的问题依然存在；一些领导班子改革创新意识薄弱，领导科学发展的能力不强……我们只有高度重视并认真解决这些问题，科学发展的道路才能越走越宽广。"

广东科学发展中遇到的问题，还是有赖于科学发展去解决。

目录

引言　广东科学发展关键在党

胡锦涛总书记在庆祝中国共产党成立90周年大会上指出，回顾90年中国的发展进步，可以得出一个基本结论：办好中国的事情，关键在党。考察广东30多年改革开放的历史进程和科学发展的伟大成就，可以得出相同结论：办好广东的事情，关键在党。新时期，继续引领广东科学发展的根本保证，关键在于坚持党的领导、推进党的建设和发挥党的功能，关键在于提升党的创造力、凝聚力、战斗力。

一、“办好中国的事情，关键在党”

建党以来，中国共产党肩负历史重任，经受时代考验，已成为领导和团结全国各族人民建设有中国特色社会主义伟大事业的核心力量。光荣的传统鼓舞人心，历史的使命催人奋进，时代机遇和挑战并存，解决问题的关键都在于中国共产党。

1. 历史共识：“关键在党”的源起与发展

中国共产党是领导我国革命、建设和发展的政治核心与根本保证。解决中国问题，办好中国的事情，关键在党，这是几代领导集体和领导人的经验总结和根本共识。

1957年，邓小平在《今后的主要任务是建设》一文中指出：“过去的革命问题解决得好不好，关键在于党的领导，现在的建设问题解决得好不好，关键也在于党的领导。”[①]邓小平认为是否能把我国建设成为一个伟大的社会主义工业化国家，关键在于党是否善于学习，能否依靠群众。改革开放之初，邓小平明确提出“执政党应该是一个什么样的党”、“党怎

①《邓小平文选》第1卷，人民出版社1994年版，第264页。

样才叫善于领导”的历史性命题。特别强调在整个改革开放进程中，要加强党的领导，必须改善党的领导。1993年6月，在纪念中国共产党成立72周年座谈会上，江泽民强调“在中国，要团结凝聚十一亿多人民，通过改革进一步解放和发展社会生产力，集中力量把经济建设搞上去，实现社会主义现代化建设的宏伟目标，关键在党；要深化改革，成功地创建人类历史上没有先例的社会主义市场经济体制，关键在党；要坚持‘两手抓’，搞好两个文明建设，关键在党；要保持社会政治稳定，实现国家长治久安，关键也在党”①。1996年10月，党的十四届六中全会提出“两个文明”建设，特别强调“建设物质文明关键在党，建设精神文明关键也在党”。2001年7月1日，江泽民在庆祝中国共产党成立80周年大会上指出，八十年的实践启示我们：“必须始终自觉地加强和改进党的建设，不断增强党的创造力、凝聚力和战斗力，永葆党的生机和活力。办好中国的事情，关键在我们党。”②2006年10月，党的十六届六中全会通过的《中共中央关于构建社会主义和谐社会若干重大问题的决定》，特别明确：“构建社会主义和谐社会，关键在党。必须充分发挥党的领导核心作用，坚持立党为公、执政为民，以党的执政能力建设和先进性建设推动社会主义和谐社会建设，为构建社会主义和谐社会提供坚强有力的政治保证。”③2007年10月，党的十七大提出深入贯彻落实科学发展观。科学发展观不仅包含了党的领导，而且理论创立、贯彻落实、坚持发展的关键都在党。胡锦涛总书记在十七大报告中指出：“深入贯彻落实科学发展观，要求我们切实加强和改进党的建设，为科学发展提供可靠的政治和组织保障。”④正是立足于建党以来，尤其是立足于社会主义改造、改革开放、建设和谐社会和实践科学发展等党和国家事业发展重要基础之上，胡锦涛总书记才在庆祝中国共产党成立90周年大会上进一步概括：总结90年的发展历程，得出一个基本结论是：“办好中国的事情，关键在党。”

---

① 中共中央文献研究室编：《十四大以来重要文献选编》（上册），人民出版社1996年版，第327页。

② 江泽民：《论“三个代表”》，中央文献出版社2001年版，第152页。

③ 《中共中央关于构建社会主义和谐社会若干重大问题的决定》，《人民日报》2006年10月19日。

④ 参见《胡锦涛在中国共产党第十七次全国代表大会上的报告》，《人民日报》2007年10月25日。

2. 现实关照：破解中国科学发展难题关键在党

2011年7月1日，胡锦涛在纪念中国共产党成立90周年大会上指出：90年来，中国共产党团结带领人民书写了人类发展史上的壮丽史诗，完成和推进了三件大事。一是完成新民主主义革命，实现了民族独立、人民解放；二是完成了社会主义革命，确立了社会主义基本制度；三是进行了改革开放新的伟大革命，开创、坚持、发展了中国特色社会主义。党领导中国实现伟大社会变革，在取得世人瞩目的成绩的同时，当前世情、国情、党情也发生了深刻变化，为党领导中国经济社会科学发展提出了一系列亟待破解的难题。

回顾和总结建党九十多年的发展史，我们必须清醒地看到，新形势下提高党的领导水平和执政水平，提高拒腐防变和抵御风险能力，加强党的执政能力建设和先进性建设，面临许多前所未有的新情况、新问题、新挑战，执政考验、改革开放考验、市场经济考验、外部环境考验是长期的、复杂的、严峻的。精神懈怠的危险，能力不足的危险，脱离群众的危险，消极腐败的危险，更加尖锐地摆在全党面前，落实党要管党、从严治党的任务比以往任何时候都更为繁重、更为紧迫。[①]回顾和总结改革开放三十多年的历史，“我们必须清醒地看到，我国仍处于并将长期处于社会主义初级阶段的基本国情没有变，人民日益增长的物质文化需要同落后的社会生产之间的矛盾这一社会主要矛盾没有变，当前我国发展呈现出一系列新的阶段性特征。我国生产力水平总体上还不高，自主创新能力还不强，长期形成的结构性矛盾和粗放型增长方式尚未根本改变，影响发展的体制机制障碍依然存在，城乡贫困人口和低收入人口还有相当数量，农业基础薄弱、农村发展滞后的局面尚未改变，缩小城乡、区域发展差距和促进经济社会协调发展任务艰巨，社会建设和管理面临诸多新课题，党和国家工作中还存在缺点和不足，人民群众还有不少不满意的地方”[②]。回顾和总结党领导实践科学发展的历史，当今中国经济社会发展有一系列关键性难题需要破解。自主创新能力不足、体制机制不顺成为制约发展方式转变的重

① 参见胡锦涛：《在庆祝中国共产党成立90周年大会上的讲话》，《 人民日报 》2011年7月2日。

② 胡锦涛：《在纪念党的十一届三中全会召开30周年大会上的讲话》，《人民日报》2008年12月19日。

要因素；国家核心竞争力的提升还有待突破，“三农”基础不牢的问题还将长期存在；综合运用汇率、利率等手段调控宏观经济形势的难度越来越大；农民工户籍、房地产价格、城市管理等问题深度影响着我国城市化进程；收入结构失衡、分配不公等趋势还没有得到根本遏制；政府职能转型滞后于社会转型的局面尚未得到扭转等等。[①]上述问题的解决无不需要在党的领导下，从科学发展上想办法、找对策，破解难题。

3. **功能举要：党是引领科学发展的政治保证**

办好中国的事情，关键在党；引领科学发展，关键更在党。从深入学习实践科学发展观活动到创先争优活动，从建设学习型党组织到加强反腐倡廉制度建设，无不是党紧紧围绕中国特色社会主义伟大事业，以全面推进党的建设引领中国经济社会科学发展的重要举措。

新时期，坚持党的领导核心作用，坚持立党为公、执政为民，以党的执政能力建设和先进性建设推动社会主义和谐社会建设，推动社会经济科学发展，关键在于发挥党的四项基本功能。一是确保科学发展方向的功能。党的十六届六中全会指出，我们要构建的社会主义和谐社会，“是在中国特色社会主义道路上，中国共产党领导全体人民共同建设、共同享有的和谐社会”。我们要深入贯彻落实的科学发展观，是中共十七大报告特别强调的，要求“我们始终坚持‘一个中心、两个基本点’的基本路线”为政治保证的。二是制定科学发展政策的功能。实践科学发展观对党的政策设计的基本要求包括：在政策指向上，要充分体现科学发展的要求；在政策内容上，要充分体现解决人民群众最关心、最直接、最现实的利益等问题重点。三是整合科学发展力量的功能。坚持为了人民、依靠人民，诚心诚意为人民谋利益，从人民群众中汲取智慧和力量，始终保持党同人民群众的血肉联系；坚持任人唯贤、广纳人才，以事业感召、培养、造就人才，不断增加新鲜血液，始终保持党的蓬勃活力；坚持党要管党、从严治党，正视并及时解决党内存在的突出问题，始终保持党的肌体健康。四是营造科学发展环境的功能。胡锦涛总书记指出，总结党成立九十多年的历史，在未来前进道路上“我们要继续牢牢扭住经济建设这个中心不动摇，

---

① 参见《用科学发展观破解发展难题》（2010年4月12日），新华网，http: //news.xinhuanet.com/politics/2010-04/12/c_1228034.htm。

坚定不移走科学发展道路；我们要继续大力推进社会主义民主政治建设，坚定不移走中国特色社会主义政治发展道路；我们要继续大力推动社会主义文化大发展大繁荣，坚定不移发展社会主义先进文化；我们要继续大力保障和改善民生，坚定不移推进社会主义和谐社会建设。同时，中国共产党将在独立自主、完全平等、相互尊重、互不干涉内部事务原则的基础上，同各国各地区政党和政治组织发展交流合作，相互学习借鉴治国理政经验，促进国家关系发展”[①]。可见，没有党的领导、党的功能发挥和党建科学化，就无法在本世纪上半叶，实现带领全国人民完成到中国共产党成立100年时建成惠及十几亿人口的更高水平的小康社会，到新中国成立100年时建成富强民主文明和谐的社会主义现代化国家的宏伟目标。

二、广东科学发展成绩斐然关键在党

改革开放以来，尤其是深入贯彻落实科学发展观以来，广东经济社会发展成绩斐然。广东实现了从一个经济比较落后的农业省份向全国第一经济大省的历史性跨越，实现了从计划经济体制向社会主义市场经济体制的历史性转变，实现了从封闭半封闭向全方位开放的历史性转变，实现了从温饱向宽裕型小康迈进的历史性跨越。[②]广东经济社会跨越式发展，离不开党的领导作为根本保证，具体表现在领导实践科学发展观、构建“幸福广东”过程中的四个方面的作用上。

1. 把握方向：广东科学发展的政治保证

2003年，胡锦涛总书记在中共十六届三中全会上提出了“坚持以人为本，树立全面、协调、可持续的发展观”和“五个统筹”的发展要求，在全党和全国人民中迅速形成了广泛共识。中共十七大报告又深入诠释了科学发展理念：科学发展观，第一要义是发展，核心是以人为本，基本要求是全面协调可持续，根本方法是统筹兼顾。为深入贯彻落实科学发展观，广东继续解放思想，坚定不移地沿着科学发展的方向前行。

---

① 胡锦涛：《在庆祝中国共产党成立90周年大会上的讲话》，《人民日报》2011年7月2日。

② 参见汪洋：《党建工程的排头兵——广东党的建设30年（总序）》，广东人民出版社2008年版，第2页。

2007年，汪洋就任广东省委书记。上任伊始就在省委十届二次会议提出，我们要深入贯彻党的十七大精神，全面建设小康社会，率先基本实现社会主义现代化，必须坚定不移地深入贯彻落实科学发展观，把科学发展观真正落实到工作中，体现在行动上，做科学发展观的忠实实践者和执行者。特别强调实践科学发展观，重在领导，贵在落实。当前要抓好以下几项工作：一是开展解放思想学习讨论活动，为争当实践科学发展观的排头兵提供思想保障。二是建立落实科学发展观的评价指标体系，为争当实践科学发展观的排头兵提供考核依据。三是深化体制改革，为争当实践科学发展观的排头兵提供体制机制保障。四是提高领导科学发展的能力，为争当实践科学发展观的排头兵提供组织保证。[①]此次会议是在党的十七大精神指引下，开启广东科学发展新征程的重要会议。继续解放思想，深入贯彻落实科学发展观，就是要使广东沿着正确的方向加快发展。2008年6月，中共广东省委十届三次全会召开，汪洋在讲话中再次强调，广东要始终坚持解放思想，进一步增强贯彻落实科学发展观的自觉性和坚定性；要始终坚持“八个必须，八个解放出来”，突破长期以来形成的一些束缚广东科学发展的思维定势、路径依赖、利益格局和体制机制；要始终坚持“面向世界，服务全国，努力建设成为提升我国国际竞争力的主力省，探索科学发展模式的试验区，发展中国特色社会主义的先行地”的科学发展战略目标。会议审议通过的《中共广东省委、广东省人民政府关于争当实践科学发展观排头兵的决定》，是认真总结全省解放思想学习讨论活动的重要精神成果，既有思想性、指导性，又有针对性和操作性，是树立科学发展新观念、努力开创广东科学发展美好未来的重要部署。正是在党的领导下，中共广东省委深入贯彻落实十七大精神，围绕科学发展主题，继续发扬“厚于德、诚于信、敏于行”的新时期广东精神，谋划广东科学发展。

2. 制定政策：广东科学发展的重要环节

任何理论指导实践都需要借助一系列的中间环节，政策是联系理论和实践的中介或桥梁。科学发展观是一个科学的理论体系，是党的执政理

---

① 参见中共广东省委宣传部编：《广东省解放思想学习讨论活动文件汇编》，广东人民出版社2008年版，第16~18页。

念、执政方略、执政举措的新的理论概括，又是关于加快发展、科学发展、和谐发展的规律和本质的探索和总结。实践科学发展观，需要发挥政策的理论具体化的功能。在中共广东省委十届三次会议上，汪洋强调：广东科学发展需要一整套政策体系作保障。正是通过不断解放思想，出台一系列纲领性、配套性和落实性的政策措施，保证了广东坚定不移地走在建构有利于科学发展机制体制的前列。

回顾第十届广东省委历次全会的主题关键词，决策和政策的核心无不围绕广东的科学发展问题。干事创业、解放思想、科学发展、先行先试、转型升级、自主创新、文化强省、幸福广东、社会建设、承前启后、班子建设、继往开来等十二个关键词从理论到实际，从宏观到微观，从纲领到举措，规范和引导着广东经济社会科学发展的进程和方向。也正是经过广东省委的十二次全会，《关于开展“继续解放思想，坚持改革开放，争当实践科学发展观的排头兵”学习讨论活动的通知》、《中共广东省委、广东省人民政府关于争当实践科学发展观排头兵的决定》得以晓谕社会各界，《中共广东省委、广东省人民政府关于贯彻落实党的十七届三中全会精神加快推进农村改革发展的意见》、《珠江三角洲地区改革发展规划纲要（2008—2020年）》、《中共广东省委、广东省人民政府关于实施扩大内需战略的决定》、《广东省主体功能区规划（2010—2020年）》、《广东省建设文化强省规划纲要（2011—2020年）》、《中共广东省委关于制定国民经济和社会发展第十二个五年规划的建议》、《法治广东建设五年规划（2011—2015年）》、《中共广东省委、广东省人民政府关于加强社会建设的决定》、《中共广东省委关于加强市、县领导班子建设若干问题的决定》等一系列关乎广东科学发展命运的重要举措得以动员部署。经过中共广东省委的领导决策和科学部署，广东获得了继续解放思想，深入科学发展的精神动力、文化支持、路径依赖和组织保证，更好地肩负起新时期推动科学发展、促进社会和谐、建设幸福广东的重大历史使命。

3. 整合力量：广东科学发展的必要条件

整合就是力量。科学发展观提出“五个统筹”的发展要求，就是整合与调试城乡发展、区域发展、经济社会发展、人与自然和谐发展、国内发展和对外开放等五个领域中的冲突与矛盾，建立有利于我国科学发展的保障机制、保护机制、激励机制。当今世界正处在大发展、大变革、大调整时期，广东发展也正经历着重要的战略机遇期和社会矛盾凸显期。没有社会力量的有效整合，广东无法实现从社会的一维经济发展走向社会财富、健康、文明三维繁荣，走出一条生产发展、生活富裕、生态良好的文明发展之路。

广东科学发展的力量整合，重在凝聚人才、重在环境资源、重在机制体制。2007年12月，在中共广东省委十届二次会议上，汪洋在报告中指出：要实现科学发展，就要像改革开放初期对待招商那样招揽人才，在培养重用本地人才、企业的同时，高度重视引进具有自主创新能力的人才、机构、企业。[①]必须要提高领导科学发展的能力，要提高各级党委和政府的执行力和控制力，领导干部要加强学习，要树立正确的用人观，要按照科学发展观和正确政绩观的要求选人用人，为争当实践科学发展观的排头兵提供组织保证。《广东实践科学发展观重点行动纲要》也特别强调，要通过打造高素质干部队伍，创新培养引进人才工作机制，重奖有突出贡献人才等举措，壮大广东科学发展的人才队伍。2008年6月，中共广东省委十届三次会议在确立争当实践科学发展观排头兵的战略目标时，明确提出要“建立基本形成统筹兼顾的新机制。科学发展的若干重大关系基本理顺，统筹兼顾的利益协调体制机制基本形成，广大人民群众推动科学发展的积极性充分发挥，总揽全局、科学运筹、兼顾各方的工作格局得以确立”[②]，这是实现广东科学发展的必要机制。从2009年1月中共广东省委十届四次全会开始，省委就强调要通过充分发挥区域经济发展“先行先试”的权利，积极谋划珠江三角洲地区改革发展；通过转型升级、自主创新，整合创新区域经济发展模式；通过实施“十项工程”建设文化强省，以增强文化“软”实力来推动广东“硬”发展；通过实施“法制广东建设”，提升广东科学发展执政能力和执政水平；通过全面加强社会建设，助力构建“和谐广东”、“幸福广东”。可以说，如果没有广东经济社会发展各领域的力量整合，形成科学发展联动机制和力量体系，就不可能成就当前广东科学发展的成就，也不可能继续引领广东走向辉煌。

---

① 参见中共广东省委宣传部编：《广东省解放思想学习讨论活动文件汇编》，广东人民出版社2008年版，第14页。

② 同上书，第249页。

4. 营造环境：广东科学发展的客观要求

环境就是凝聚力，就是生产力。健康文明的人文环境、和谐稳定的社会环境、公平有序的市场环境、廉洁高效的政务环境，是推动社会经济科学发展的必要条件。2007年3月13日，中国社会科学院发布《中国省域竞争力蓝皮书》，广东的综合排名为第三位，仅就经济发展环境这一指标来说，广东的竞争力位居全国第一位。“蓝皮书”分析认为，提升省域经济综合竞争力需要工业化、城市化、市场化进程竞争力“三力”共推。①“十二五”时期，世情、国情、省情将继续发生深刻变化，广东处于人均生产总值向1万美元迈进的发展阶段，既面临难得的历史机遇和有利条件，也面临诸多风险和挑战。因此，必须依赖经济发展环境的积极营造，来形成广东经济社会科学发展的“合力”。

2011年1月26日，广东省十一届人大四次会议审议批准《广东省国民经济和社会发展第十二个五年规划纲要》，全面概括了广东初步形成的科学发展环境和机遇：一是总体有利的国内外形势为广东进一步发展提供了相对稳定的外部环境；二是《珠江三角洲地区改革发展规划纲要（2008—2020年）》为广东进一步发展注入了新的活力和动力；三是改革开放三十多年的成就为广东进一步发展奠定了坚实的基础；四是率先推动经济社会发展模式转型升级为广东进一步发展开辟了新的路子。②“十一五”期间，广东积极营造科学发展最佳环境，通过不断解放思想，改革创新，积极打造文化强省，着力建设幸福广东，切实加强社会建设等举措，极力营造广东科学发展的舆论环境、精神环境和社会环境。早在中共广东省委十届二次全会之后，省委就发出通知号召全省展开解放思想学习讨论活动，因为新时期“只有继续高举解放思想的大旗、保持敢为人先的锐气、弘扬改革创新的精神，广东才能在新的起点上开创改革开放新局面……才能解决长期快速发展积累下来的一些深层次矛盾和问题”③，为广东深入贯彻落实科学发展观营造积极向上的精神状态和社会氛围。2010年7月，

① 参见《广东经济发展环境最佳》，《南方日报》2007年3月14日。

② 参见《印发广东省国民经济和社会发展第十二个五年规划纲要的通知》（2011年4月19日），广东省人民政府网，http://zwgk.gd.gov.cn/006939748/201105/t20110513_86534.html。

③《省委发出通知 号召全省开展解放思想学习讨论活动》（2008年1月3日），南方网，http://news.southcn.com/gdnews/sz/10j/news/content/2008-01/03/content_4301174.htm。

省委十届七次全会审议通过《广东省建设文化强省规划纲要（2011—2020年）》，强调“广东要形成文化事业强、文化产业强、文化辐射力和影响力强、文化形象好的文化优势，为努力当好推动科学发展、促进社会和谐的排头兵提供强大的精神动力和文化支撑，促进人的全面发展和社会的全面进步”①。2011年7月，汪洋在省委十届八次全会上指出：社会建设与幸福广东相伴相生，与民生福祉如影相随，她们是一对“孪生姐妹”。加强社会建设，就是要建设好社会软环境，提供适宜的阳光、空气、土壤，让幸福的花儿自由绽放。正是通过上述政策环境、文化环境、精神环境等坚持不懈的创建，才为推动广东经济社会又好又快发展提供了有益的环境保障。

因此可以说，正是充分发挥了党的核心领导作用，发扬改革创新精神，从贯彻落实党的十七大和第十届广东省委历次全会精神的高度出发，立足当前，着眼长远，继续解放思想，才奠定了广东省深入贯彻落实科学发展观的强有力的组织保障。

三、破解广东科学发展难题关键在党

新时期，广东经济社会发展逐渐转入科学发展的轨道。站在新的起点上，以实践科学发展“排头兵”和建设“幸福广东”的标准审视自己，必须清醒看到我们在发展过程中，还存有不少的困难和不足。这既是广东科学发展的客观基础，也是其亟须破解难题的突破口，更是创新广东发展的立足点和重要契机。

1. 环境制约：广东科学发展的现实挑战

改革开放以来，广东人以敢为人先的创新精神，树起了闻名遐迩的广东模式。随着世情、国情、省情的深刻变化，广东社会经济发展既面临难得的历史机遇和有利条件，也面临诸多风险和挑战。2011年4月19日，广东省人民政府印发《广东省国民经济和社会发展第十二个五年规划纲要》，全面概括和分析了广东科学发展的环境挑战：

①《广东省建设文化强省规划纲要（2011—2020年）》，《南方日报》2010年7月30日。

——国际经济环境更趋复杂。国际金融危机影响深远，世界经济增速减缓，全球经济格局深度调整。外需增长放缓，各种形式的保护主义抬头，围绕市场、资源、人才、技术、标准等的竞争更加激烈，外向型经济面临严峻挑战。

——传统发展模式难以为继。广东产业层次总体偏低，自主创新能力不强，人口压力大。粗放型增长模式面临越来越大的资源环境压力，而土地和劳动力等生产要素成本加快上升，转变经济发展方式任务艰巨、刻不容缓。

——社会发展面临诸多难题。基本公共服务水平不高，人民群众多样化、多层次的公共服务需求与供给不足的矛盾越来越突出。社会结构变动加剧，利益主体日趋多元化。人们思想观念的独立性、多样性和差异性明显增强，社会管理压力加大。

——改革攻坚面临深层次矛盾。制约科学发展的体制性障碍依然较多，特别是行政管理体制、社会管理体制等方面的改革任务仍然繁重。进一步改革涉及利益关系的深层次问题，调整既有利益格局难度加大，改革攻坚更具复杂性和艰巨性。

——率先发展的竞争压力加大。随着国家区域发展总体战略的实施，内陆各省区后发优势开始显现，长三角和环渤海各省市发展势头迅猛，广东原有优势逐步减弱，新的优势尚未形成，经济总量地位、区域竞争能力、持续发展能力和体制创新能力都面临前所未有的严峻挑战。①

可见，能否优化发展环境，成为当前制约广东科学发展的重要因素。严峻的发展环境要求我们，既要正视现实、认清不足，科学找准影响和制约广东科学发展的环境因素，更要努力构筑和打造优质的硬环境和软环境，为广东经济社会科学发展创造重要前提。只有不断提高党的领导水平和执政水平，立足省情国情，面向世界，深入优化广东发展环境，方能应对执政考验、改革开放考验、市场经济考验、外部环境考验。

① 参见《印发广东省国民经济和社会发展第十二个五年规划纲要的通知》（2011年4月19日），广东省人民政府网，http://zwgk.gd.gov.cn/006939748/201105/t20110513_86534.html。

2. **发展瓶颈：广东科学发展的突破方向**

“十一五”期间，广东经济社会发展既取得了巨大成就，也存有诸多问题和不足。总的说来，这既反映了我省经济社会发展的阶段性特征，也凸显了我省贯彻落实科学发展观的程度、水平还不到位，一系列影响科学发展的瓶颈仍亟须突破。

早在2007年12月省委十届二次全会上，时任中共广东省委书记的汪洋同志就明确指出广东深入贯彻落实科学发展观中的困难和不足。一是经济发展较快，但发展不够全面，社会事业发展和社会管理相对滞后。二是经济总量大，但发展方式仍然粗放，经济结构不够优化和自主创新能力不强。三是城乡区域发展有了新的进步，但发展不够协调，发展不平衡状况有待改善。四是资源环境保护得到加强，但可持续发展的压力较大，资源和环境的约束依然趋紧。五是经济增长速度较快，但民生问题仍然突出，城乡居民的生活品质有待提升。[①]在改革开放30周年之际，国务院审议通过了《珠江三角洲地区改革发展规划纲要（2008—2020年）》（以下简称《纲要》）。究其要旨，《纲要》在明确加快珠江三角洲地区改革发展的重要意义、规划科学发展根本举措的同时，也深刻揭示了广东科学发展的掣肘之处：“产业层次总体偏低，产品附加值不高，贸易结构不够合理，创新能力不足，整体竞争力不强；土地开发强度过高，能源资源保障能力较弱，环境污染问题比较突出，资源环境约束凸显，传统发展模式难以持续；城乡和区域发展仍不平衡，生产力布局不尽合理，空间利用效率不高；社会事业发展相对滞后，人力资源开发水平、公共服务水平和文化软实力有待进一步提高；行政管理体制、社会管理体制等方面的改革任务仍然繁重，改革攻坚难度越来越大。”[②]虽然《纲要》规划范围是以广东省的广州、深圳、珠海、佛山、江门、东莞、中山、惠州和肇庆为主体，但也辐射泛珠江三角洲区域，上述概括较为全面地剖析了广东科学发展的瓶颈，这也正是广东推动科学发展的突破口。

广东发展遇到的思想束缚、环境制约、技术瓶颈、结构难题、社会冲

---

① 参见中共广东省委宣传部编：《广东省解放思想学习讨论活动文件汇编》，广东人民出版社2008年版，第6~7页。

②《印发广东省国民经济和社会发展第十二个五年规划纲要的通知》（2011年4月19日），广东省人民政府网，http://zwgk.gd.gov.cn/006939748/201105/t20110513_86534.html。

突，需要在党的领导下，用解放思想的智慧和视野，辩证分析广东发展的成绩、困难和不足，找到突破发展瓶颈的办法，这是完成继续深入落实科学发展观，推进广东全面建设小康社会，广东率先基本实现社会主义现代化历史使命的当务之急。

3. 执政挑战：党领导广东科学发展任重道远

新时期继续解放思想，改革创新，不断突破广东经济社会科学发展的瓶颈，既是对党的执政能力建设提出的基本要求，也是党的先进性建设的题中应有之义，更是对党的理论创新能力提出的更高要求。因此，在新的历史条件下提高党的建设科学化水平，以党建科学化推动广东科学大发展，任重道远且意义重大。

2010年1月，中共广东省委发布关于贯彻《中共中央关于加强和改进新形势下党的建设若干重大问题的决定》的实施意见，特别强调“坚持把党的建设放到贯彻落实科学发展观的大局中去谋划、去部署”，促进广东党的建设和科学发展事业齐头并进。为此，省委号召要以提高党的执政能力、保持和发展党的先进性为主线，突出重点，突破难点，以改革创新精神全面推进党的思想建设、组织建设、作风建设、制度建设和反腐倡廉建设，着力创建学习型党组织，着力锻造高素质干部队伍，着力夯实党的基层基础，着力健全民主集中制，着力密切党群关系，着力完善惩防腐败体系，着力创新党建工作机制，进一步提高党的建设科学化水平，为我省当好推动科学发展、促进社会和谐的排头兵提供坚强保证。①2011年6月29日，在广东省庆祝中国共产党成立90周年大会上，汪洋特别强调要“始终抓住党的建设这个关键，不断提高党员能力和素质，保持和发展党的先进性，这是广东推动科学发展的坚强保障”。因为，总结九十年来的光辉业绩，我们必须清醒地看到：探索中国特色社会主义道路任重道远，必须始终保持一份清醒和冷静，不要让鲜花掌声淹没群众意见，不要让成绩数字掩盖存在的问题，不要让发展成就麻痹忧患意识。尤其要看到，我们的工作与人民的期待还有不少差距，前进中还面临不少挑战和问题。反映在党领导广东科学发展方面的问题是：一些党员干部的宗旨意识正在淡化，一

① 参见《中共广东省委关于贯彻〈中共中央关于加强和改进新形势下党的建设若干重大问题的决定〉的实施意见》，《南方日报》2010年1月18日。

些党员干部艰苦奋斗的作风正在弱化，一些党的基层组织软弱涣散和干部队伍建设的问题仍然存在，一些党员领导干部腐败现象仍然突出，推动科学发展还面临巨大挑战。当前，广东正处于推动科学发展可以大有作为的重要战略机遇期，同时也处于转变经济发展方式的关键时期，汪洋号召广大党员要始终坚定理想信念，各级党组织要不断提升执政能力，围绕“加快转型升级、建设幸福广东”这一核心任务，推动经济社会又好又快发展，努力做一个幸福生活的创造者，解放思想、改革创新的开拓者，人民群众的贴心人，敢想会干为人民的实干家和遵纪守法、维护社会公平正义的模范。[①]

① 汪洋：《在广东省庆祝中国共产党成立90周年大会上的讲话》，《南方日报》2011年6月30日。

第一章　解放思想：广东科学发展的突破口

2007年12月，时任中共广东省委书记的汪洋同志在广东省委十届二次全会上指出，广东要争当实践科学发展观的排头兵，首先必须争当解放思想的排头兵。广东要继续解放思想，坚持改革开放，必须以当年改革开放初期“杀开一条血路”的气魄，努力在实践科学发展观上闯出一条新路。回顾广东改革开放的历史，每一次解放思想，都“相当于为社会的进步加上一台马达，只有摒弃一切不利于科学发展的思想观念，改革一切不适应科学发展的体制、机制障碍，才能真正实现改革发展”①。因此，深入推动广东科学发展，解放思想是题中应有之义。

一、解放思想的内涵与发展

1. 解放思想的基本内涵

何为“解放思想”？1978年12月13日，邓小平在中央工作会议上发表《解放思想，实事求是，团结一致向前看》的讲话，指出解放思想，开动脑筋，实事求是，团结一致向前看，首先就是解放思想。因为，“只有思想解放了，我们才能正确地以马列主义、毛泽东思想为指导，解决过去遗留的问题，解决新出现的一系列问题，正确地改革同生产力迅速发展不相适应的生产关系和上层建筑，根据我国的实际情况，确定实现四个现代化的具体道路、方针、方法和措施”②。所谓解放思想，概括地说，“就是指在马克思主义指导下打破习惯势力和主观偏见的束缚，研究新情况，解

① 梁桂全：《解放思想　撕开广东发展突破口》，《南方日报》2012年5月9日。

②《邓小平文选》第2卷，人民出版社1994年版，第141页。

决新问题”①。从其本质内涵上看，解放思想既包含了作为观念的解放思想，也包含了作为实践的解放思想。也就是说，既要对已有的思想和现实进行批判，从而形成新的认识，更要把“解放”出来的新思想落实在社会实践当中。

为何“解放思想”？一方面，实践是解放思想的根本动力和内在要求。马克思主义理论要有生命力，就必须不断冲破旧的思想观念的束缚，通过不断自我更新、与时俱进，以更好地掌握群众，适应并进一步促进实践发展的要求。考察中国近现代史，就是一部解放思想的历史。中国共产党的建立、新民主主义革命的胜利、改革开放的伟大创举，都是解放思想的实践成果。另一方面，解放思想是坚持贯彻党的思想路线的本质要求和重要内容，是达到实事求是的前提条件。《中国共产党章程》对党的思想路线作了明确表述：“坚持解放思想，实事求是，与时俱进。党的思想路线是一切从实际出发，理论联系实际，实事求是，在实践中检验真理和发展真理。”再一方面，解放思想是开拓中国特色社会主义事业新局面的法宝。解放思想是我们形成新认识、探索新规律、适应新形势、应对新情况、完成新使命、开创新局面的重要思想武器。新时期，解放思想是改革开放的重要前提，是科学发展的内在规定，是社会和谐的基本要求，是理论创新的根本保障。可以说，解放思想已成为当代中国的一个重要精神因素和文化符号，走出了理论研究的书斋，融入了党的实事求是思想路线，走进了广大干部群众的精神生活，成为改革开放的思想武器和思维方式。②

如何“解放思想”？解放思想不仅是一种精神状态和哲学思维方式，更是一种实践举措。要解放思想，必须要用发展变化的眼光、对立统一的眼光看世界、看发展、看实践，必须要从僵化死板、两极对立的思维方式中解放出来。解放思想的辩证本性要求我们，要自觉地把思想认识从那些不合时宜的观念、做法和体制的束缚中解放出来，从对马克思主义的错误和教条式的理解中解放出来，从主观主义和形而上学的桎梏中解放出来，用发展着的马克思主义指导新的实践。因此，立足实践，坚定不移地坚持

---

①《邓小平文选》第2卷，人民出版社1994年版，第279页。

② 参见杨河：《解放思想与当代中国的发展》，《北京大学学报》2009年第6期。

解放思想，关键要坚持遵循理论联系实际的基本原则，坚持正确把握社会主义初级阶段基本国情，坚持大力推进马克思主义理论创新，坚持不断推进中国特色社会主义实践创新。

2. 解放思想的历史进程

解放思想是新时期最鲜明的时代特点。我国改革开放三十多年的历史，实质意义上就是一部思想解放史。实践证明，解放思想是调动人民群众创造历史的积极性和主动性，推进党的指导思想的科学化和与时俱进，正确处理我们所面临的各种实际问题和理论问题的重要力量。可以毫不夸张地说，解放思想不仅是发展中国特色社会主义的一大法宝，在中国特色社会主义的历史实践进程中发挥着巨大作用，也是提升中华民族的理论思维和精神面貌，实现中华民族伟大复兴的重要条件。

20世纪70年代末80年代初，围绕真理标准问题发生的思想解放运动，让我们从教条主义、“左”的思想路线的束缚中解放出来。此次解放思想运动，重新确立了解放思想、实事求是的思想路线，更掀起中国改革开放的时代浪潮。特别是邓小平《解放思想，实事求是，团结一致向前看》这篇重要讲话，对于开启思想解放大门，迈出通向新时期的改革步伐具有重要时代价值。90年代初，围绕市场经济姓“社”姓“资”的争论，以邓小平的南方谈话为契机，再次强调要解放思想，确定了我国社会主义市场经济体制改革目标。此次思想解放运动提出了“三个有利于”的判断标准，着力把人们的思想从计划经济的束缚中解放出来，使改革开放和现代化建设事业进入了一个新的阶段。此次思想解放要解决的根本问题，是在坚持和发展马克思主义的过程中，搞清楚“什么是社会主义、怎样建设社会主义”，以及什么是社会主义经济体制、怎样建设社会主义经济体制。[①]90年代中后期，围绕所有制问题“公”与“私”的争论展开了又一次思想解放运动。这是改革攻坚阶段高举邓小平“解放思想”大旗，把人们的思想从生产关系的传统旧观念的束缚中解放出来，建构并确立社会主义初级阶段基本经济制度的重要实践。

回顾改革开放以来的三次思想解放，我们思考和探索的基本逻辑是：

① 参见李君如：《解放思想是不断开创事业新局面的伟大法宝》，《中共中央党校学报》2007年第4期。

改革开放以来，解决中国社会的主要矛盾，必须坚持实践是检验真理的唯一标准，以经济建设为中心不断解放和发展社会生产力，必须坚持改革开放和发展社会主义市场经济，必须创新和确立适应市场经济发展需要的基本经济制度。正是遵循这一逻辑，党实现了在三大重要历史关头思想解放的攻关难题。新时期，我们要开创建设中国特色社会主义新局面，必须清醒地认识到当前和今后一个时期党所面临的有利条件和不利因素，面对新形势，要求我们必须始终坚持解放思想、积极主动解放思想、勇于善于解放思想。

3. 解放思想的时代课题

胡锦涛总书记在纪念中国共产党成立90周年大会上指出：实践发展永无止境，认识真理永无止境，理论创新永无止境。在新的历史条件下，推进我国经济社会科学发展，必须提高党的建设科学化水平，关键是坚持解放思想、实事求是、与时俱进。

当前，世情、国情、党情继续发生深刻变化，面临的新情况、新问题、新挑战层出不穷，不平衡、不协调、不可持续发展的问题突出，制约科学发展的体制机制障碍躲不开、绕不过，这些都是新时期进一步解放思想面临的崭新时代课题。具体说来，一方面，我国正处于全面建设小康社会的关键时期和深化改革开放、加快转变经济发展方式的攻坚时期，执政考验、改革开放考验、市场经济考验、外部环境考验是长期的、复杂的、严峻的；精神懈怠的危险，能力不足的危险，脱离群众的危险，消极腐败的危险，更加尖锐地摆在全党面前。这就要求我们必须冷静思考当今世界复杂变局，辩证认识我国国情新形势新问题，科学分析党情新变化提出的党建新课题。另一方面，我国经济社会发展中出现的“焦点、热点、难点”问题亟待破解。主要是经济增长的资源环境约束，投资与消费关系失衡，收入分配差距较大，科技创新能力不强，产业结构不合理，农业基础仍然薄弱，城乡区域发展不协调，就业总量压力和结构性矛盾并存，制约科学发展的体制机制障碍依然较多；服务业增加值和就业比重、研究与试验发展经费支出占国内生产总值比重没有完成“十一五”规划目标。一些群众反映强烈的问题没有根本解决，主要是：优质教育、医疗资源总量不足、分布不均；物价上涨压力加大，部分城市房价涨幅过高；违法征地拆迁等引发的社会矛盾增多；食品安全问题比较突出；一些领域腐败现象严重。[1]再一方面，制约我国科学发展的机制急需进一步解放思想。主要是制约加快转变经济发展方式的体制机制障碍，制约保障和改善民生的体制机制障碍，制约政府自身建设的体制机制障碍，制约农村发展体制机制障碍等。上述问题，既是机遇也是挑战，唯有不断深入解放思想方能破解我国科学发展的时代课题。

因此，在新的历史起点上，深入贯彻落实科学发展观，推进我国经济社会科学发展、和谐发展、幸福发展，必须继续解放思想才能满足和实现这一时代要求。从本质上看，实践科学发展观的过程就是不断解放思想的过程，二者相互统一。进一步说，要使解放思想和科学发展进入一个新的更高境界，必须以实践科学发展观作为继续解放思想的出发点和落脚点，把继续解放思想作为实践科学发展观的首要条件，着力转变不适应不符合科学发展观的思想观念，以继续解放思想推动科学发展。

二、广东新一轮解放思想的背景与挑战

总结广东三十多年来改革开放全部经验的精髓，就是坚持解放思想，实事求是，与时俱进。过去，解放思想成为广东扫除发展障碍、引领改革发展的重要"法宝"和精神动力；当前，广东践行"努力争当实践科学发展观的排头兵"的时代使命，仍需继续解放思想助力科学发展。究其缘由，系由多方面因素综合决定的。

1. 思想积淀：广东继续解放思想的宝贵财富

广东是中国改革开放的先锋、解放思想的热土。改革开放以来党和国家的许多标志性的社会实践和理论创新都是首先在广东出现的。20世纪70年代末，广东率先吹响了改革开放的号角，广东人发扬"敢为天下先"的精神，解放思想，使人们从教条主义的精神枷锁中解放出来，从长期闭关自守状态中解放出来，迈开了探索中国特色社会主义道路的第一步。1992年春，邓小平在广东发表了著名的南方谈话，迎来广东继续解放思想的"春天"，解决姓"资"姓"社"问题，把人们的思想从计划经济的桎梏

[1] 参见温家宝：《发展中不平衡不协调不可持续的问题依然突出》（2011年3月5日），中国网，http：//www.china.com.cn/cpc/2011-04/15/content_22369242.htm。

中解放出来，推进改革开放深入发展；2000年春，江泽民在广东最先提出“三个代表”重要思想，要求广东深入解放思想，增创新优势，更上一层楼，率先基本实现社会主义现代化；2003年春，胡锦涛又在广东提出科学发展观的思想，要求广东加快发展、率先发展、协调发展，在全面建设小康社会、加快推进社会主义现代化进程中更好地发挥排头兵作用。纵览三十多年来广东解放思想的历史进程，“从宏观方面来看，广东人民和全国人民一道，经历了冲破‘个人崇拜’、‘计划经济崇拜’以及‘所有制崇拜’的束缚，在发展观上，相继树立了‘实践’标准、‘生产力’标准以及‘以人为本’标准。从微观方面来看，依靠解放思想催生出的强大智慧，广东为全国示范了多个卓有成效的新鲜经验”[①]。解放思想成为广东发展的强大精神力量，为改革开放的理论创新、制度创新和实践创新奠定了思想基础。

2. *科学发展：广东继续解放思想的时代课题*

2003年春，中共中央总书记胡锦涛在广东提出科学发展观的思想，党的十七大提出深入贯彻落实科学发展观的历史使命。广东省新一届领导班子对广东实践贯彻科学发展观将起到的带头作用、示范作用，有较为深刻的理解。时任省委书记的汪洋同志对广东省的干部们说，广东再不解放思想，锐意进取，用改革创新来解决问题，广东排头兵的位置将难以自保，全面实现小康的目标将难以实现，小平同志托付的任务就难以完成！三十多年来广东不仅是改革开放前沿阵地，也一直是中国经济总量最大的省份，是全国税收、出口额最大的省份，更是实际管理人口最多的省份，在改革与发展中都发挥“主力省”、“实验区”、“先行地”的独特作用。因此，如何总结三十多年来广东改革开放的经验和存在的问题，思考和探索今后广东在政策领先的优势已经不再独有，在税收、审批权等优惠政策不再具有，尤其是在传统的发展模式受到质疑，在珠三角资源、能源、环境等多方面条件受到制约的情况下，如何继续保持改革开放前沿阵地的地位，如何实现和引领广东科学发展，意义重大。汪洋在中共广东省委十届二次全会上明确强调，“广东作为改革开放的先行区、科学发展观思想的提出地，要完成中央的重托，更应该成为实践科学发展观的排头兵，以当

①《解放思想是广东全部经验的精髓》，《南方日报》2008年12月16日。

年改革开放初期‘杀开一条血路’的气魄，努力在实践科学发展观上闯出一条新路”[①]。为此，广东省委提出要力争经过五年到十年的努力，基本建立科学发展的机制体制，率先走出一条物质文明、精神文明、政治文明和生态文明相协调的科学发展道路，全面开创科学发展新局面，基本实现发展方式的根本转变，基本实现以人为本的发展，基本实现全面协调可持续发展，基本形成统筹兼顾的新机制的科学发展目标。

3. 观念局限：制约广东科学发展的思想掣肘

中共十一届三中全会以来，党中央一直把广东作为破解改革开放，探索中国特色社会主义道路，创建中国特色社会主义社会等一系列重大问题的先行地区和试验区。经过改革开放多年实践，广东经济社会发展成绩斐然，但出现了不适应科学发展观要求的新情况新问题新挑战，尤其是在对改革和发展的认识上出现激烈的争论和分歧，导致思想观念落后于科学发展的要求。时任省委书记的汪洋同志在中共广东省委十届二次全会上从三个方面进行了概括，主要是意得志满而又缺乏忧患意识，视野狭隘而又缺乏世界眼光，“见物不见人”且缺乏人本理念。尤为关键的是，改革开放在打破计划经济模式的同时，人们逐渐形成并习惯了一套发展模式和发展路径，片面强调以GDP为中心，以物的增长为重点的传统的思维定势和发展观念。这些思想观念和思维方式日益成为深入贯彻落实科学发展观的思想障碍。究其缘由，是因为“广东的长期高速发展，使我们的一些干部逐渐产生了某种优越感，甚至盲目骄傲自满，三十年前解放思想、改革开放的勇气、敢闯敢干的锐气、探索新路的朝气逐步钝化和退化。主要表现为比较多地看成绩、讲成绩，没有真正意识到传统发展方式和发展理念存在的隐忧；比较多地看自己、谈自己，只和自己纵向比较，没有看别人、比别人，不与他人进行横向比较，缺乏忧患意识；小富即安，不思进取，缺乏创新精神”[②]。上述观念极易导致广东发展的动力不足、后劲不足，迫切需要来一次思想解放，以新一轮的思想解放激发新的动力，进而推动广东新一轮的大发展。

① 中共广东省委宣传部编：《广东省解放思想学习讨论活动文件汇编》，广东人民出版社2008年版，第13页。

② 林雄：《继续解放思想　推动广东科学发展》，《光明日报》2008年9月2日。

4. 发展挑战：破解广东科学发展难题的着眼点

广东改革开放三十多年，赢得了先走一步的发展优势，经济总量已连续二十多年居全国第一，主要经济指标也长期排在全国前列。但是，在取得经济增长的巨大成就之时，一些制约广东科学发展的问题也日益凸显。从整体上考察，主要表现为经济发展较快，但发展不够全面；经济总量大，但发展方式仍然粗放；城乡区域发展有新进步，但发展不够协调、不够平衡；资源环境保护有进步，但可持续发展压力较大；经济建设速度快，但民生问题仍然突出。[①]从横向上对比，广东省发展改革委员会主任李妙娟总结了广东与沪苏浙三省市相比的五个明显落后，主要人均指标明显落后，自主创新能力明显落后，居民收入增长明显落后，区域协调发展水平明显落后，城乡环境建设明显落后。[②]尤为重要的是，如何转变传统的思维定势以树立适应科学发展观要求的思想观念，如何冲破影响科学发展的既有利益格局以形成推动科学发展的新的动力，如何突破制约和影响科学发展的体制机制以增强科学发展的活力，将成为破解广东科学发展的重要课题。可以说，广东当前正处于经济社会全面发展转型的重要历史关口，正处于深入贯彻落实科学发展观、全面转入科学发展轨道的关键时期。如何转变传统的发展模式，转变与科学发展观不相适应的思想观念，正确处理好发展速度与发展质量的关系，处理好人与物的关系，处理好创新与进取的关系，处理好本土与世界的关系，处理好先富与后富的关系，处理好民主与法制的关系，成为深入贯彻落实科学发展观、推动广东科学发展的题中应有之义。

解放思想是广东改革发展的“灵魂”。三十多年前广东勇于“杀出一条血路”靠的是解放思想，三十多年来广东率先发展、快速发展靠的也是不断解放思想，今天广东争当实践科学发展观排头兵还是要靠继续解放思想。

---

① 参见林雄：《继续解放思想　推动广东科学发展》，《光明日报》2008年9月2日。

② 参见《改革开放30年：八必须体现观念冲击　广东解放了什么》，《瞭望新闻周刊》2008年第27期。

三、广东新一轮解放思想的部署与举措

为深入贯彻党的十七大精神，中共广东省委于2007年底至2008年6月，在全省组织开展了“继续解放思想，坚持改革开放，争当实践科学发展观排头兵”学习讨论活动，掀起了新一轮广东解放思想的大潮。此次解放思想的提出不是空穴来风，而是从全球视野和全国发展大局，考量广东发展现状和实际有针对性地提出来的。

1. 新一轮解放思想的提出与动员

2007年12月25日，广东省委十届二次全会第一次全体会议召开。时任省委书记的汪洋同志作了题为“继续解放思想，坚持改革开放，努力争当实践科学发展观的排头兵”的报告，拉开了广东新一轮解放思想的序幕。汪洋在报告中指出，科学发展观是发展中国特色社会主义必须坚持和贯彻的重大战略思想，广东全面建设小康社会、率先基本实现社会主义现代化的当务之急就是要深入贯彻落实科学发展观，而要争当实践科学发展观的排头兵，就必须以解放思想为“纲”。[①]在闭幕会议上，汪洋进一步强调要以科学发展观谋划广东发展，争当实践科学发展观的排头兵，必须在广大干部群众特别是各级领导干部中广泛开展学习活动，为广东率先基本实现社会主义现代化，夺取全面建设小康社会新胜利打牢坚实的知识基础。为此，要着眼于推动工作，选定学习内容，要从广大干部做起，由领导干部带头，在全省大力开展学习活动。[②]

正是在此次全会上，汪洋连用22个“解放思想”，向全省发出了“以新一轮思想大解放推动新一轮大发展”的动员令。22个“解放思想”也迅速引来内外舆论的积极响应。2008年1月5日，中共中央政策研究室副主任施芝鸿发文指出，“文革”结束后中国社会有两次大的思想解放运动，一次是1978年前后由“真理标准大讨论”引发并最后促成改革开放，一次是1992年邓小平南方讲话促成改革深化，“如今十七大处在改革开放历史新时期以来前两个15年同第三个15年的连结点上……解放思想也必须进入一

① 参见中共广东省委宣传部编：《广东省解放思想学习讨论活动文件汇编》，广东人民出版社2008年版，第13页。

② 参见《以学习促进思想解放　以创新推动广东发展》，《南方日报》2007年12月27日。

个新的更高境界”[①]。1月17日，中国经济体制改革研究会会长高尚全发文高度赞扬广东的“解放思想”大讨论，认为广东30年前就是依靠“解放思想”的法宝，为改革开放打开了局面，今天再次掀起解放思想的高潮，反映出广东对新时期历史脉搏的准确把握。[②]经济学家吴敬琏在中央电视台也称赞广东“用思想解放来推动体制改革，促进大的发展”的做法，认为中国需要以继续解放思想来克服“过去的一些思想，过了一些年又回来了”的“返祖现象”。“广东”、“解放思想”再一次成为新时期的政治流行语。[③]

2. *新一轮解放思想的部署与实施*

2007年12月30日，中共广东省委发出关于开展“继续解放思想，坚持改革开放，努力争当实践科学发展观的排头兵”学习讨论活动的通知。通知要求全省以解放思想为先导，以科学发展为主题，以党员干部为重点，以争当实践科学发展观的排头兵为目标，以学习讨论和调查研究为主要形式，深入开展解放思想学习讨论活动。强调要着力查找深入贯彻落实科学发展观中有待进一步解放的思想空间，着力克服制约科学发展的观念障碍和体制障碍，着力探索促进科学发展的新思路、新途径、新举措。要坚持紧扣主题、把握导向，抓住重点、带动全面，联系实际、分类指导，循序渐进、确保质量，统筹协调、科学安排的原则，把学习讨论活动与深入学习贯彻落实党的十七大精神结合起来，与总结改革开放三十年伟大实践经验结合起来，与加强各级领导班子建设和基层党组织建设结合起来，与广泛开展读书学习活动、建设学习型党组织和学习型社会结合起来，为推动广东经济社会又好又快发展，争当实践科学发展观的排头兵提供思想、体制和组织保障。

根据省委部署，从2008年1月开始，解放思想学习讨论活动分三个阶段进行。

第一阶段是学习宣传（2008年1月初至2月上旬），主要任务是抓好组织发动，加强学习宣传，营造解放思想、改革创新的强大舆论声势和良好社会氛围，为整个学习讨论活动奠定思想基础。2008年1月5日，中共广东

---

① 施芝鸿：《党的十七大与新起点上的新的思想解放》，《解放日报》2008年1月5日。

② 参见高尚全：《坚持解放思想，推动体制创新》，《南方日报》2008年1月17日。

③ 参见宁南：《汪洋吹响“解放思想”先锋号》，《商务周刊》2008年Z1期。

省委发布《关于全省解放思想学习讨论活动的组织领导及工作分工的意见》（以下简称《意见》），决定成立以汪洋同志任组长、黄华华同志任副组长的“省学习讨论活动领导小组”。《意见》要求通过召开领导小组成员单位协调会讨论完善工作方案，组织新闻媒体策划解放思想大型主题宣传，发动各级党组织、机关干部特别是领导干部参加学习讨论活动，组织开展读书学习活动和省市两级宣讲团，发动社会各界参与解放思想学习讨论活动。为深入开展学习宣传活动，广东省委组织部发出通知，要求全省各级党组织在学习宣传阶段，积极组织开展“三会一谈”活动，认真组织全省各级领导干部及广大党员群众积极开展解放思想学习讨论活动。2008年2月2日，时任省委书记的汪洋同志在全省宣传思想工作会议上进一步强调，在学习宣传阶段一定要加大舆论引导的力度，把解放思想凝聚到推动改革开放、促进科学发展上来。尤其是要针对干部群众在学习讨论中存在的“为什么要解放思想”、“解放什么思想”、“如何解放思想”、“什么是科学发展”、“为什么要科学发展”、“如何实现科学发展”等重大问题，注意释疑解惑，引导广大干部深刻认识解放思想与科学发展观的科学内涵、精神实质、根本要求。①

第二个阶段是讨论调研（2012年2月中旬至3月底），主要任务是在加强学习、提高认识的基础上，围绕通过改革创新实现科学发展开展调查研究和讨论交流，为下一阶段科学决策奠定基础。《意见》要求组织省领导同志开展专题调研活动，各地各部门找准问题进行专题解放思想讨论和相关工作调研，组织有关社科专家成立专门课题组和召开专题理论研讨会，成立巡视督查组坚持指导学习讨论活动。2008年初，解放思想学习讨论活动的学习宣传阶段，以汪洋率领七十多人的庞大党政代表团，专程赶赴沪、浙、苏三地学习考察终；第二阶段的讨论调研，也以华东学习考察始。1月下旬开始，广东省发展与改革委员会就组成了六个调研组，到上海、江苏、浙江、重庆、山东、天津、河北和香港等地调研。广东省广借外力，坚持“走出去”学习的思路是广东解放思想、科学破题的重要举措。尤为关键的是，由省委常委牵头的12项专题调研按部就班地进行。时

① 参见中共广东省委宣传部编：《广东省解放思想学习讨论活动文件汇编》，广东人民出版社2008年版，第28页。

任省委书记的汪洋同志亲力亲为，牵头“深化粤港澳合作”专题，分别会晤香港特首曾荫权和澳门特首何厚铧，亲自为深化粤港澳合作出思路、出思想、出措施；省长黄华华亲自担任“建设现代产业体系，提高产业国际竞争力”专题课题组组长，深入谋划今后一个时期广东建设现代产业体系，提高产业国际竞争力的总体思路、建设目标和发展路径、发展重点、需要支持解决的政策措施。[①]3月29日，中共广东省委发出《关于进一步做好讨论调研阶段工作的通知》，要求全省讨论调研工作扎实深入开展，以八个“更加”提高调研质量，即思想更加重视、主题更加鲜明、重点更加突出、视野更加开阔、决策更加民主、督查更加有力、宣传更加活跃、调研更加深入，为决策部署广东科学发展奠定了重要基础。

第三个阶段是决策部署（2012年4月至5月底），主要任务是总结学习和调研的成果，集中研究改进工作的意见，形成指导科学发展的办法、措施、政策、制度，指导部署今后工作。5月初，中共广东省委办公厅发出关于认真做好解放思想讨论活动第三阶段工作的通知，强调要紧紧抓住科学发展这一主题，围绕突破阻碍科学发展的思维定势，突破影响科学发展的利益格局，突破制约科学发展的体制机制，着力在消化调研成果、制定科学决策、解决突出问题、指导推动工作上下工夫，扎实推进学习调研成果的转化应用，促进我省经济社会发展加快转入科学发展轨道。为此，一是要继续深化对科学发展观的学习，夯实科学决策部署的思想基础；二是要认真组织“回头看”，确保决策部署和整个学习讨论活动的质量；三是要高度重视调研成果的交流，切实抓好成果的转化应用；四是要广泛听取社会各界意见建议，促进决策部署的民主化、科学化；五是要把学习讨论活动成果体现到加强领导班子和干部队伍建设上，为争当实践科学发展观排头兵提供坚强的组织保障；六是要认真做好活动总结，坚持不懈地推进思想解放和科学发展。[②]2008年6月22日，中共广东省委办公厅、广东省人民政府办公厅发布关于学习贯彻《中共广东省委省政府关于争当实践科学发展观排头兵的决定》的通知，至此广东解放思想学习讨论活动暂告结束。通知要求全省深化认识、把握重点、结合实际、广泛宣传、加强领

① 参见《12大专题调研破解广东科学发展难题》，《南方日报》2008年5月4日。

② 中共广东省委宣传部编：《广东省解放思想学习讨论活动文件汇编》，广东人民出版社2008年版，第231~234页。

导，把广东解放思想学习讨论活动的积极成果落到实处，进一步推动广东经济社会的科学发展。

3. 广东新一轮解放思想的重点与难点

推进广东科学发展，继续以“排头兵”姿态引领中国特色社会主义建设，必须进一步解放思想，必须突出重点难点，方能带动广东经济社会发展的全局。在省委十届二次全会上，时任省委书记的汪洋同志着力从五个方面概括了广东科学发展必须切实解决的突出问题和深层次矛盾。这些问题和矛盾，正是广东新一轮解放思想亟须破解的重点对象，集中反映在如下四个方面：

第一，突破阻碍科学发展的思维定势。改革开放以来，广东形成了一套指导社会经济发展的经验做法和思想观念，一度成为打破旧体制、促进生产力大解放大发展的重要举措。随着实践发展和形势变化，它们也可能成为制约广东科学发展的思想障碍。主要表现有：一是改革观陈旧。广东不少干部同志，仍习惯于用计划经济方法看问题，单纯依靠行政手段来抓工作。工作中习惯性地将加快发展等同于优惠政策，城市建设等同于财政出钱，加强管理等同于行政干预。二是发展观滞后。错误地将“发展就是硬道理”理解为可以不计经济、社会、环境成本，不考虑发展最终目的和人民生活。三是政绩观畸形。主要特点是发展不尊重客观规律，强调发展而忽视科学性；重发展而轻环境，重速度而轻效率，重增长而轻节约，重GDP总量而忽视人均GDP，重物的发展而轻人的发展。四是人本观缺位。一些地方重物轻人的思想严重，只重视经济发展，忽视了在市场经济中关注民生的重要性；只突出了经济发展优先，却忽视了富民优先。为此，2008年1月，省长黄华华在开展解放思想学习讨论活动动员大会上特别强调，推动广东新一轮思想大解放，首先要大力更新观念，一定要把上述不适应、不利于科学发展的观念解放出来，着力增强忧患意识、改革创新意识、奋发有为的意识、打基础增后劲的意识、艰苦奋斗意识、顾全大局意识。①

第二，突破影响科学发展的利益格局。利益关系是一切社会关系的基

① 参见中共广东省委宣传部编：《广东省解放思想学习讨论活动文件汇编》，广东人民出版社2008年版，第119~121页。

础。改革开放三十多年来，打破了计划经济体制下以权力和资源的高度集中，以分配过程中的平均主义为特点的利益格局之后，社会利益格局发生了主体多样化、结构复杂化、差距扩大化、冲突明显化的变化态势。针对这种情况，2008年2月29日，时任省委书记的汪洋同志在全省领导干部会议上明确指出：虽然广东经过改革开放重构利益格局，但还是出现了不协调、不均衡的利益格局。比如依靠政策先富的区域不愿承担带动欠发达地区发展的责任，甚至希望强化已有利益格局；某些政府部门的职能影响了科学发展，因为涉及部门利益而不愿调整权力和利益格局；某些利益群体担心自身利益受损，反对改进利益分配格局等。汪洋指出，不突破现有的利益格局，不改变上述狭隘的局部利益观，就破解不了科学发展的制度性障碍，无法实现社会公平公正和调动人民的劳动积极性，必然阻碍经济社会科学发展，成为影响我国社会稳定与和谐社会建设的重大问题。①

第三，突破制约科学发展的体制机制。温家宝总理曾在政府工作报告中特别强调，影响我国发展的体制机制障碍还相当突出。目前我国仍处于旧体制、旧机制没有打破，新体制、新机制尚未建成的状态。结合广东实际，影响和制约科学发展的机制体制问题也比较突出。虽然广东已经基本建立了社会主义市场经济体制，但是行政管理体制中的职能缺位、错位、越位影响社会、文化、经济建设协调发展，社会组织的慈善救济、社会互助、行业管理功能无法发挥，政府承担的城乡居民基本社会保障无法负起完全责任等问题非常严重。鉴于传统的财税、投资、教育、卫生、社会管理、行政管理体制的影响，在极大程度上制约了广东经济发展方式的转变，迫使城乡、区域、经济社会发展难以协调，大量民生问题难以统筹解决。针对广东经济社会发展特点，时任省委书记的汪洋同志认为，必须在处理政府、市场、社会三者关系及其在体制机制上的设计，在建立科学发展观的评价指标体系上，在保障科学发展的政绩考核办法上，坚持解放思想，改革攻坚，“啃硬骨头”。②因此，实现广东科学发展，要求我们必须坚决破除一切妨碍科学发展的体制机制弊端，要把顶层设计与末端治理结合起来，要把自上而下与自下而上结合起来，要把坚持以人为本和统筹

---

① 参见中共广东省委宣传部编：《广东省解放思想学习讨论活动文件汇编》，广东人民出版社2008年版，第46页。

② 同上书，第47页。

兼顾结合起来。

第四，突破牵掣解放思想的错误倾向。解放思想重在克难奋进，重在领导干部。影响科学发展的各种障碍，都能在思想上找到原因。领导干部对思想的认识水准和解放能力，决定了其指导科学发展的水平。2008年1月8日，时任省委书记的汪洋同志在同粤东领导干部会谈时指出，当前广东不少领导干部在对解放思想的认识上也存有各种偏差，主要是人人都认为有必要解放思想，但人人都认为自己的思想很解放；讲起解放思想振振有词，但是工作上还是老路子；在解放思想中浅尝辄止，找到症结却没有勇气解决问题。[①]无论是“走过场”、“新瓶装旧酒”，还是“只看病，不下药”，都不是领导干部解放思想应有的态度，因此，必须着力克服四种倾向性问题：一是不想解放思想。一些同志难以从“小富即安”的思想状态中走出来，安于现状，没有解放思想的紧迫感和压力。另则认为解放思想是政治家、理论家的事，与己无关，习惯于照搬照抄，思想停滞。二是不愿解放思想。一些同志受狭隘局部利益和既得利益的束缚，持消极观望态度。三是不会解放思想。一些同志受形式主义和官僚主义惯性思维的影响，同时，思维视野、力量水平、素质能力与科学发展观还有较大差距，看不到深层次的问题，拿不出新的办法和举措。因此，现实中造成既不懂党的路线、方针、政策，又不从自身实际出发，更不会在实践中总结经验的状况。四是不敢解放思想。一些同志受到的条条框框的束缚比较多，怕得罪人、怕说错话、怕担风险、怕失利益、怕负责任。缺乏事业心、责任感，不能从国家和人民的根本利益出发想问题。[②]

四、广东新一轮解放思想的总体评价

经过为期半年的学习讨论活动，广东新一轮解放思想各项活动安排顺利完成，取得了显著的成绩和广泛的社会影响。作为划时代的“第三次解放思想”，对于推动广东科学大发展意义重大。可以说，既提高了认识，振奋了精神，也凝聚了力量，创新了举措。

---

① 参见中共广东省委宣传部编：《广东省解放思想学习讨论活动文件汇编》，广东人民出版社2008年版，第22页。

② 同上书，第42页。

1. 广东新一轮解放思想的特点

广东新一轮解放思想，是广东人面对新的国际国内环境，期望从自身过时的观念、经验、思维方式和既得利益的樊笼中解放出来的有益尝试，具有鲜明的特点。

第一，主题明确。解放思想学习讨论活动的核心主题是科学发展。广东省委提出要按照“重在联系实际明确主题、重在抓好领导干部、重在破解科学发展难题、重在激发科学发展积极性”的基本原则，精心组织、健全机构、广泛发动，在全省上下形成了新一轮思想大解放推动新一轮大发展的热潮。时任广东省委宣传部部长林雄指出，明确科学发展这一主题，就是要在解放思想中，运用科学发展观统一思想、提高认识、查摆问题、指导决策。[①]从结果上分析，通过第一阶段的学习宣传，全省上下对于科学发展问题取得了重要认识成果，一是深化了对解放思想重要性、紧迫性和针对性的认识，形成了以新一轮解放思想推动科学发展的共识；二是深化了对科学发展观内涵、实质和要求的认识，形成了在科学发展中创出一条新道路的社会认识；三是深化了对争当实践科学发展观排头兵历史使命的认识，也就是为广东谋福祉为全国科学发展做贡献的社会共识。[②]通过第二阶段的讨论调研，时任省委书记的汪洋同志认为，“既找准了科学发展面临的主要问题，又初步形成了破解科学发展难题的思路对策”。尤其是省委常委和其他领导同志带头调研的12个重点课题，“既有理论，又有实际，既有指导性，又有操作性，体现了新的思考、新的观点、新的思路和新的举措，体现了解放思想的成果，体现了科学发展观的要求”[③]。通过第三个阶段的决策部署，围绕科学发展展开的解放思想活动，最后形成了《中共广东省委省政府关于争当实践科学发展观排头兵的决定》，奠定了“我省今后实践科学发展观排头兵的重要思想基础”[④]。因此，汪洋在省委十届三次全会上特别指出，今后的重点是要把解放思想的成果转化为政策措施，付诸实践，并在实践中继续解放思想。

---

① 参见中共广东省委宣传部编：《广东省解放思想学习讨论活动文件汇编》，广东人民出版社2008年版，第184页。

② 同上书，第42页。

③ 同上书，第72页。

④ 同上书，第97页。

第二，领导得力。各级领导干部身体力行，率先垂范，积极发挥带头作用，是此次思想解放运动的一大亮点。广东省委非常重视学习宣传活动，省委常委会专题研究部署解放思想讨论活动，前后下发了《中共广东省关于开展“继续解放思想，坚持改革开放，争当实践科学发展观的排头兵”学习讨论活动的通知》、《关于全省解放思想学习讨论活动的组织领导及工作分工的意见》、《中共广东省委办公厅关于印发〈全省解放思想学习讨论活动第二阶段重点工作〉的通知》等指导性文件十几份；省委还成立专门的领导小组，由省委书记和省长亲任正副组长领导学习、讨论。全省各地各部门为积极贯彻省委部署，成立了由主要负责同志为组长的领导机构，迅速组织动员，结合各自工作实际，制订具体学习活动方案。省委高度重视通过民主程序广纳民意、集中民智，各级党组织通过召开座谈会、研讨会、征求意见会等形式，广泛发动社会各界参与讨论，听取他们对推进广东科学发展的意见建议；省委、省政府特别重视运用网络平台，引导网民有序参与广东解放思想大讨论。时任省委书记的汪洋、省长黄华华专门邀请网友为广东科学发展当面“拍砖”，一些地方和部门还采用对全体市民发表公开信、发布领导同志电话和电子邮箱、发放问卷等形式扩大民众参与面。省委常委及各级党政班子和领导班子，不仅“敏于行”，而且“长于思”，带头参加学习讨论，带头撰写调研报告，带头把自己摆进去查找问题，带头联系实际提高思想认识，既能在全省上下掀起人人关心解放思想、人人学习关注科学发展的学习讨论活动的热潮，又能在学习讨论活动中增加科学发展意识，锻炼和提高用科学发展统领工作的能力。①

第三，形式多样。深入开展解放思想学习讨论活动，科学发展是主题，领导干部是关键，而灵活多样的学习形式是重要抓手。具体说来，一是“集中起来”。主要是根据省委组织部的部署要求，各地各部门围绕解放思想，认真组织领导干部座谈会、党委中心组学习会、专题组织生活会和解放思想大家谈活动，力求形成全省统一部署、统一行动和整体推进的学习局面。二是“沉下去”。一方面，省委派出15个巡视督察组分赴各地

① 参见中共广东省委宣传部编：《广东省解放思想学习讨论活动文件汇编》，广东人民出版社2008年版，第189页。

各部门进行解放思想学习讨论的督促检查工作，组织省市两级宣讲团深入基层进行13 500多场宣讲辅导。另一方面，省、市、县各级领导干部深入基层调研制约广东省科学发展的难题，省委领导同志牵头负责并撰写13项重大调研课题报告，市厅级领导干部撰写调研报告2601篇，县处级干部撰写调研报告14 203篇，调研成果最后形成了6159项政策性文件或举措。[①]三是“走出去”。主要是由12名省级领导同志，21个地级以上市市委书记、市长，以及省直有关部门主要负责人组成的高层次党政代表团，赶赴上海、江苏、浙江等地学习考察，全省各地各部门也联系实际分赴省内外开展调研。四是“请进来”。专门邀请中国经济体制改革研究会会长高尚全、国家发展与改革委员会副秘书长杨伟民、阿里巴巴董事长马云等，到“广东学习论坛”为省委中心组成员作专题学习讲座。五是“敞开门”。主要是在各地各级部门，根据密切联系实际、促进科学发展的原则，开展自下而上的“建言献策”活动。与此同时，在省内八家主流新闻网站组织开展“我为广东科学发展建言献策”征文活动，收到网民意见建议三万多条，网文五百多篇。灵活多样的形式，有效地保证了解放思想学习讨论活动的深入开展。

第四，举措科学。解放思想的目的，在于通过学习宣传、讨论调研、决策部署三个阶段，最终形成科学举措，解决制约广东科学发展的实际问题。从2007年12月底至2008年6月，为期半年的学习讨论活动的科学成果，集中反映在四大纲领性文件的颁布。一是达成广东科学发展共识，发布《中共广东省委、广东省人民政府关于争当实践科学发展观排头兵的决定》。该决定确立了广东以科学发展观为指导，以全球视野、全国大局意识，解放思想，面向未来，确立国际化战略思维，全面创新改革开放发展之路。二是亮出广东科学发展的指挥棒，发布了《广东省市厅级党政领导班子和领导干部落实科学发展观评价指标体系及考核评价办法（试行）》。时任省委书记的汪洋同志特别强调，要让善于科学发展的人上、不善于科学发展的人让、阻碍科学发展的人下，打造一支善于科学发展的高素质干部人才队伍，引导树立正确的政绩观、改革观、发展观。三是提

① 参见中共广东省委宣传部编：《广东省解放思想学习讨论活动文件汇编》，广东人民出版社2008年版，第187页。

升珠三角带动东西北，发布《中共广东省委、广东省人民政府关于推进产业转移和劳动力转移的决定》。该决定按照“政府引导、市场运作、优势互补、互利共赢”的方针，着力优化区域产业布局，大力提高劳动力素质，提升珠三角地区产业竞争力，带动东西两翼和粤北山区加快发展，推动经济发展方式转变，促进广东省经济社会又好又快发展。四是探索“广东版”现代产业体系，发布《中共广东省委、广东省人民政府关于加快建设现代化产业体系的决定》。中国社会科学院研究员辛向阳认为，该决定提出重点建设“八大载体”，其中每一个做法和分目标，都体现了广东作为科学发展排头兵的探索意识，体现了广东作为改革开放排头兵的先行意识，体现了广东作为文明发展道路排头兵的实践意识，“都是在为国家战略探索实践”①。

通过新一轮解放思想，广东人怀抱科学发展理想，既联系实际立足自身，又面向世界面向未来，以宏大的战略视野和英勇气魄，审问并回答了广东“解放思想还不够、改革开放还不足、视野思维还不宽、勇气魅力还不大、科学决策水平还不高”等问题。

2. 广东新一轮解放思想的认识成果

新加坡国立大学东亚研究所所长郑永年曾经说过，“广东改革的意义正在于它是否有真正的创新，为中国的未来探路”。广东新一轮解放思想，即是在科学发展的中国道路、广东实践的征程中的深刻探索，形成了一系列重要的认识成果。

第一，恪守“八个必须八个解放出来”，树立科学发展新观念。一是必须全面准确理解科学发展观的内涵，从片面追求总量和速度的观念中解放出来；二是必须全面把握现代化的综合价值取向，从单一的经济价值取向中解放出来；三是必须坚持以人为本，从“重物轻人”的观念中解放出来；四是必须创新发展模式，从粗放型的发展路径中解放出来；五是必须发扬积极进取精神，从小富即安的思想中解放出来；六是必须树立世界眼光和战略思维，从过分依赖地缘优势及习惯于在本行政区域配置资源的思维定势中解放出来；七是必须增强实现共同富裕的政治责任感，从先富帮

①《粤出台〈关于加快建设现代产业体系的决定〉》（2008年7月28日），新华网，http://www.gd.xinhuanet.com/sungov/2008-07/28/content_13946749_1.htm。

后富责任意识不强的被动状态中解放出来；八是必须认清民主法制是落实科学发展观最根本的保障，从不重视人民群众主体作用的意识中解放出来。“八个必须八个解放出来”是对解放思想大讨论的全面总结和思想共识，体现了广东科学发展的八个观念性冲击，明确提出了广东科学发展要坚持什么、克服什么、倡导什么，对充分认识解放思想重要性、正确理解科学发展观内涵、坚持时间标准等问题有了深刻诠释，为当好实践科学发展观的排头兵奠定了扎实的思想基础。

第二，明确一个“战略目标”，争当实践科学发展观的排头兵。在《关于争当实践科学发展观排头兵的决定》（以下简称《决定》）的第二部分，提出了广东争当实践科学发展观排头兵的战略目标：“面向世界，服务全国，成为提升我国国际竞争力的主力省，探索科学发展模式的试验区，发展中国特色社会主义的先行地。力争经过五到十年的努力，基本建立科学发展的体制机制，率先走出一条物质文明、精神文明、政治文明和生态文明相协调的科学发展道路，全面开创科学发展新局面。广州市社会科学院研究员彭澎认为，这一战略目标的提出系基于多重原因。首先，广东的经济总量、人口规模、区位条件都决定了必须面向国际市场展开新一轮的产业升级。其次，广东要继续先行先试，就应该有为全国探索科学发展的责任。再次，广东不仅在经济建设中走在全国前列，如何使经济、社会、文化、环境协调发展，仍是广东必须探索实践的。[①]可以说，“这个目标，较好把握了广东发展的世界坐标、全国方位和阶段特征，符合中央对广东的期望，符合广东发展的内在要求，符合全省人民的根本利益，是一个比较科学可行的战略目标”[②]。

第三，坚持五个“基本原则”，统筹广东经济社会的科学发展。在《决定》的第二部分，提出了广东争当实践科学发展观排头兵的基本原则：“坚持解放思想，实事求是；坚持改革创新，先行先试；坚持以人为本，民生为重；坚持相信群众，遵循规律；坚持统筹兼顾，分类指导。”这五个基本原则，确立了领导和指导广东科学发展的正确思想路线、方法路径、价值准则，具有重要的规范意义。汪洋进一步指出，《决定》“为

① 参见彭澎：《科学发展　广东为全国探路》，《南方日报》2012年5月9日。

② 中共广东省委政策研究室：《争当实践科学发展观排头兵的总体要求和战略目标》，《南方日报》2008年7月1日。

今后推进科学发展提供了目标、思路和政策措施，但推进科学发展必然会遇到许多新情况新问题，各地情况又千差万别，指望一个文件把一切情况都考虑周全，一切条件都提供妥当，指望一次学习、一次会议、一个文件就能解决各地各部门面临的所有问题，那不是唯物主义的态度”。为此，我们必须坚持上述基本原则，这样才能保证“在落实《决定》过程中，能够直接采用的内容就直接采用，不能直接采用的就根据《决定》的原则精神，结合实际进行探索创新”[①]。

第四，把握六个“突出问题”，谋划推动广东科学发展着力点。在《决定》的第三至八部分，提出了广东争当实践科学发展观排头兵亟须解决的六个突出问题，主要包括：提升国际竞争力；优化产业结构；珠三角带动东西北，区域城乡互动协调发展；打造宜居城乡；全面提升民生质量；全面提高公民素质，提升文化软实力。汪洋在省委十届三次全会部署学习《决定》时指出，推动广东科学发展，一定要始终扭住广东发展的关键环节，既要全面谋划，又要突出重点，尤其是一定要发展好上述六个事关全局的重点问题。[②]广东省社会科学院院长梁桂全也认为，上述六个方面体现了此次广东思想解放的重要成果，“找到了一批在一段时间内阻碍科学发展的难题，并初步找到了破解的思路、方向和举措”[③]。

3. 广东新一轮解放思想的评价与启示

肇始于新一轮解放思想，广东不断转型升级，深化行政体制和社会领域改革，着力建设幸福广东。五年来，从思想到行动，从经济到社会，从重点突破到系统构建，都留下了“第三次解放思想”的时代印记。正如《星岛日报》、德国之声、BBC等媒体所评论的那样：“（中国）南方悄悄启动了一场政治新闻热潮，这将让世界再一次驻足惊叹！”[④]广东新一轮解放思想给予我们重要的现实价值和启示，主要反映在如下三个方面。

一是新一轮解放思想具有重要历史价值。广东省社会科学院院长梁桂

① 中共广东省委宣传部编：《广东省解放思想学习讨论活动文件汇编》，广东人民出版社2008年版，第113~114页。

② 同上书，第106页。

③《改革开放30年：八必须体现观念冲击　广东解放了什么》，《瞭望新闻周刊》2008年第27期。

④ 转引自辛均庆：《科学发展先行先试　中国道路广东实践》，《南方日报》2012年5月9日。

全认为，新一轮思想解放，是一场多方开放、热烈碰撞的思想运动，对于共识的凝聚，突破口的日益明朗大有裨益。而新一轮解放思想对广东的价值，最宝贵之处正是在于我们敢于主动突破思想障碍和体制障碍。首先是把人们尤其是各级领导干部从传统GDP的思想障碍中解放出来。其次是破除以往“见物不见人”的障碍，树立以人为本，关注发展的终极关怀，依靠人、发展人、实现人的需要的新理念。[①]回过头来看，经过这五年来解放思想的讨论和实践，广东人已经达成了“只有科学发展才是硬道理”的共识。

二是新一轮解放思想具有全国示范价值。广州市社会科学院研究员彭澎认为，一方面，三十多年前广东率先改革开放，面临着一系列发展问题亟待探索，这些问题也是内陆地区将要面对的。过去广东实践是内地改革开放的典型示范和参考借鉴，如今科学发展的广东实践对全国其他地方也具有参考价值。另一方面，广东作为经济最发达省份表现出来的一种不故步自封的态度和改革不停止的精神，仍是激励着全国各地改革事业的动力。再一方面，改革要善于学习，广东很多改革就是向发达国家和地区学习的，尤其是邻近的新加坡、我国香港特别行政区以及国内其他地方的先进经验和做法，都是可以借鉴或相互学习、启发的，因而具有开放的心态和解放的思想是重要前提。[②]

三是新一轮解放思想具有重要创新价值。有媒体评价，广东过去是中国改革的试验田，现在已成为中国科学发展的“梦工场”。改革开放以来，党中央一直把广东作为破解改革开放、探索中国特色社会主义道路、创建中国特色社会主义社会一系列重大问题的先行地区或试验区。新时期，广东理当成为实践科学发展观的排头兵，必须为国家发展大局承担起破解第二步难题的责任。广东提出以科学发展观为指导，以全球视野、全国大局意识，解放思想，面向未来，确立国际化战略思维，全面创新改革开放发展之路，既是广东新一轮解放思想的成果，对全国其他地区而言也同样有借鉴意义。[③]

---

① 参见梁桂全：《解放思想　撕开广东发展突破口》，《南方日报》2012年5月9日。

② 参见辛均庆：《科学发展先行先试　中国道路广东实践》，《南方日报》2012年5月9日。

③ 参见梁桂全：《解放思想　撕开广东发展突破口》，《南方日报》2012年5月9日。

2012年4月11日，企业战略家罗伯特·劳伦斯·库恩在接受《南方日报》专访时，对广东五年来的蜕变进行了评价，认为“广东不仅是发展中国家的风向标，还正在成为世界经济的中心”。过去的五年，解放思想破解发展难题，科学发展创造崭新路径，转型升级开辟新生天地，幸福广东构建梦想家园，创新党建凝聚时代动力，广东新一轮解放思想留给我们深刻的启示。

第一，要坚持解放思想永不停歇。解放思想是正确行动的先导，更是扫除障碍、引领发展的“法宝”。任何一个时代解放思想既不能一蹴而就，更不能一劳永逸。当今世界正在发生广泛而深刻的变化，当代中国正在发生广泛而深刻的变革，新事物、新情况、新问题、新挑战层出不穷，所以实践不断发展，解放思想永不停歇。改革开放以来，广东经济社会飞速发展，就是深刻审视所处环境变化，深刻分析发展优势和不足，深刻反思思想精神状态，把思想从不适应、不利于改革开放和科学发展的认识和实践中解放出来，推动了经济特区的创立，实施了开放搞活的举措，建立了市场经济体制。所有这些，既是当下解放思想的成果，又是曾经解放思想的动力，是以解放了的思想推动发展的生动体现。历经五年，解放思想大讨论增进了广东各界科学发展认识水平和实践能力，但是解放思想还存在不平衡、不深入、不落实的情况。究其缘由，不懂、不想、不愿、不会、不敢解放思想的因素还在一定程度上存在，因此解放思想必须是“历久”而又“弥新”的。尤为重要的是，2012年8月22日国务院总理温家宝主持召开国务院常务会议，批准了广东省在行政审批制度改革方面先行先试，为全国行政审批制度改革积累经验。处于新旧发展模式交替“十字路口”的广东，迎来了再造体制竞争力的良机，唯有继续深入解放思想，勇于改革创新，广东才能为全国的体制改革探路，才能发挥广东改革实践的示范作用。①

第二，要坚持改革创新永无止境。胡锦涛总书记在纪念改革开放30周年大会上指出，实践永无止境，探索和创新也永无止境。世界上没有放之四海而皆准的发展道路和发展模式，也没有一成不变的发展道路和发展模

① 参见《再造体制竞争力 广东率先探路全国行政审批制度改革》，《南方日报》2012年8月24日。

式，必须适应国内外形势的新变化，顺应人民过上更好生活的新期待，结合自身实际、结合时代条件变化不断探索和完善适合本国情况的发展道路和发展模式。所以，我们既不能把书本上的个别论断当做束缚自己思想和手脚的教条，也不能把实践中已见成效的东西看成完美无缺的模式。唯有在观念上勇于变革、实践上勇于创新，我们才能应对世情、国情、党情的深刻变化。改革开放以来，广东走过了一条从思考到探索、从创新到突破、从提升到飞跃的改革发展之路。如果没有改革创新的果敢气魄、精神状态、工作作风、思维方法和组织措施，我们无法完成“自我革命”，坚决扫除阻碍改革开放与科学发展的思想、利益和体制阻碍，无法将解放思想落实到争当实践科学发展观排头兵的要求上来，更无法形成破解影响科学发展难题的思路和举措。解放思想，改革创新，既是思想方法，也是工作方法，必须贯穿于广东实践科学发展观的始终，贯穿于社会主义现代化的全过程，贯穿于建设中国特色社会主义的伟大历史进程。

第三，要坚持党的领导永不动摇。解放思想是发展中国特色社会主义的一大法宝。但是我们必须清晰地认识到：通过解放思想，以实现真正意义上的科学发展是相当不容易的事情，它需要坚强的党性作保证。①也就是说，党要坚持解放思想、要领导解放思想、要在解放思想中统一思想。因为，科学发展观要求整合利益和统筹矛盾，要求是以人为本，实现全面、协调、可持续发展。首先，这一目标中的任何一项的实现都不是一蹴而就的，都需要做多方面的工作和努力。其次，解放思想不是抽象的精神自由，而是以实现人民根本利益为价值取向的改革创新，因此必须把解放思想统一到真正的科学发展上来。②再则，党的领导干部是解放思想的关键。领导干部既是决策和具体执行的主体，决策能否具有科学性、前瞻性、创新性，能否顺应时代发展潮流和世界发展大势，实际上取决于领导干部思想解放的程度。同时，领导干部的思想解放关系广大群众的思想解放，对于广大群众的思想解放具有示范意义和榜样作用。最后，新世纪新阶段中国经济社会发展的特点要求党坚持解放思想，党的领导干部带头解放思想。在经济全球化和我国工业化、信息化、城镇化、市场化、国际

---

① 参见李君如：《今天，我们该怎样解放思想》，《河南日报》2008年8月29日。

② 参见侯惠勤：《论继续解放思想》，《浙江日报》2008年3月10日。

化深入发展的新形势下，党和国家各项事业发展都面临许多新课题、新矛盾。能否持续、科学、有效地坚持解放思想，关系中国特色社会主义事业的全局。[1]汪洋也在中共广东省委十届三次全会上强调，我们必须认识到继续解放思想刚刚破题，推进科学发展任重道远。对解放思想的成果不能高估，对推进科学发展的难度不能低估。这一点，全省党员干部特别是领导干部，一定要有正确而清醒的政治自觉和历史自觉。

① 参见陈金龙：《领导干部带头解放思想更为迫切》，《羊城晚报》2008年1月28日。

第二章　学习型政党建设

建设马克思主义学习型政党，是党的十七届四中全会从全面推进中国特色社会主义伟大事业和党的建设新的伟大工程的全局出发，提出的一项重大战略任务。把各级党组织建设成为学习型党组织，是建设马克思主义学习型政党的基础工程。[①]当今世界正处在大发展大变革大调整时期，党从这一重要的国际背景出发，强调加强学习型政党建设，使党始终走在时代前列、引领中国发展进步，具有十分重要的意义和价值。自此战略任务提出以来，广东各级党委响应号召、分层规划、积极落实，极大地提高了党的执政水平和执政效果。毫无疑问，总结近几年广东各级党组织和党员干部推动科学发展，建设学习型政党的经验，有助于进一步丰富党的建设理论，推进党的执政能力建设，使党更好地为人民执好政、掌好权，完成党肩负的历史使命。

一、学习型政党建设的概念审视

重视学习，历来是中国共产党制胜的法宝。在革命时期，党通过学习和实践将马克思主义基本原理与中国实际相结合，引领中国革命取得胜利；在建设时期，党学习和借鉴西方资本主义一切优秀成果，大胆创新，开创了中国特色社会主义新局面。回顾历史，每一个重要的发展时期，党始终能够针对不断变化的社会实际，在学习中赢得主动，并以学习型政党的姿态跟上时代的脚步，推动党和国家事业的发展。当前中国正处于改革

① 参见《中共中央办公厅印发〈关于推进学习型党组织建设的意见〉》（2010年2月8日），新华网，http://news.xinhuanet.com/politics/2010-02/08/content_12955104.htm。

发展的关键时期，面临前所未有的机遇和挑战。怎样才能不断加强党的建设，更好地兼顾各方利益，化解社会矛盾，维护社会稳定？答案只有一个：加强学习，涵养心灵，创新理念，实现理论与实际的融会贯通，增强治国理政的能力水平，才能抓住机遇从容应对挑战和考验。

1. “学习型政党”内涵考辨

根据中共十七届四中全会通过的《中共中央关于加强和改进新形势下党的建设若干重大问题的决定》精神，我们认为所谓学习型政党，就是以全员学习、终身学习机制为保障，以不断增长的学习力与创新力为动力，以科学理论武装、具有世界眼光、善于把握规律、富有创新精神为要求，以善于掌握和运用一切科学的新思想、新知识、新经验为内容，以适应时代要求，不断进行变革的政党建设为目的，以引领中国社会发展进步为归属的马克思主义政党建设。它以人的素质提高和人的全面发展为其根本宗旨，通过党员干部率先提升素质，从而影响、辐射、带动全社会公民素质的全面发展。从其理论发源来看，学习型政党拥有丰富的理论资源，“建国君民，教学为先”；“君子如欲化民成俗，其必由学乎！玉不琢，不成器；人不学，不知道”。《礼记·学记》用精练的文字，简明扼要地说明了学习对人的发展的重要作用。从汉代的《史记》、五经，唐代的九经、十二经到宋代的十三经，再到明代的“习与性成”的认识，无不强调了学习的价值。西方学者从组织管理的角度也探讨了学习型组织建设的意义和作用。较为经典的有彼得·圣吉的《第五项修炼中学习型组织的艺术与实务》一书，提出了建立学习型组织的“五项修炼”模型。东亚国家日本、新加坡提出的“学习型政府”、“学习型城市”等都对中国共产党的学习型政党建设具有启发意义。

2. 学习型政党的基本特征

中国共产党的学习型政党建设要以马克思主义学习型政党建设为重点，积极培养人人学习、终身学习的学习型社会为目标，形成正确思路，统合各方资源，探索建设途径。概括地说，中国共产党学习型政党具有以下基本特征。

一是学习性。学习型政党的第一特征是学习。即通过学习型政党建设，务求每一个党员把党的事业与个人的发展统一起来，自觉掌握唯物辩证的思维方法，增强党性修养，提升思想境界，实现自我超越、全员学习和终身学习。二是政治性[①]。中国共产党是一个马克思主义政党。因此，建设学习型政党就必须重视党的建设的政治性。要通过马克思主义理论的学习，把全党同志的意志统一到建设有中国特色社会主义道路和理论体系上来，推进中国特色社会主义伟大事业的建设。三是人本性。这包含两个方面的内容：一方面，学习型政党是一种以人为本，融工作和学习为一体的组织模式，它充分尊重党员的权利和需求，积极为个人的学习和发展创造条件，达到每位党员将自身发展和组织发展辩证统一。另一方面，学习型政党发展的目的又是为了推进全社会人的全面发展。学习的目的既是为了党员素质能力的提高，也是为了全社会百姓的福祉。四是创新性。它是学习型政党的生命所在，一个政党只有不断创新，才能在变化的环境中保持强盛的适应能力，跟上时代发展的步伐。崇尚创新、追求创新，既是建设学习型政党的内在要求，又是学习型政党自身的重要属性。五是团队性。学习型政党强调通过党组织这个团队共同学习知识，共享先进思想，从而增强组织的创造活力。学习型政党的学习力的体现不是组织中每个党员学习的简单相加，而是全体党员基于“为人民服务”的共同目标，以各个党组织为依托进行的组织化、团队化学习。

3. 学习型政党的创建原则

学习型政党建设的实质是以学习为切入点的组织管理模式创新。其目标在于通过围绕问题进行学习研讨，激发党员干部的学习兴趣，解决工作中的实际问题，提升党组织的管理水平。学习型政党的创建工作，应把握以下三个原则。

一是学习必须围绕党面临的实际问题展开。抓学习是创建学习型政党的切入点，而找问题则是创建学习型政党的着力点。为了学习而搞学习、形式主义的学习无法激发党员干部的学习动力，也无法长久开展学习型政党建设。只有将学习和解决工作中的问题紧密结合起来，紧紧围绕工作实际展开学习研究，才能在推进工作中，激发成员的学习兴趣和热情，实现学习和工作的良性互动。

二是学习必须采用先进理念并形成一套科学的学习研究方法。靠行政

---

① 参见《学习型党组织的基本特征和建设途径》，《人民日报》2010年9月1日。

命令组织起来的集体学习和简单的知识传授，难以取得理想的效果。要积极借鉴国外学习型组织建设的有益做法，充分吸收现代人文社会科学的丰富营养，切实加强理论探索。要认真总结党丰富的历史经验以及各地开展学习型政党建设的新鲜经验，共享知识、创新观念，激发和凝聚智慧，形成具有中国特色的学习型政党建设理论。

三是学习必须坚持以马克思主义理论为指导，坚持以科学制度作保障。马克思主义是国家立党立国的根本指导思想，也是建设学习型政党必须始终贯彻的精髓。同时，必须建立健全学习保障制度，加大对党员干部学习经费的投入力度，改善基础设施，为党员干部提供良好的学习条件。加强对学习情况的考核，把学习情况和学习能力、理论素养作为民主评议、综合考核评价领导班子和领导干部的重要依据。

4. 创建学习型政党的历程回顾

中国共产党向来是一个重视学习、善于学习的政党。在《关于推进学习型党组织建设的意见》颁布之前，从毛泽东对于政党学习本质的认识到中共中央对于学习型政党的战略理解与实施经历了一个不断探索的过程。这其中经历的几个重要阶段是：延安时期，中央相继颁布《关于延安在职干部学习的规定》、《中共中央关于在职干部教育的规定》，对在职干部的学习作出全面具体的部署，明确提出“做什么，学什么”的口号，并指出，干部教育工作在全部教育工作中的比重是第一位的。十一届三中全会后，全党重新认识到学习的重要性，理清了学习与实践的关系。1989年中央下发《关于建立健全省部级在职领导干部学习制度的通知》，该通知要求“通过有领导、有计划地学习培训，帮助中青年干部提高马克思主义的理论素养，增长领导才干”。2002年党的十六大提出全面建设小康社会的战略任务，提出建构一个“人人学习、终身学习的学习型社会”。2009年，党的十七届四中全会深入研究了新形势下加强和改进党的建设的经验、问题、原因以及途径，提出了建设马克思主义学习型政党这个重大而紧迫的战略任务。2010年中共中央办公厅印发了《关于推进学习型党组织建设的意见》，汲取以往经验，详细分析和强调了建设学习型政党的重要意义、总体要求，并对其主要原则、主要内容、方法和途径作出了具体的部署。为贯彻落实党的十七届四中全会精神和中共中央办公厅下发的《关于推进学习型党组织建设的意见》，加强对有关工作的指导和服务，中央批准成立了建设学习型党组织工作协调小组，传达学习中央要求，通报有关情况，研究落实有关工作。其后，中央、地方各办公厅分别印发了《关于建设学习型机关的实施意见》。该意见根据各部门、各地区实际情况，组织开展学习型党组织建设。中央有关部门在推荐三批图书的基础上，由有关专家学者认真阅读、严格遴选出5~6本具有较强政治性、思想性、知识性和可读性书目，供党员干部精读学习。《中国共产党历史（第二卷）》、《学习型政党干部读本》等核心书目也相继出版，对广大党员干部从党的历史中汲取开拓前进的智慧和力量，充分发挥党史以史鉴今、资政育人的作用，推动学习型党组织建设，具有重要意义。

5. **建设学习型政党的重要意义**

学习型政党的创建是中国共产党因应新形势新任务的必然要求，是迎接新时代新挑战的必然选择，它从三个维度彰显出重要性。

一是建设学习型政党，是党始终走在时代前列、引领中国发展进步的重要基础。随着经济全球化深入发展，世界多极化不断演进，全球处在大发展大变革大调整时期，无论哪一个国家、民族还是政党，都应当加强学习，提高自身实力，增加国家综合国力和国际竞争力。面对这一新形势，广大党员干部只有通过学习型政党建设，增强学习的紧迫感和自觉性，才能掌握和运用与时代发展和要求相一致的新思想、新知识、新经验，才能把握时代前进的脉搏，科学判断世界发展大势，提高改革发展的能力，带领全国人民在激烈的国际竞争中占据主动地位。

二是建设学习型政党，是党领导人民夺取全面建设小康社会新胜利、开创中国特色社会主义事业新局面的必然要求。当前，我国已进入新的发展阶段，经济社会转型尚未结束，社会和谐的任务繁重而艰巨，前进道路上新情况、新问题、新矛盾不断涌现，建设中国特色社会主义，已经站在了一个新的历史起点上。广大党员干部只有在新的实践中重视学习、继续学习，努力创建学习型政党，才能引领社会建设，改善民生福祉。

三是建设学习型政党，是提高党的执政能力、保持和发展党的先进性的紧迫任务。一方面，努力创建学习型政党可以推动党建理论和实践创新，全面提高党的执政能力。只有将无数基层党组织建设成为学习型党组织，我们党才能成为一个肌体强大的学习型政党，才能全面提升执政能力，不断开创中国特色社会主义事业新局面。另一方面，努力创建学习型政党可以进一步推进党的先进性，通过学习提高全党的思想理论素养，不断深化对共产党执政规律、社会主义建设规律、人类社会发展规律的认识，切实提高推动科学发展、促进社会和谐的能力，不断为党的执政能力建设和先进性建设注入强大动力。正如胡锦涛在党的十七大报告中强调的："先进性是马克思主义政党的生命所系、力量所在，要靠千千万万高素质党员来体现。"因而，我们必须加快建设学习型政党，提高党员素质，增强党的感召力、凝聚力、战斗力。

二、广东创建学习型政党的现实背景与具体内容

广东是全国最早建立党组织的六个地区之一，探索学习型政党建设起步较早，拥有较好的党建基础。三十年来广东作为我国改革开放的前沿阵地，在建设和发展中国特色社会主义伟大历史进程中发挥着窗口作用、试验田作用和排头兵作用。广东的改革开放实践证明：知识改变命运，知识振兴国力，广东只有不断适应时代要求推动知识结构的转型升级，才能拥有持久的核心竞争力！①

1. 广东建设学习型政党的背景和条件

当前，国际政治经济格局正在经历重大而深刻的变化，我国经济社会发展呈现一系列新的阶段性特征，在这一关键时期，党的十七届四中全会审议和通过了《中共中央关于加强和改进新形势下党的建设若干重大问题的决定》。以胡锦涛同志为总书记的党中央站在历史和时代的高度，总结了中国共产党60年执政基本经验就是"坚持把思想理论建设放在首位，提高全党马克思主义水平"，同时指出了中国共产党面临的突出问题主要是："一些党员、干部忽视理论学习、学用脱节，理想信念动摇，对马克思主义信仰不坚定，对中国特色社会主义缺乏信心。"②从而提出了建设马克思主义学习型政党的重大战略任务，为进一步推动科学发展指明了正确方向。

---

① 参见《完善知识结构 提高工作本领 推动发展转型——访中共中央政治局委员、广东省委书记汪洋》，《人民日报》2010年9月17日。

②《中共中央关于加强和改进新形势下党的建设若干重大问题的决定》，《人民日报》2009年9月28日。

近年来，特别是广东建设文化强省战略实施以来，省委陆续颁布《关于建设文化强省规划纲要》、《市厅级党政领导班子和领导干部落实科学发展观评价指标体系及考核评价办法》等文件，省委十届三次全会就已经开始“倡导向学崇文新风尚，加快推进学习型社会建设”，为贯彻落实《中共中央办公厅印发〈关于推进学习型党组织建设的意见〉的通知》打下坚实的基础。省委、省政府对学习型政党建设高度重视，找问题、理思路、定对策，召开学习调研成果交流会，先后制定出台十几个方面的重大发展战略以及若干重要保障性政策文件。通过学习调研梳理思路、对策，进而转化为推动科学发展的决策和措施，为广东“始终把握科学发展主题和加快转变经济发展方式主线，奋力推进改革开放和社会主义现代化建设”[①]，奠定了理论学习和政策实践基础。

时任省委书记的汪洋同志强调指出：“每当历史进入转折点，都会掀起学习热潮。”广东正处于改革攻坚期、发展关键期、矛盾凸显期，倡导学习之风，让学习成为常态，比以往任何时候都显得更加迫切。面对新形势新要求，广东只有根据中央《关于推进学习型党组织建设的意见》，以创建学习型党组织为抓手，提高本领，攻坚克难，与时俱进地加强学习，使广东在学习型政党建设引领社会建设上走在全国前列。“领导干部都要有强烈的使命感、责任感和紧迫感，以正在做的事为中心，从最急需的知识学起，缺什么，补什么，努力实现知识结构转型升级，以新的理念、水平、路径，为广东科学发展注入新动力。”[②]努力在转变经济发展方式这个关系全局的问题上率先取得突破，促进领导干部知识结构的转型升级，推动产业结构转型升级，当好推动科学发展、促进社会和谐的排头兵。

2. 广东建设学习型政党的具体内容

根据《广东省委办公厅印发〈关于建设学习型党组织的实施意见〉的通知》（以下简称《通知》）要求，结合广东地区实际，创建具有科学理论武装、具有世界眼光、善于把握规律、富有创新精神的马克思主义学习型政党，广东建设学习型政党主要有以下五个方面的学习内容：

---

①《第十届广东省委历次全会回眸》（2012年5月14日），南方网，http://www.nfyk.com/nfgz/ShowArticle.asp? ArticleID=3924。

②《完善知识结构　提高工作本领　推动发展转型——访中共中央政治局委员、广东省委书记汪洋》，《人民日报》2010年9月17日。

一是学习领会中国特色社会主义理论体系。《通知》指出，要领会邓小平理论、“三个代表”重要思想以及科学发展观的主要精髓，系统掌握中国特色社会主义理论体系。习近平同志指出：马克思主义理论素养是领导干部的必备素质，是保持政治上清醒坚定的基础和前提。要引导干部系统掌握马克思主义科学真理，深化对中国特色社会主义理论体系的理解和运用。[①]只有这样，广东各级党员干部才能从理论和实践、历史和逻辑加深理解中国特色社会主义理论体系，并将其与马克思主义经典原著、广东改革开放的实践经验相结合，增强广大党员干部贯彻中国特色社会主义理论的自觉性和坚定性。

二是深入学习实践科学发展观。《通知》指出，要深刻领会科学发展观的科学内涵和精神实质，总结学习实践科学发展观活动的成功经验，运用科学发展观着力解决影响和制约科学发展的突出问题。广东各级党员干部要积极创新发展理念、理清发展思路、破解发展难题、转变发展方式，形成有利的政策导向、舆论导向、用人导向和体制机制，把广东各级党组织建设成为贯彻落实科学发展观的坚强堡垒。

三是学习践行社会主义核心价值体系。《通知》指出，马克思主义指导思想、中国特色社会主义共同理想、以爱国主义为核心的民族精神和以改革创新为核心的时代精神、以“八荣八耻”为主要内容的社会主义荣辱观、党的优良传统、民族优秀文化传统都是社会主义核心价值体系，都应该广泛开展学习教育，增强广大党员干部的政治敏锐性和鉴别力。还应当发挥广东的地区优势，大力宣传有理想、谋发展、促和谐的先进典型，弘扬“敢为人先、务实进取、开放兼容、敬业奉献”以及“厚于德、诚于信、敏于行”的新时期广东精神。

四是学习掌握现代化建设所必需的各方面知识。《通知》指出，党的路线方针政策和国家的法律法规以及现代市场经济、现代国际关系、现代社会管理、现代信息技术等反映当代世界发展趋势的知识都应当组织党员干部学习。一方面，要本着干什么学什么、缺什么补什么的原则，认真学习掌握各种知识和技能，努力成为本领域本行业的行家里手。[②]另一方

① 参见习近平：《马克思主义理论素养是领导干部的必备素质》（2010年9月28日），人民网，http://theory.people.com.cn/GB/12843368.html。

② 参见汪洋：《领导干部要注重知识结构的转型升级》，《党建》2010年第4期。

面，要学习所有人类文明的优秀成果，系统思考经济社会发展所面临的新问题和新挑战，深刻剖析党的建设中存在的问题，全面加强和改善党的领导，加强党的作风建设，开展反腐倡廉建设，不断提高依法执政、民主执政、科学执政水平，永葆党的先进性。

五是学习总结实践经验。《通知》指出："既要向书本学习，又要向实践学习、向群众学习。"其中，一方面要学习党的历史经验，从历史中找寻智慧和力量。学习中国共产党革命与建设理论形成的历史背景，尤其是党的成功经验与失败教训，"不断深化思想认识，努力把握工作规律，推动学习型党组织建设向广度深度拓展"①。另一方面要学习人民群众的智慧。人民群众是历史的创造者，是中国共产党不断走向胜利的力量源泉。我们要坚持向人民群众学习，解放和发展社会生产力，不断提升党的执政能力。

三、广东创建学习型政党的实践举措

广东学习型政党建设着力于为党员干部提供"加油站"和"动力源"，打造适合不同对象的学习平台，营造重视学习、善于学习、自觉学习的常态化氛围，进而转化为推动科学发展的决策和措施，学习成效凸显。总体而言，其具体举措包括以下几个方面。

1. 强化党委中心组学习模式

党委中心组组织本级领导班子成员开展以党的理论和路线方针政策为主要内容的学习活动，一直以来就是党员领导干部学习理论、加强思想政治建设的重要形式。当前，广东各级党委（党组）按照建设学习型政党的要求，不断加强和改进党委（党组）理论中心组学习，紧密结合本地区改革开放实际和社会主义现代化建设的生动实践，深入学习贯彻中国特色社会主义理论体系，取得丰硕成果。其中，"广东学习论坛"是省委中心组理论学习的品牌活动，现已扩大到省直机关主要领导干部参加，并每月举行一次。"论坛"邀请中央、国家部委有关领导、国内知名专家学者，围绕国际国内政治经济形势、广东改革发展稳定的重大问题以及哲学、政治

①《不断深化思想认识　努力把握工作规律》，《人民日报》2012年4月8日。

学、经济学、法学、历史学、科学技术、文学艺术等方面的内容来作报告，“为我省领导干部构筑一个高层次、多视角、宽领域的接受知识和信息的学习平台，提供一个良好的学习交流场所”[①]。2007—2011年，广东省委共举办了约五十期广东学习论坛，每一期都契合形势，主题鲜明。如潘卡洛斯《希腊和欧盟当前局势》，闪淳昌《广东要在应急管理方面给全国创造更多的经验》，杜鹰《解读〈珠三角改革发展规划纲要〉》，吴敬琏《广东发展转型的机遇与挑战》，等等。作为省委中心组加强理论学习的重要形式，“广东学习论坛”已经成为领导干部了解世界、把握国情的窗口，成为创新观念、启迪思维的土壤，成为互相学习、交流经验的平台，成为研究问题、酝酿决策的阵地。

各地市厅级党委（党组）中心组也紧紧围绕实践科学发展观活动开展深入学习。在学习活动开展前，将学习的内容主题列表，在南方网上及时公布。中心组采取集中研讨、举办论坛报告会等多种形式，广泛开展学习，重点突出，成效显著。如深圳市区局级单位党委（党组）建有近三百个理论学习中心组，参加学习的固定成员达三千余人。现中心组理论学习已经全面走向规范化、制度化，形成市委中心组积极带动示范，主管部门加强指导和服务，各区委和各系统主管党委有效组织和督促的制度环境。首先，市委高度重视中心组学习的指导服务工作，形成一级带一级的层级学习管理机制，在市委宣传部的统一部署下，市委讲师团做好各级中心组理论学习指导、督促和服务工作；其次，突出学习重点，找准理论与实践的结合点和切入点；再次，尝试学习创新，增强理论学习的针对性和有效性。[②]潮州市则把中心组学习考核工作列为重点，积极推动全市各中心组不断加强学习。首先，增强市委学习报告会的辐射力。市委中心组学习报告会高规格邀请报告人、高水准择定报告题目，将其作为市领导干部进行集体学习，接受新观点、新思想、新观念的重要学习平台，受到各级领导干部的普遍欢迎。其次，强化调研式学习。市委宣传部进一步强化专题调研学习方式，按照由“确立主题—分解课题—深入调查—集中研讨—撰写报告—转换成果—形成决策”等环节构成调研式学习模式，指导各中心组

---

①《广东学习论坛》，南方网，http://theory.southcn.com/llzhuanti/gdxxlt/。

② 参见中共深圳市委讲师团：《中心组理论学习常抓不懈、常学常新》，南方网，http://www.southcn.com/nflr/zhongxinzu/xxjl/jyjl/content/2007-08/10/content_4231663.htm。

按照市委要求，结合本地区、本部门的突出矛盾和问题，每年选取一个全局性、战略性重大问题开展调研。潮州市各中心组还根据成员分管工作的实际，细化专题、分工调研，每人每年必须撰写一至两篇调研报告，适时召开调研成果交流会，及时转化为推动经济社会发展的思路和决策部署。[①]

在总结全省各地中心组学习情况的基础上，广东省委办公厅拟定完善党委（党组）中心组学习制度。按照《广东省委办公厅印发〈关于建设学习型党组织的实施意见〉的通知》的规定，省委常委会每两个月举办一次集中学习讨论会，省委中心组每月举办一次“广东学习论坛”，市、县两级党委中心组每两个月至少举办一次集体学习论坛或集中学习讨论会，各级党委（党组）中心组集中学习时间每年不少于八天。每年举办一期市厅级主要领导干部理论研讨班，集中学习研讨重大理论和实践问题，增强领导干部的战略思维、创新思维、辩证思维能力。加强对各级中心组学习的指导和服务，建立领导干部中心组学习联系点制度，县处级以上主要党政领导干部每年到联系点讲党课或作形势报告不少于一次，并带头参加所在基层党组织的集体学习。[②]将中心组学习制度化，以中心组学习推动广东学习型政党建设。

2. 大规模培训党员干部

为贯彻落实党的十七大和省委十届三次全会精神，努力建设一支善于领导科学发展和参与国际竞争的高素质干部队伍，近年来省委组织部制定出台《广东省干部培训学时学分管理办法》、《广东省干部培训在线学习管理规定》等相关制度，在干部认真读书的问题上下工夫，把学习型党组织建设由“软指标”变成“硬任务”。[③]《关于广东省2008—2012年大规模培训干部工作的实施意见》要求各级党委，要把干部教育培训工作作为一项战略性、基础性工作列入重要议事日程，纳入本地本部门的工作规划，整体部署、明确分工、落实责任。按照《干部教育培训工作条例（试

① 参见《潮州：六项举措进一步加强和改进中心组学习》，南方网，http://theory.southcn.com/c/2009-09/28/content_5903334.htm。

② 参见中共广东省委办公厅：《关于建设学习型党组织的实施意见》，《南方日报》2010年5月21日。

③ 参见《建学习型党组织不再是“软指标”，知识型、专业型年轻干部挑起新重担 以党建创新助建幸福广东》，《南方日报》2011年8月30日。

行）》和全国、全省“十一五”干部教育培训规划的要求，力争用五年时间，把全省现有196万多名干部普遍轮训一遍。其中，厅局级、县处级党政领导干部每年参加脱产培训的时间不少于110学时，五年内累计参加脱产培训的时间达550学时以上，其他干部每年参加脱产培训的时间不少于100学时。培训共分一把手培训工程、中青年干部培训工程、企业经营人才培训工程、创新型人才培训工程、现代产业体系人才培训工程、国际人才培训工程、基层干部培训工程、哲学基础知识普及工程、干部信息能力提升工程、年轻干部外语培训工程等十个重点培训工程。

各地市按照省委文件精神要求，以学习型政党建设为契机，积极进行干部培训，提升干部执政能力。广州市委发布《关于广州市2008—2012年大规模培训干部工作的实施意见》，要求广州开展大规模的干部培训。其中，处级以上党政领导干部平均每年参加脱产培训时间不少于110学时，其他干部每年参加脱产培训时间不少于100学时。每年举办一期领导干部赴美进修班，以语言强化、理论知识学习与实习锻炼相结合形式开展公共管理知识培训，主要培训年轻优秀的正处级领导干部，每年计划培训20人，五年共培训100人。同时，广州市将每年举办一期县处级领导干部业余英语培训班，计划培训200人左右，五年共培训1000人左右。[①]从2010年起，东莞将对全市干部全面系统地进行加快转变经济发展方式基础知识的培训，组织三期专题研讨班，共27场，为副处以上干部讲授先进制造业、物流业、金融业、汽车产业、太阳能光伏产业等方面知识。处级领导干部和镇街党政班子成员每年要完成60个学时的脱产培训，其他干部每年要完成40个学时的脱产培训。东莞高度重视领导干部学习培训，已经先后开展赴珠三角、长三角、环渤海等地学习考察，增强干部忧患意识、发展意识和超赶意识。东莞投入干部培训的经费从2005年的557万元提高到现在的1287万元，已经举办各类学习论坛和专题讲座236期，培训干部24 600人次。[②]梅州市也非常重视干部教育培训工作，围绕市委、市政府提出的“四个梅州”战略和“推动绿色崛起，实现科学发展”战略，坚持不断创新党政干部和人才培训模式及形式，切实加大培养学习型党员干部的力

① 参见《广州将大规模培训干部　35岁以下要统考外语》，《南方日报》2009年3月13日。

② 参见《东莞大规模培训干部　处级每年脱产学习60学时》，《南方日报》2010年6月18日。

度，先后从嘉应学院1720多名符合条件的本科三年级学生中，通过推荐、笔试、面试、考察层层遴选，共选拔6批369人（含提前批）作为“党政干部战略后备人才”培养对象。以培养复合型党政后备干部为目标，成立专门培训班，结合梅州实际，邀请专家教授、部门领导和基层干部给他们授课，拓宽他们的视野，增长他们的见识。同时注重实践锻炼，组织各类型活动和下基层见习调研，提前接触基层。经过定期考核、期中调整和公务员考试择优录用后，共选派161名选调生下派基层任职，梅州市经济社会发展提供了组织保证和人才支持。[①]进入2011年，全省各级党校共举办主体班次1086期，共举办领导干部专题研讨班1132期，专题讲座、学习论坛、读书活动等12 436期，培训干部193万人次。[②]

同时，广东省委办公厅在《关于建设学习型党组织的实施意见》（以下简称《实施意见》）中规定，要充分发挥党校、行政学院、干部学院在教育培训中的主渠道作用，重点抓好马克思主义哲学基础知识普及等“十大培训工程”。按照分类指导的原则，《实施意见》对不同级别的党员干部，有针对性地提出了不同的要求。市厅级、县处级党政领导干部每年参加脱产培训的时间一般不少于110学时，其他干部一般不少于100学时。建立基层党员培训基地，充分利用农村党员干部现代远程教育平台，深入开展农村党组织书记、新党员、大学生党员“村官”、党员创业就业技能等培训工作。不断扩大培训范围，加强工人、农民、非公有制经济组织和社会组织、外来务工人员中党员群体的教育培训。到2012年，全省基层党员全部轮训一遍。

3. 精心培育集体学习品牌

从社会心理学角度来看，集体对成员学习具有强有力的影响。通过成员间积极交往，相互影响、相互促进、相互提高，大大地激发成员的学习积极性以及学习的潜力。[③]通过构筑集体学习品牌，引领推进学习型政党建设是广东一大亮点。集体学习品牌建设有利于进一步增强党员干部政治责任感和历史使命感，以更高标准、更严要求，推动学习型政党建设向广

① 参见李爱平主编：《推进学习型党组织建设实用手册》，人民日报出版社2010版，第146页。

② 参见《培训干部要看培训效果》，《广州日报》2011年7月14日。

③ 参见时蓉华主编：《社会心理学词典》，四川人民出版社1988年版，第366页。

度和深度拓展。广东在培育集体学习品牌上做了如下四项重要工作。

一是精心构建以“广东学习论坛”为代表的党委（党组）中心组学习品牌建设。广东省委中心组定期举行理论学习会，注重从理论上、战略上思考工作，从而与具体的工作研究分开。“这种集中学习和研究，很快就对科学发展观进行最先的领悟与概括，使广东树立落实科学发展观也领先一步”；“广东尝到了学习的甜头，更铆足了学习的劲头。省委中心组努力增强学习的紧迫性，将学习作为一种政治责任、精神追求和思想境界”；“经过艰辛努力得来的增长质量，远比眼前热辣辣的增长数量更重要。促使广东经济增长质量持续向好的重要原因，就是树立和落实科学发展观；而科学发展观在广东的生根开花，又与广东省委大兴学习之风，务求学习之实密不可分”。①有专家这样表示。

二是精心构建以“百课下基层”、“万人大宣讲”为代表的基层学习宣讲品牌。至2012年，广东“百课下基层”已经开展了五届。“百课下基层”活动是理论教育的一个载体，是要解决理论教育“三个贴近”，努力形成社会化的理论教育网络。它以“经济形势政策教育”、“保持党员先进性”、“构建社会主义和谐社会”等为课题，打响理论教育品牌，建立理论教育的长效机制。2006年，广东省委宣传部、省委基层办在湛江召开工作会议，正式启动“保持先进性、建设新农村”万人宣讲活动。②六年来，宣讲活动坚持贴近实际、贴近生活、贴近群众，注重宣讲的导向性、针对性和创新性，加强领导，深入调研，精心备课，扎实宣讲，把党员干部和人民群众的思想统一到推进社会主义新农村建设的各项任务上来，同心同德为建设有广东特色的社会主义新农村而奋斗。

三是精心构建以“岭南大讲坛”为代表的社科知识普及品牌。岭南大讲坛是中共广东省委宣传部、广东省社会科学界联合会共同主办的高品位公益论坛，是根据广东省建设文化大省的要求而创办的一个高品位、大众化、公益性讲坛。它包括每月一期的学术热点系列、每周一期的社科普及系列和覆盖全省地方特色系列。包括有学术论坛、公众论坛、地市论坛、巡回论坛、艺术论坛、企业论坛等。通过讲座、研讨、访谈等形式，利用

①《省委建设学习型班子 “广东学习论坛”成品牌》，《南方日报》2005年5月18日。

② 参见《“保持先进性 建设新农村” 万人宣讲正式启动》，南方网，http://www.southcn.com/news/gdnews/xcrc/lxgz/dongtai/200602230517.htm。

全国专家资源、整合全省讲坛资源，面向大众、服务社会，全省联动、打造影响力强的重要文化品牌。目前已经编辑出版文字、音像等多种出版物，成为普及哲学社会科学知识的社会课堂。岭南大讲坛已经成为广东传播新思想、新观念、新知识的重要窗口，交流思想文化、增进社会共识的高端平台。

四是精心构建以“南方网理论学习频道”为代表的网络学习品牌，创办适应省直机关党员干部学习需要的“南方阅读讲坛”。南方网是经中共广东省委、省人民政府批准建设的全国重点新闻宣传网站之一。它整合了国内多家知名实力新闻集团，如南方报业传媒集团、羊城晚报报业集团、广州日报报业集团、深圳特区报报业集团、广东电视台、南方电视台、广东电台等媒体的信息资源，具有信息传播权威性、及时性等特点。南方网理论学习频道是由广东省委宣传部理论处主办，南方网承办的网上学术交流的平台。频道充分整合广东省社科资源，结合时下理论热点问题策划专题，已经成为广东党员干部获取权威信息、学习理论动态的重要平台。同时，各级机关举办省委中心组读书成果交流会、开展“创建书香机关”活动、向公务员推荐“百部经典”活动、“阅读讲坛”进企业活动等，共同推进学习型政党建设。

4. 广泛开展党员干部读书活动

《实施意见》要求，在各级党组织和党员干部中开展读书活动。按照注重导向性、知识性和实用性的原则，宣传、组织部门要定期为党员干部推荐优秀学习书目。各地各部门每年组织制订个人读书计划，明确学习要求，并分期分批安排时间脱产读书。县处级以上领导干部每年脱产读书时间不少于5天，其他干部不少于3天。①

中共广东省委关于《贯彻〈中共中央关于加强和改进新形势下党的建设若干重大问题的决定〉的实施意见（摘要）》还指出，要在全省基层党组织和党员干部中开展“创建学习型组织、争当学习标兵”活动。各地各单位每年制定并上报读书计划，分期分批集中时间脱产开展读书活动。加强对读书活动的督查，把理论素养、学习能力作为选拔任用领导干部重要

①《关于建设学习型党组织的实施意见》（2010年5月21日），南方网，http://news.southcn.com/g/2010-05/21/content_12114709.htm。

依据。为更好地促进广东学习型社会建设，开创科学发展的新局面，广东出台了一系列政策，促进广东全民阅读的发展。中共广东省委宣传部、省文明办、省新闻出版局、省教育厅等八家单位联合举办广东全民阅读，建立了南方分级阅读研究中心等一系列广东全民阅读的主要执行机构，使得岭南书香香飘四溢。[①]“全民读书工程”实施以来，各地各部门做好相关配套并大力实施，取得实效。2007年以来，潮州积极实施“全民读书工程”，大力推进“农家书屋”、“职工书屋”和“社区书屋”建设，完善和扩大“流动图书馆”、“送书下基层”等学习服务体系。几年来，全市已建成“农家书屋”435个、“职工书屋”110个，向企业、农村、学校等基层单位赠送了100多万册图书，丰富了基层群众的文化生活。[②]2011年“南国书香节”在广州开展，5天总销售额突破1500万元。[③]“南国书香节”不仅是一个展书卖书的平台，更是意在让读者找到参与文化活动的乐趣，营造一种人人崇尚读书、人人热爱读书的氛围。开展“全民读书月”活动，引导党员干部爱读书、读好书、善读书的同时，引导群众自觉摒弃聚众赌博、封建迷信、铺张浪费等陈规陋习。加快“员工书屋”、“农家书屋”、“社区书屋”等建设，完善和扩大“流动图书馆”，如广东省立中山图书馆的公共图书馆功能建设。[④]通过采取学习交流会、读书论坛等多种形式，交流读书心得体会，不断提高党员干部的学习能力。

5. 深入基层调查研究

深入基层，与群众面对面谈话获得一手信息，是网络和文件调查等方式不能取代的重要学习手段。《实施意见》指出，“党员领导干部要每年选取一个全局性、战略性重大问题开展调研。省级领导干部每年到基层调研时间不少于30天，市、县级领导干部不少于60天。领导干部每年要撰写1至2篇高质量的调研报告，加强调研成果汇报交流，促进调研成果转化成指导工作的科学决策”[⑤]。近年来，广东以领导干部深入调研为基础，结

① 参见郝振省，陈威主编：《中国阅读全民阅读蓝皮书》第1卷，中国书籍出版社2009年版，第296页。

② 参见《“书香潮州”力促全民学习》，《南方日报》2010年12月2日。

③ 参见《南国书香节开展5天售额突破1500万》，《南方日报》2011年8月24日。

④ 参见广东省文化厅主编：《公共图书馆与学习型社会构建》，中国友谊出版公司2004年版，第49页。

⑤ 中共广东省委办公厅：《关于建设学习型党组织的实施意见》，《南方日报》2010年5月21日。

合学术研究，以智库提供意见的方式，拟订方案与决策，取得一定成效。

广东省委十届二次全会后，省委领导就12项重大专题分别下基层调研，形成《广东省市厅级党政领导班子和领导干部落实科学发展观评价指标体系及考核评价办法（试行）》等一批推动广东科学发展的重要文件。百名省委委员大调研，形成一系列高质量的调研报告提交省委作为决策参考；在2008年全省解放思想学习讨论活动中，省委以身作则，研究确定了12个关系广东科学发展全局重大课题，由省委常委牵头深入开展调查研究，完成了12项专题研究总报告以及一大批子报告，为决策部署奠定了坚实基础。时任省委书记的汪洋同志指出，调查研究“进一步深化了对广东省情的认识，看到了差距，找准了问题，提出了破解影响落实科学发展观难题的思路和措施”[①]。省委办公厅各读书学习小组深入各地市及县（市、区）党委办举办联合读书会，交流学习体会，形成“上下联动、覆盖全省”的读书局面。两年来，办公厅机关干部利用“春节”回乡探亲的机会，开展调研活动，形成了一批对省委决策层有参考价值的调研报告，还先后汇编了《读书与思考》、《青春的火花》、《激发心灵的力量》、《调研与思考》等系列丛书文集。[②]

广东扶贫开发“双到”战略的提出，正是省领导重视调查研究的结果。2009年6月，省委、省政府在总结以往扶贫工作经验的基础上，决定加强扶贫的针对性，实行扶贫开发“规划到户、责任到人”（简称“双到”），为了让扶贫工作落到实处，广东省大规模推行了驻村干部制度。动员并组织省直、中直驻粤单位、企事业单位和珠三角七个经济发达市，以及粤东西北14个市及其所属县（市、区）的机关单位、企业，直接参与挂钩扶持贫困村、贫困户，定点、定人、定责进行帮扶。全省派出“双到”工作组3541个，驻村干部11 524人进驻贫困村。[③]理论学习与调研决策相结合，使得学习成效进一步显现。省委、省政府在学习调研的基础上先后出台了《关于加快建设现代产业体系的决定》、《关于加快经济发展方式转变若干意见》等重大决策部署，推动广东在科学发展道路上不断迈出新步伐。

---

①《汪洋：只要符合科学发展观就可大胆想大胆试》，《南方日报》2008年5月6日。

② 参见《广东：学习成常态　发展有状态》，《人民日报》2011年5月3日。

③ 参见《广东逾万干部驻村扶贫　大兴调查研究之风》，《南方日报》2011年11月30日。

6. 充分运用新兴媒体

新兴媒体是新的技术支撑体系下出现的媒体形态。数字杂志、数字报纸、手机短信触摸媒体等新媒体，相对于报刊、户外、广播、电视四大传统意义上的媒体，具有信息传递快速、便捷、互动等优势。随着生产、生活方式的深刻变化，党员干部对理论学习也提出了新的要求。快节奏的生活要求理论传播“精”、“短”、“快”，加上短暂间隙时间对学习的载体还提出“便”的要求，随身携带、随时学习。

广东及时创办了“网络学习天地”，让党员干部可以随时随地、自觉自由地学习党的理论和科学知识。在学习载体上，广东省委宣传部和广东移动从2009年1月份开始推出集手机彩信、手机网站、手机邮件和互联网站于一体的“网络学习天地”信息服务系统，每天早上向党员干部免费发送一条彩信，每条彩信包括5~7个栏目，突破了传统学习方式的时空制约，使学习更为便捷，覆盖面更为广泛。在学习内容上，“经典重温”等栏目着重从马克思主义基本理论和党的创新理论中精选一些有思想冲击力和实用性的经典语言，如“生产力的保存取决于交往的扩展”，“共产党员不能把理论学习和思想意识修养割裂开来”等。“高层声音”等栏目，定期发送领导的重要讲话，让广大党员干部时刻掌握国际国内政治经济形势，领会为官从政的理念，保障党员干部思想不掉队。在形式上，“网络学习天地”还力求活泼，增进交流。通过“专家问答”、“我有话说”等互动栏目，加强干部群众和专家学者、基层群众与领导干部的互动，并引入音频、视频、动画等新形式，培养党员干部学习的积极性，扩大“网络学习天地”的覆盖面。“网络学习天地”作为创新理论宣传和理论学习形式的一种探索，受到了广东党员干部的欢迎。网站推出不到一年，“网络学习天地”服务系统累计用户达497 332人，累计发送彩信8376万条，网站访问量累计达120万人次。[①]

继创建“网络学习天地”手机服务系统之后，广东省委宣传部与广东省联通公司合作，利用WCDMA[②] 3G网络平台，在全国又率先推出“3G学堂”手机阅读项目。该项目共设“理论动态”、“经济论坛”、“社会

① 参见《广东打造“网络学习天地”强化党员理论学习》，《南方日报》2010年8月30日。

② WCDMA是英文Widehand Code Division Multiple Access(宽带码分多址)的简称,第三代无线通讯技术之一。

热点”等十个栏目，可高速下载所需的书籍、图片和课件。作为运用新媒体传播手段推动学习型党组织建设的新探索，项目已经纳入全省学习型党组织建设的总体工作部署，建立由省委宣传部主导、省出版集团和南方网提供学习资源、广东联通公司提供技术支撑的工作格局。“3G学堂”作为公共学习平台，在创建理念上，突出社会效益，以倡导学习、服务大众为原则，旨在推动全社会形成重视读书、坚持学习的良好风尚。[①]各地市也相继跟进，广州市推出“羊城手机学堂”，内容丰富，言简意赅，阅读便捷，深受党员干部欢迎。广州市委宣传部讲师团团长贺忠介绍，“羊城手机学堂”用户已经超过300万，“每天翻阅‘羊城手机学堂’推荐的电子读物已成为日常生活的一部分”。广州市越秀区宣传部干部冯晓说，翻看一本书可能需要专门时间，而翻看“羊城手机学堂”则可在公交车上、茶余饭后等闲暇时间，这无疑大大拓宽了自己的阅读深度和广度，让自己工作之余，多思考一些问题，改善了生活质量。[②]2011年，佛山高明区率先建立首个县级手机平台，每周向党员干部等发布一次理论学习资讯，覆盖全区党员和机关企事业单位干部职工一万多人，今后计划逐步扩大覆盖范围。全省各区县相继开展平台建设。用新媒体学理论，看时事，已经成为广东党政机关公务员、企事业单位职工以及大中学生的新时尚。

7. 健全学习型政党建设常态化机制

学习的制度化、常态化是促进学习不断深入、取得实效的有力保证。学习型政党建设必须通过推动建立健全促学、考学、评学、督学以及奖惩等相关制度，推进党员干部学习教育的科学化、制度化和规范化建设，破解部分党员干部“不真学”的难题。在组织建设方面，广东始终坚持“建立健全工作责任制，省委建立建设学习型党组织工作机制，各地各部门建立相应的协调工作机制，主要领导负总责，分管领导具体抓，形成一级抓一级、层层抓落实的工作格局”。在考核方面，注意“重点抓好党委（党组）中心组学习检查考核，注重加强基层党组织和党员干部个人学习的检查考核”[③]。如梅县为加强对学习型党组织工作的组织领导和统筹协调，

① 参见《粤建“3G学堂”手机阅读平台》，《南方日报》2010年12月20日。

② 参见《广东：学习成常态　发展有状态》，《人民日报》2011年5月3日。

③ 中共广东省委办公厅：《关于建设学习型党组织的实施意见》，《南方日报》2010年5月21日。

成立了由县委常委、宣传部长为组长的“梅县建设学习型党组织工作协调小组”，为全县推进学习型党组织建设的常态化提供强有力的领导和组织保障。[①]在经费方面，各级党委组织部门每年拨出一定比例的党费，用于建设学习型党组织工作和党员干部的学习教育培训。各级财政部门根据本地学习型党组织建设情况，提供必要的经费保障。其中干部培训经费要按照《干部教育培训工作条例（试行）》、党校工作条例和实施细则的要求，将干部培训经费列入各级政府年度预算，并随着财政收入增长逐步提高。省、市、县（市、区）通过建立干部培训专项经费，保证重要培训项目的实施，加大对经济欠发达地区基层党组织的经费支持力度，切实帮助解决创建工作中的实际困难。探索建立多元化的筹资渠道，积极引导社会力量参与培训阵地、学习场所、文化设施等硬件建设。同时完善相关制度，规范干部培训经费的使用和管理。健全干部培训管理机构，落实人员，充实工作力量。

四、广东学习型政党建设的成效与展望

胡锦涛总书记在“七一”重要讲话中提出要“按照建设马克思主义学习型政党的要求，抓紧学习人类社会创造的一切科学的新思想新知识”[②]。广东各界深刻领会，中共广东省委办公厅印发《关于建设学习型党组织的实施意见》（以下简称《实施意见》），以“学以立德、学以增智、学以创业”为精神追求，不评论、不议论，让时间来作出结论，凭借敢干、敢闯、敢试、敢为天下先的广东务实向前的精神风貌，开展学习型政党建设。

1. 广东学习型政党建设的成效

广东通过不断强化党委中心组学习、大规模培训党员干部、精心培育集体学习品牌、广泛开展读书活动、深入基层调查研究等方式，积极学习领会中国特色社会主义理论体系，深入学习实践科学发展观，践行社会主

---

① 参见刘海峰，魏南辉：《广东梅州梅县五项措施推进学习型党组织建设常态化》（2012年8月10日），中国共产党新闻网，http://dangjian.people.com.cn/n/2012/0810/c137244-18714977.html。

② 胡锦涛：《在庆祝中国共产党成立90周年大会上的讲话》，《人民日报》2011年7月2日。

义核心价值体系，掌握现代化建设所必需的各方面知识，学习总结实践经验。各地各部门还根据《实施意见》精神，结合实际，制定了具体的办法，抓好落实取得了十分显著的成效。

第一，进一步解放了思想。党的十七大以来，广东继续解放思想，坚持将学习作为提高执政能力、保持和发展党的先进性的重要途径，破解广东这个经济大省遇到的创新乏力、区域不均、环境压迫、民生欠账等迫在眉睫的发展瓶颈；坚持以科学发展观武装头脑，指导实践，应对国际金融危机，取得重大阶段性成果，不断开创广东经济社会发展的新局面。2007年广东开展解放思想学习讨论活动以来，各部门印发《关于开展继续解放思想　坚持改革开放　争当实践科学发展观的排头兵学习讨论活动的通知》，推动改革创新，切实把学习成效转化为解决问题的实际能力。为贯彻落实省委十届二次全会有关工作部署，干部群众解放思想，突破原有思维限制，积极学习兄弟省份经验做法。学习考察山东、重庆、上海、江苏、浙江等地经济社会综合评价指标体系基本框架，考核的结果引入了民主测评、民意调查，使得考核结果受广大群众认可和接受。[①]广东积极将学习型政党建设与促进地方改革发展稳定紧密结合起来，在推动地区经济社会发展上下工夫，研究新情况、总结新做法、提出新思路、开创新局面，形成学以致用、用以促学、学用相长的良性循环。广东党员干部以“自我革命的勇气”，落实科学发展观，在解放思想中，优化知识结构，在认真学习中，提高综合素质，增强创新能力。

第二，促进了党员知识结构转型升级。时任广东省委书记的汪洋同志指出：“社会要转型，干部学习能力必须提高；经济要升级，干部知识结构必须调整。”[②]通过学习型政党建设，一是使广大党员干部把握马克思主义基本理论和基本方法，做到真学真懂真信真用。特别是要认真学习和深刻领会科学发展观，全面把握科学发展观的科学内涵、精神实质、根本要求，使科学发展观入心入脑，转化为领导干部的思维方式和自觉行动，从而使我们的思想和工作体现时代性、把握规律性、富于创造性，进而推动经济社会发展沿着正确的轨道前进。二是使广大党员干部加强现代经

① 参见《解放思想学习讨论活动简报》（第12期），广东发展和改革委员会官网，http://www.gddpc.gov.cn/zwgk/rdzt/cjxfz/hdjb/200806/t20080613_21526.htm。

②《培训干部要看培训效果》，《广州日报》2011年7月14日。

济、法律、科技、文化等各种知识的积累，掌握复合型知识结构，应对多领域、多层次的岗位需求。三是使广大党员干部成为某些方面的行家里手，增强敏锐性，抢抓机遇、科学决策、树立威信，带领和组织业务骨干和党员群众，齐心协力推动事业发展。四是使广大党员干部有效地将知识转化、运用到工作实践中来。学以致用，提高解决实际问题的能力，推动经济发展方式转变，为全面建设小康社会，推动科学发展，促进社会和谐做出新的更大贡献。[①]

第三，提高了党的建设科学化水平。近年来，通过学习型政党建设，广东从实际出发，与时俱进，根据不断发展变化的形势与广东社会发展需要，调整自己的结构、功能、执政方式和领导方式。首先，坚持德才兼备、以德为先，把各方面优秀人才聚到党和国家事业中来。[②]由此，从2009年起，广东连续三年都在省委全会上通报落实科学发展观考核评价结果，排名末三位的地市及省直单位主要负责同志要进行专门的诫勉谈话，以压力促动力推动了全省的科学发展。其次，在干部锻炼学习方面，积极提拔知识型、专业型的年轻干部，从2011年4月以来，广东14个地级以上市的党政一把手调整，大部分由新的一批知识型、专业型的年轻干部担起重担。交流学习也是党员干部锻炼的主要方法之一。“数据显示，今年省、市两级党政机关从基层一线选调干部1909名，省直机关招录公务员中具有基层工作经历的占60%。从省直机关和地级以上市公开遴选了61名处级年轻干部到基层重要岗位培养锻炼，选派了1410名科级以上干部到基层任职挂职”，“近年到欠发达地区交流任职的200名年轻县级党政副职，已有69人提任正职”，在2011年的省委全会上，已经“采用差额票决方式，从7名优秀县委书记中选拔出5名委以重任”。[③]这些措施的实施都为加快转型升级、建设幸福广东核心任务提供了根本保证。

第四，加快推进学习型社会建设。以党员干部提升能力为契机，以营造崇尚知识、全民学习、终身学习的社会氛围，以科学发展观促进人的全面发展为根本，加快推进学习型社会建设，为幸福广东保驾护航。由全国妇联、民政部、环境保护部、文化部、国家广电总局联合开展创建学习型

① 参见汪洋：《领导干部要注重知识结构的转型升级》，《党建》2010年第4期。
② 参见《胡锦涛在庆祝中国共产党成立90周年大会上的讲话》，《人民日报》2011年7月2日。
③《以党建创新助建幸福广东》，《南方日报》2011年8月30日。

家庭活动，佛山市在2003年正式启动学习型家庭创建活动后，经过七年的探索和实践，获誉“全国创建学习型家庭示范城市”，成为全国84个建设学习型城市之一，同时入选的还有东莞和江门。以学习促和谐，提升家庭文化方式在全国产生了积极的影响。[①]为培养市民的阅读习惯，把东莞变成学习型的城市。东莞学习中心网络平台正式启用，东莞市民足不出户，就可以享用150万种图书、1万种电子期刊、2800万篇学术论文、1万部视频、2000门网络课程等浩瀚的网络资源。东莞图书馆是国内第一个从传统借阅转型到网络服务的图书馆，最大限度、全天候地为市民提供借阅的服务。市民可以通过借阅图书、网络学习平台，不断地进行学习，让市民慢慢地改掉打牌、赌博等不良习惯，实现自我提高。[②]通过机关、企业、社区开展各类学习竞赛、读书节、文化节等活动，活跃了全社会学习气氛，形成热爱学习、崇尚知识的良好氛围，提高全社会科学文化素养和道德修养，树立全民终身学习理念，使南粤大地成为文化创新的一个重要策源地。

2. 广东学习型政党建设展望

近年来，在广东省委省政府的正确领导下，在广大党员干部的努力下，学习型政党建设方面取得巨大的成就。但是，由于一些党员还不适应新形势新任务的要求，有些党员的言行不符合党的性质和宗旨。在学习创建过程中，还不能完全掌握科学的学习方法、刻苦的钻研精神，学习效果不明显。这些都制约着广东更好地实施珠三角规划纲要，制约领导干部能力提升，制约广东经济社会的转型升级。为此，要按照党的十七大“建设全民学习、终身学习的学习型社会”要求，进一步加强广东学习型政党建设，保持广东活力和竞争力，致力于建设幸福广东核心任务。

一是要赋予学习型政党建设以时代特征。广东学习型政党建设一直都处于全国前列。广东拥有坚强的组织领导，分工明晰、分类指导明确，并建成一定的考核评估体系，通过发挥工会、共青团、妇联等人民团体优势，统筹学习。但是时代在发展，社会在前进，为切实提高党员干部的政治理论水平和业务工作能力，我们必须探索运用移动新媒体开展经常性的

---

① 参见《佛山成创建学习型家庭示范城 东莞江门同入选》，《南方日报》2010年7月7日。

② 参见《东莞学习中心网络平台启用 150万种图书免费看》，《南方日报》2011年6月15日。

思想教育，并实时改进教育内容，使学习型党组织建设更加生动活泼，赋予新的时代特点，不断增强党员干部的政治敏锐性和新闻判断力。一方面要继续开展新媒体建设。各地级以上市、省直各单位正在或已经建立学习型党组织建设的专门网页，建立集学习、交流、管理、服务于一体的党员干部在线学习平台。“网络学习天地”学习服务系统正在不断扩大党员用户覆盖面。加强党员干部远程教育、电化教育等学习教育网络建设正在进行，数字图书馆、数字出版物等网络学习教育平台及文化信息资源共享工程建设也已经初见成效，正在开发建设全省统一的“网上党校”，不断提高党员学习教育的信息化水平。另一方面要加强符合时代需求的政党理论建设。要发挥主观能动性，应对网络传播日益碎片化、瞬息化的特点，组织专家和资深党建干部，以“精”、“用”为原则，着力把握理论的实质和精髓，编选手机党校“教学”选材，汇编网络内容，努力做到内容新颖经典，语言精辟精简，为大家喜闻乐见、易于接受。

二是要积极探索学习型党组织建设新模式。广东地区经济社会发展各异，采用一个模式、一套教材、一个文件的形式已经不能适应当前学习型政党建设的要求。广东省委省政府认识到这个问题，已经“根据党员干部的工作特点，按照党组织隶属关系，有针对性地加强指导和管理，形成覆盖全省、形式多样的学习型党组织建设网络。机关党组织围绕服务中心、建设队伍的要求，开展创建学习型机关活动。企业党组织围绕加快转变经济发展方式、做大做强主业的要求，开展创建学习型企业党组织活动。社区党组织围绕服务群众、凝聚人心、优化管理、维护稳定的要求，开展创建学习型社区党组织活动。农村党组织围绕发展现代农业、培养新型农民、带领群众致富、维护农村稳定的要求，开展创建学习型农村党组织活动。学校党组织围绕全面贯彻党的教育方针、培养社会主义建设者和接班人的要求，开展创建学习型学校党组织活动。切实抓好离退休党员、偏远山区农村党员、非公有制经济组织和社会组织中党员、下岗失业人员和流动人口中党员的学习”①。针对高层次人才技术交流的专家讲座、成果汇报、项目研讨模式，针对科研院的单元、季度学习模式等各方面都是今后仍需要继续探索和改进的方向。

① 中共广东省委办公厅：《关于建设学习型党组织的实施意见》，《南方日报》2010年5月21日。

三是要不断巩固基层学习型党组织建设。党的根基在基层，社会维稳布控的重点在基层。基层党员干部素质的提高是一项庞大的、复杂的系统工程，是一个全新的、富有挑战性的课题，必须要切实加强分类指导。如何针对广东地区实际，根据乡（镇）、街道、村（社区）、“两新”组织等不同类型单位实际，找准开展活动的着力点？如何根据广东东、西两翼地区与珠三角地区的地域差别，因地制宜组织活动？如何根据广东民营、外资企业多，行业分工细，不同行业、不同群体党员的特点，加强具体指导？如何区别担任领导职务的党员以及广大党员的不同职责，分别提出具体要求？如何在港澳媒体的强势舆论下，发挥广东地区各类新闻媒体的宣传舆论引导作用，积极宣传基层学习型党组织建设的新思路、新做法、新成效？如何在民间社会成长，不同思想意识共聚的社会背景中发掘基层典型，发挥典型示范引导作用，推动学习型党组织建设深入开展等，都是广东基层学习型政党建设需要考虑和亟须解决的问题。

四是要建立和完善学习型政党建设的长效机制。是否有一套符合实际、行之有效的学习制度是评价衡量学习型组织的重要依据，是组织长期保持创新性与先进性的关键要素。与思想教育、领导示范、道德规范相比，制度具有更根本、更长久、更稳定的特点。面对当前世情、国情、党情的深刻变化，更加需要建立健全一整套合理、适度、适用的制度。通过完善党的活动方式、管理模式和发展模式，推进学习型政党建设。面对新时期的学习型政党建设，需要进一步规范党组织集体学习制度、健全培训制度、完善调查研究制度、推广基层党员轮训制度、建立党员个人自学制度、运用主题教育制度、推行学习考核制度、起草学习成果转化制度，以此进一步明确学习教育的时间、内容、目标、责任，强化党员干部的日常学习，激发个人自学的内在动力，通过制订计划、集体交流、媒体宣传、内参反映、综合考核等多种形式，促进学习教育成果及时运用于党委和政府决策中，推进党员干部学习教育的科学化、制度化、规范化。

总之，在新的历史条件下，继续推进学习的制度化、机制化，以高度的政治责任感、以分层分类的原则、以开放创新的思路、以务实管用的制度、以理论联系实际的标准，强调党员干部学习的自觉性主动性，凸显学习的针对性有效性，重视学习的自主性多样性，注重学习的科学性规范性，突出学习的应用性实践性，保证和激励广大党员干部重视学习、继续学习、加强学习，我们党才能在时代的潮流中，始终体现时代性、把握规律性、富于创造性，才能为广东改革发展事业提供最强有力的保障，从而为和谐广东和幸福广东建设增添动力、保驾护航！

第三章　干部竞争性选拔常态化

现今国家之间的竞争，是综合国力的竞争；而综合国力的竞争，则取决一国人才的竞争；而人才竞争的关键，在于领导人才之间的较量和竞争。领导干部是拥有法定权力、责任和义务，在领导活动过程中占据一定职位的指导者、指挥者和组织者，是构成某一具体社会系统核心竞争力的主要因素。“为政之要，贵在得人”，而“得人在慎举，慎举在核真”。那么，如何在党政领导干部中准确有效地选出优秀合适的领导干部，是当前深化改革、促进幸福广东建设的重要命题。

党的十七届四中全会通过的《中共中央关于加强和改进新形势下党的建设若干重大问题的决定》对新形势下深化干部人事制度改革，建设善于推动科学发展、促进社会和谐的高素质干部队伍作出了全面部署，强调“坚持民主、公开、竞争、择优，提高选人用人公信度，形成充满活力的选人用人机制，促进优秀人才脱颖而出，是培养造就高素质干部队伍的关键”①。为贯彻落实这一文件精神，广东省委印发了《关于贯彻〈2010—2020年深化干部人事制度改革规划纲要〉的实施意见》和《关于贯彻〈2009—2013年全国党政领导班子建设规划纲要〉的实施意见》，这是广东省当前和今后一个时期推进干部人事制度的改革创新、加强领导班子和干部队伍建设的纲领性文件。而要进一步落实两个实施意见，就是要毫不动摇地推进干部人事制度改革。可以说，这既是加强广东省领导班子和干部队伍建设、防止和克服选人用人不正之风、提高选人用人公信度的治本之策，又是建设和谐广东、幸福广东的重要组织保障。近年来，广东省干部人事制度改革不断向纵深推进、向广度拓展。干部选拔任用的民主化

① 李源潮：《坚持民主公开竞争择优　推进干部人事制度改革》，《人民日报》2009年10月19日。

程度明显提高，公开选拔、竞争上岗等竞争性选拔方式日益完善，促进科学发展的干部考核评价机制正在形成，干部交流力度不断加大，干部管理监督得到切实加强，干部人事制度体系逐步形成，改革取得了重大进展。在此过程中，干部竞争性选拔逐渐成为广东省领导干部人才选拔的常态方式，并取得了十分显著的成效，为其他省份深化干部人事制度改革提供了重要经验。

一、干部竞争性选拔的概念审视

在对广东干部竞争性选拔工作进行介绍之前，我们有必要对“干部竞争性选拔”这一基本概念及其内涵特点进行一番了解和认识。

1. 干部，选拔，竞争性选拔

追根溯源，“干部”是一个外来语，拉丁文是LaDre，后来逐渐进入到法语、英语、德语、俄语等语种之中，法语是Cadre，英语是eadre，德语是Kader，其基本含义是“框架、军官、高级管理人员”。在古汉语中没有“干部”一词，现代汉语的“干部”，直接由日语转来，是日本在翻译西方语言时，创造出来的新词。在马克思主义经典作家中，列宁和斯大林最早使用“干部”概念，以代替“官吏”一词，其后又逐渐扩大“干部”概念的使用范围，泛指国家政权机关工作人员、企业管理人员、技术人员和知识分子等。在我们党的历史上，1922年7月党的第二次全国代表大会制定的党章中第一次使用了“干部”一词。在改革开放之前的各个历史时期，我们基本沿用了苏联对“干部”概念的使用范围，造成了干部概念的扩大化。改革开放以来，随着干部人事制度改革的深入推进，陆续颁布的《公务员法》、《党政领导干部选拔任用条例》、《竞争上岗工作条例》等对“干部”、“领导干部”等概念有了更加清晰、科学的界定。从一般意义上，“干部”指在党政机关、事业单位、民主党派、人民团体机关工作，担负一定领导职责的人员以及国有企业的高级管理人员。

“选拔”的字面含义是“挑选举拔”，在古汉语中即有挑选人才的意思，如《汉书·酷吏传·田延年》中就有“选拔尹翁归等以为爪牙，诛锄豪疆，奸邪不敢发”。又如唐代杜牧的《朱叔明授右武卫大将军制》写道：“自长庆以还，益轻边事，选拔将帅，多非贤良。”本文要谈论的

“选拔”概念即是指在党政机关、事业单位、民主党派、人民团体机关中的工作人员以及从国有企业管理人员中选拔出具有领导才能的人才担任一定的领导职务。

而所谓竞争性选拔则是指在干部选拔过程中引入竞争机制，参与选拔的对象有两人或两人以上，他们要按照既定的程序和方法，在特定的条件下，比如考试、面试、考察等等，围绕竞争的职位展示自己的能力，通过相互比较决定最适合岗位需要的人选。

自干部人事制度改革推行以来，竞争性选拔党政领导干部工作就在各地逐步展开。最先是用考试的办法招考录用干部，在干部的选用中引入了考试竞争机制。随后因干部人事制度改革的不断深入，便开始在党政领导干部的选拔任用上探索引入考试竞争机制，逐步出现了以“一推双考”为基本程序的公开选拔领导干部的方式。由于公开选拔方式打破了干部工作的神秘化，破除了“论资排辈”、“平衡照顾”等陈旧的选人用人观念，改变了过去“由少数人选人、在少数人中选人”的落后模式，进步为不拘一格地广纳贤才。这体现了干部任用工作中的民主，得到了干部群众的广泛认可。于是，以考试与考核相结合的竞争性选拔干部方式，便成为干部人事制度改革的重要方向。之后，在探索实践公开选拔方式的基础上，逐步在党政机关内设机构中尝试开展竞争上岗工作。同时，个别地方在总结公开选拔、竞争上岗经验的基础上，结合本地实际，还尝试开展了公推公选等形式的干部选拔任用工作。这些以考试或素质测评为重要竞争形式的干部选拔任用方式，虽然适用的领导职位对象有所不同，但以考试或素质测评为必经程序，具有鲜明的竞争性，则是其共同特点。

中共十七大召开后，干部人事制度改革的力度进一步加大，坚持民主、公开、竞争、择优的原则，形成了干部选拔任用的科学机制，并完善了公开选拔、竞争上岗等办法，体现了新的历史时期干部人事制度改革的要求，于是强化干部选拔任用中的竞争性以及公开选拔、竞争上岗等方式的竞争性机制特点，便广泛地成为社会共识。在此基础上，中共十七届四中全会《中共中央关于加强和改进新形势下党的建设的决定》进一步明确提出，要“坚持民主、公开、竞争、择优，提高选人用人公信度，形成充满活力的选人用人机制”；要“完善公开选拔、竞争上岗等竞争性选拔干部方式”。[1]至此，党政领导干部“竞争性选拔”这一概念，在党的重要会议上得以正式明确提出。之后，《2010—2020年深化干部人事制度改革规划纲要》提出，到2015年，“每年新提拔厅局级以下委任制党政领导干部中，通过竞争性选拔方式产生的，应不少于二分之一”。《中共中央党的建设工作领导小组2010年工作要点》提出：“完善公开选拔、竞争上岗等竞争性选拔干部方式，突出岗位特点，注重能力实绩，改进领导干部考试测评方法，坚持考试的科学合理导向。”这一系列党内重要文件，对“竞争性选拔干部方式”这一概念作了进一步明确，并对竞争性选拔干部所要遵循的原则、基本要求以及所要达成的目标作出了具体规定。

2. 干部竞争性选拔的特点与方式

干部竞争性选拔最突出的特征，或者说与其他干部选拔模式相比较最大的不同，就是强调竞争，强调通过竞争比较干部能力素质的高低，从而决定最适合领导岗位需要的人选。[2]可以说，实现良性的、有序的竞争，是干部竞争性选拔模式具有强大生命力的基础。应该承认，领导岗位是一种稀缺性资源。正是因为这种稀缺性，才使得竞争具有实际意义。从更宽泛的范围来看，在其他的各种干部选拔模式当中，竞争也是客观存在着的，但这些竞争普遍缺乏公开性，特别是过去干部选拔是“少数人说了算”，“由少数人在少数人中选人”，搞暗箱操作，从制度层面上看，选拔的公正性大打折扣，也极易滋生跑官要官、买官卖官等各种腐败问题。而干部竞争性选拔中的竞争，是公开的竞争，是在完全平等的主体间展开的竞争。良性的、有序的竞争，只有在公平的竞争规则规范下，才能得以实现。而且，从竞争的内容上看，干部竞争性选拔注重的是干部在“德”与“才”上的竞争与比较，这里面的内容既包括干部的政治修养、道德品质，也包括工作能力、岗位胜任力等等。这种竞争不仅是从理论上而言，更是直接体现在选拔实践当中。相比较之下，传统的委任制选拔模式之所以广受诟病，正是因为在选拔实践中受到来自诸如人情关系、金钱美色等

---

① 《中共中央关于加强和改进新形势下党的建设若干重大问题的决定》，《人民日报》2009年9月28日。

② 关于竞争性选拔与传统选拔方式的区别，孙明从选拔范围、选拔程序、选拔导向、选拔结果、选拔效应等五个方面作了较为详细的探讨，详见孙明：《竞争性选拔与传统选拔方式的质量比较》，《领导科学》2012年第3期。

各种非正常因素的干扰和破坏，直接影响了干部选拔的质量。可见，实现良性的、有序的竞争是干部竞争性选拔的根本要义之所在。

一般而言，现行各省党政领导干部竞争性选拔的主要方式有三种[①]：

一是公开选拔。公开选拔是指党委（党组）及其组织人事部门面向社会，采取公开报名、考试与考察相结合的办法选拔任用领导干部的一种方式。公开选拔主要适用于选拔中央、国家机关的正副司局长和省（区、市）、地（市）和县（市）党委、政府工作部门的副职领导干部。《公开选拔党政领导干部工作暂行规定》规定，公开选拔适用于地方党委、人大常委会、政府、政协、纪委工作部门或者工作机构的领导成员或者其人选，以及其他适于公开选拔的领导成员或者其人选。《公务员法》也有明确规定，副调研员以上及其他相当层次的非领导职务出现空缺时，也可以公开选拔。从职务层次看，公开选拔适用于厅局级以下的领导职务。公开选拔面向社会进行。涉及国家安全、重要机密等的特殊职位，不宜进行公开选拔。

二是竞争上岗。根据《党政领导干部选拔任用工作条例》和《党政机关竞争上岗工作暂行规定》，竞争上岗是指在本单位、本系统内，通过考试与考察相结合的办法，选拔任用内设机构领导成员的方式。即在一定范围内公布实行竞争性选拔的职位和报名条件，通过推荐报名、资格审查、统一考试、组织考察来产生竞争职位的人选，然后由党委（党组）集体讨论，决定任用人选，并公布选拔结果。这种方式，主要要求在本单位、本系统内部产生竞争职位人选，然后按规定程序和管理权限择优选拔任用党政机关工作部门（或事业单位）内设机构的领导干部。竞争上岗主要适用于选拔任用中央、国家机关内设的司局级、处级机构领导成员，县级以上地方各级党委、人大常委会、政府、政协、纪委、人民法院、人民检察院机关或者工作部门的内设机构领导成员。从职务层次看，竞争上岗适用于司局级正职以下领导职务。竞争上岗在本单位或者本系统进行，不面向社会公开进行。涉及重要机密和国家安全的职位，按照法律、法规，不宜公开竞争的职位，不列入竞争上岗的范围。

---

① 参见孙泽兵：《党政领导干部竞争性选拔考试制度创新研究》，华中师范大学2011年博士论文。

三是公推公选。公推公选是地方党委按照干部管理权限，在本地区一定范围内，采取公开报名、大范围民主推荐、专家专业评价和群众代表民主评价相结合的开放式素质测试、组织考察等方法，差额选拔领导职位人选的一种新方式。公推公选借鉴和运用了干部人事制度改革的多项成果，改进了过去干部选拔任用中的一些做法，扩大了干部选任工作的透明度，拓宽了选贤任能的渠道，是干部选拔任用方式的新探索。一般认为，公推公选主要适用于选拔地方党政领导班子成员和党政机关工作部门的正职人选。这主要是因为，担任这类职位的干部，手中掌握的权力相对较大，肩负的责任相对较重，素质要求相应较高，社会关注度也相对较高。

二、广东干部竞争性选拔的现实背景与发展历程

1. 举贤任能：干部竞争性选拔的现实背景

干部竞争性选拔的施行是我国干部人事制度发展的必然趋势。它是在传统的干部委任制基础上发展和改进而成的。干部委任制在过去相当长的历史时期内为党的事业提供干部保障，在革命和建设中都发挥了重要的作用，但是在长期执政条件下，委任制在干部选拔的各个层面，从选拔的主体、客体到选拔的方式方法，表现出越来越明显的弊端，已经无法适应新形势新任务的需要。委任制的弊端概括起来，就是“少数人在少数人中选人”。从选拔的主体看，选拔干部的权力集中在少数人甚至是某个领导手中，权力过于集中，容易出现用人腐败问题。从选拔的客体看，选拔范围过小，视野过窄，大量的优秀人才受到众多制约因素的限制，不能进入选拔的范围。从选拔的方式方法看，对选拔对象的鉴别仍然囿于以组织谈话为主，对于考察对象的素质评判更多地依靠考察者自身的素质，随意性大，考察结果容易失真，不能完整全面地反映考察对象的素质，难以保证考察出优秀领导人才。显然，干部委任制已经不能适应新形势新任务的需要，时代的发展对干部选拔制度改革提出了新的要求，建立和完善干部竞争性选拔制度成为建设高素质干部队伍的必然选择。同时，从广东的现实发展状况来看，广东身处改革开放的前沿阵地，培养选拔各类优秀人才，既适应广东省产业转移和大力发展先进制造业、高技术产业、现代服务业的要求，为加快转型升级提供有利条件，又是广东贯彻落实科学发展观，

“让善于领导科学发展的人上，不会领导科学发展的人让，阻碍科学发展的人下”，这是为构建幸福广东奠定扎实的人才基础的必然要求。

2. 民主困局：干部竞争性选拔的实践难题

从改革开放三十多年的实践来看，干部竞争性选拔工作的推行取得了十分显著的成绩，为我国干部队伍建设和干部整体素质的提升奠定了基础，但是在全国各省包括广东推广这一选拔实践的过程中，存在着诸多问题，需要在制度化建设和常态化实践中逐步加以解决。这些问题主要表现在：

第一，在选人用人观念上存在误区。确定怎样的资格条件，决定了竞争性选拔有多大的择优空间。近年来全国各地开展的竞争性选拔，特别是公开选拔，对参与竞争的对象的要求越来越高，出现片面追求高学历、低龄化等比较苛刻的资格要求，将学历和年龄与能力挂起钩来，以为学历越高能力越高，越年轻则能力越强，一味片面地强调学历、年龄等，对职位真正需要的资格和条件反而不够重视。多数的公开选拔，都要求年龄在35岁以下，特别是一些厅局级职位，划定这样的条件，其初衷是为了促进干部队伍年轻化，提高干部队伍的活力，但实际上却是人为的拔苗助长，违背了干部的成长规律。再有就是片面强调高学历，或者是硬性规定“原始学历”必须是本科、是硕士之类，对在职取得的学历有的就不予认可。我们知道，不仅是有高学历的人叫人才，更多的人才是在实践中逐步成长起来的。人才的产生，需要的是时间的积累和实践的磨炼。这种盲目和片面地追求低龄化和高学历的倾向，已经背离了竞争性选拔不拘一格选人才的基本要义，不利于选拔出真正的人才。

第二，在干部素质测评的科学性上存在不足。对干部素质进行科学的测评，是竞争性选拔的核心内容。目前的选拔实践，在测评的科学性方面还存在着比较明显的不足，归纳起来，主要有以下问题：一是缺少对竞争职位的科学的职位分析。开展职位分析是竞争性选拔的基础性工作，只有充分认识职位的功能定位，才能按图索骥选拔需要的干部。二是对测评方法的运用不够科学。这个问题的一个突出表现就是考试中存在的高分低能现象。用人就是最大的导向，能不能选出群众满意的干部，是竞争性选拔能否具有生命力的关键所在。在目前的竞争性选拔实践中，笔试和面试是选人的重要关口，特别是笔试，处在第一道关口上。过不了笔试关，即使工作成绩再突出，也要遭到淘汰，“干得好不如考得好”，或者是“高分低能”，考得好却不会干，选拔出这样的干部，在一定程度上会影响到大家工作的积极性。三是考官队伍建设不能适应选拔工作的需要。考官素质的高低对竞争性选拔的结果也有着很重要的影响。目前考官的构成，主要是各级组织人事部门的领导、有关院校的专业教师以及对竞争职位比较熟悉的有关领导干部。考官在实际工作中，对竞争者的评判，在很大程度上依赖于自身素质，带有很大局限性。

第三，在扩大选拔民主上存在短板。各地在选拔实践中，在考察和评议环节，都比较注意群众的有效参与，民主的要求落实较好，但在其他一些环节上，如何进行公开，如何促进群众的参与，如何加强群众监督，还有很大的改进空间。比如在选拔的面试环节，现在主要是由考官进行测评和评判，群众的有效参与还不明显。而在一些地区的竞争性选拔实践中，使用量化评分办法，群众和领导干部分别对竞争者进行量化评分，最后用加权的办法确定群众和领导的评分在最后总得分中的比重。至于群众和领导之间的权重比例，有的是按照1∶3的比例，有的是按照1∶2比例。不管是怎样的比例关系，这里面都有一个合理性的问题。什么样的权重才是合理的？这样一个权重是怎样确定下来的，其科学依据是什么？实践中这种权重关系的确定带有很大的随意性，体现民意的效果也打了折扣。

第四，在工作机制上存在滞后性。一般来说，不管是公开选拔还是竞争上岗，其组织工作主要由各级组织人事部门负责，基本的工作机构是明确的，但这些机构的工作运行机制在各地却各不相同，特别是在对竞争上岗的组织与领导上，地区之间的发展并不平衡。造成这种不平衡的主要原因，是缺少统一的工作审批和督查制度。实现干部竞争性选拔的制度化，建立规范的工作制度不可或缺。另一个与工作机制有关的问题就是工作的成本问题。从各地的实践看，竞争性选拔特别是公开选拔，参与人数多、环节多、工作周期长，需要投入较多的人力和物力，支出成本与能否真正选出需要的人才相比，其“性能价格比”是否合适，是一个很值得思考的问题。组织一次公开选拔，筹备、宣传、命题、聘请考官与相关培训、试卷印刷与保密、笔试面试场地组织、评阅卷、异地体检、外出考察等等，需要投入大量的经费和人力进行保障。如果是大范围的公开选拔，比如全省乃至全国范围内进行的公选，其支出更加巨大。如果公选职位较少，其支出的相对成本也较高。在这样的高成本支出下，选出的人选能不能胜任工作，用老百姓的话来说，“值不值得花这么多钱”，还需要打上一个问号。

第五，在制度运行上缺乏常态化机制。近年来，各地都加大了竞争性选拔干部力度，普遍收到较好效果。但是，一些地方和部门在竞争性选拔干部的规范化、经常化程度上还不够理想，在制度执行上存在一定程度的随意性、不确定性。在搞与不搞上比较随意。对竞争性选拔干部往往没有统筹规划，没有与日常干部选拔任用工作很好衔接，想搞就搞，不想搞就不搞，随领导同志的意志而变化，盲目性和不确定性大，存在“各自为政、各行其是”现象。常常是主要领导新到一地一部门，人头不熟就搞竞争性选拔，人头熟了就不搞竞争性选拔，使竞争性选拔成为“一次性”工程、“一把手”工程和上热下冷的“一头热”工程，使干部工作缺乏连续性，使干部群众缺乏可预期性，群众形象地称之为：“搞不搞在领导。”在什么时候开展上也比较随意。领导想起来就搞一次，想不起来就不搞；平时工作闲下来就搞一次，忙起来了则不搞。上级要检查，要总结干部人事制度改革经验，就搞竞争性选拔，“临时抱佛脚”，平时则不搞；有些岗位摆不平了，就通过竞争性选拔来回避矛盾，片面解决一时一事。有的地方和单位或者一年搞几次，或者几年都不搞一次，存在“热一阵、冷长期”，“时搞时不搞”的不良现象，没有将竞争性选拔长期化，使之成为干部任用的一项经常性工作。在推出什么职位上比较随意。平时对各个领导职位的任职条件和岗位标准缺乏精确分析，一些地方没有厘清领导职位的具体任职要求，对什么岗位适合竞争性选拔、什么岗位不宜进行竞争性选拔心中无数，以致在开展竞争性选拔工作时想拿什么职位竞争就拿什么职位出来。有的不顾客观条件限制，一次就拿出过多的职位，追求所谓的规模效应和轰动影响；有的则是迫于改革发展形势，赶潮流、随大流，粗放式地拿出一些无关紧要的边缘性职位实施竞争。在竞争范围的限制上比较随意。①

3. 敢为人先：广东干部竞争性选拔的历史进程②

在20世纪80年代前期，广州、深圳等市就开始探索公开选拔领导干部

① 参见郭腊军：《推进竞争性选拔干部常态化》，《江海纵横》2010年第10期。

② 参见蒋斌，梁桂全主编：《敢为人先——改革开放30年研究总论》，广东人民出版社2008年版，第425~427页。

机制。但就全省而言，当时还没有认识到需要从制度建设的层面进行探索实践和总结创新。1998年，广东省召开第八次党代会之后，在省委主要领导和省党政班子成员的带动下，组织了十大调研，其中人才调研的结果表明：广东省干部人事制度改革严重滞后于经济体制改革和其他各项改革。广东的用人优势已经落在上海、江苏等省市的后头，面对的是人才资源和用人机制的危机感。[①]正是在这种情况下，广东正式启动了干部选拔任用制度的创新实践。

第一阶段，1998年7月，中组部、人事部召开党政机关推行竞争上岗工作会议，对在全国党政机关推进竞争上岗工作进行部署。中共中央政治局常委、时任广东省委书记的李长春同志在听取省委组织部向省委常委汇报的贯彻意见后，明确表示：广东省的竞争上岗工作要扩大试点范围，规范做法，取得经验，作为选人用人的一项制度。以此为起点，广东开始从选人制度创新和制度建设的层面来考虑和推行竞争上岗的试点工作，翻开了创新干部选拔制度新的一页。省委组织部提出的竞争上岗试点方案，范围从党政机关扩大到企业、事业单位和高等院校，职位从中层职位顺延到省财政厅等单位的5个副厅级职位。省委组织部作为试点单位，拿出了10个处级职位进行竞争上岗。试点工作取得成功后，1999年7月中组部干部调配局在广东召开带有现场会性质的研讨会。应该说广东干部制度改革是向兄弟省市学习的结果，也是中组部、人事部鼓励和支持的结果。这是广东省创新干部选拔制度的第一阶段。

第二阶段，广东省部分地区和单位抓住省政府、省委工作部门机构改革的有利时机，大力推进干部选拔制度的创新。除公安和安全等个别部门因工作的特殊性外，省委、省政府机关中层干部实行全员竞争上岗，在任的正副处长“全体起立，竞争上岗”。此后，省委又作出决策，结合机构改革拿出了省委办公厅、省委宣传部等14个重要部门的副职，面向全省进行公开选拔。在2000年机构改革配备中层领导干部中，省委工作部门实行全员竞争上岗，省政府工作部门94.3%实行竞争上岗。随后，全省市、县党政机关中层领导职务也全面实行竞争上岗。2001年4月，省委印发《广

① 参见广东省公开选拔领导干部工作办公室、广东省竞争上岗办公室：《与时俱进，创新干部选拔制度》，广东人民出版社2002年版，第33页。

东省深化党政干部制度改革实施方案》，要求今后党政机关内部中层领导职位出现空缺，原则上均采用竞争上岗的方式确定任职人选。在这一阶段，经广东省委同意，还专门成立了省公选办和竞岗办，负责两项改革的日常工作。通过竞争上岗，妥善解决了机构改革当中干部分流的问题，改善了中层干部队伍结构，正副处长平均年龄下降4.5岁，本科以上学历人数提高了9.5个百分点，原有的正副处长中有191人通过竞争上岗平稳地下来了。更重要的是，在机关形成了讲学习、讲政治、讲正气的风气，去跑领导的门，托领导出来讲话等的现象大为减少。省直机关两项改革取得了实质性的成效，中组部先后三次安排广东在全国性的会议上介绍竞争上岗等推进干部人事制度改革的做法。

第三阶段，2001年4月，经广东省委同意，省委组织部在深圳召开了市、县机构改革竞争上岗和公开选拔座谈会，时任广东省委常委、组织部部长的刘玉浦同志对市、县、镇机构改革中全面推进竞争上岗和公开选拔进行动员部署，省公选办、竞岗办的工作重点也从种好省直机关自己的“试验田”，转向具体组织指导和协调服务号召全省全面推开这两项改革。7月，省委组织部在南海市召开了干部制度改革综合试点工作座谈会，刘玉浦到会讲话，针对基层在改革实践中遇到的新情况、新问题，对全省的干部制度改革，尤其是竞争上岗和公开选拔这两项改革，作了进一步的部署。除深圳市作为全国干部制度改革试点单位另有安排外，其余20个地级以上市的机关中层干部全部实行了竞争上岗，加上乡镇的竞争上岗，一年多的时间内，全省各市实行竞争上岗的职位就达3万多个。各市在机构改革中，共拿出250多个处级职位进行公开选拔。各地在推行这两项改革中，结合实际进一步探索创新。广州除公选部分局级领导干部外，还将市直单位70多个中层职位拿出来公选；佛山市采取竞争上岗与公开选拔相结合的办法，分别选拔市直单位领导班子的缺额人选；江门市在市直机关开展跨部门的竞争上岗。

第四阶段，2008年6月，广东又面向全国进行省市联合公开选拔100名厅处级领导干部。这次公选资格初审合格的4337名报考人员中，全部具有本科以上学历，其中，硕士研究生1738人，占40.1%；博士研究生699人，占16.1%；博士后171人，占3.9%。平均年龄34.8岁，其中报考省管职位的人员平均年龄37.7岁，最年轻的26岁。报考人员中，女性624人，非中共党员382人；来自省内的2360人，省外的1960人，国（境）外的17人；来自中央国家机关的149人，地方党政机关的2694人，国有企业的453人，高校、科研院所等事业单位的842人，“两新组织”的199人。[①]与以往各省市组织开展的党政领导干部竞争性选拔考试相比，广东省在此次考试中，采用了独创的“大评委制”。所谓大评委制，是指考试的每个环节、每个步骤的评委，都由省、市的“两代表一委员”（党代表、人大代表和政协委员），选拔职位所在市（单位）的领导、群众代表及省、市相关单位的中层以上干部三部分人员组成。在面试及能力测试的7个环节中，有累计超过1万人参加评委工作。每个考生对应的评委，最高达到100人以上。这种做法，改变了以往7~9人的评委构成结构。面试当日，552名应考者，被分为23个组，评委达到5000多人。其中，省、市“两代表一委员”评委人数占11%~50%。评委人选由电脑随机抽取，由专人提前一天通知到位，且每位评委在同一职位组中，只能参加其中一个环节的评委工作。这样，就避免了打招呼、拉选票等情况的发生。经过笔试、面试和测试三个环节、十道关卡的层层考核，11月10日公布了100个职位的最终人选。[②]这次联合公选在境内外引起了强烈反响，对于继续深化干部人事制度改革起到了积极的推动作用。

通过四个阶段的改革，竞争上岗和公开选拔在广东省已经形成气候，有了深厚的实践基础，作为新的干部选拔制度，虽仍有不甚完善之处，但从总体的实践结果看，已具备基本的制度框架和体系。集中体现在建立五个机制[③]：一是公正的平等进入机制。凡是符合条件的，都可以平等地报名参加公开选拔和竞争上岗，都有同等的选拔机会，并按照同样的选拔程序，用同一把尺子进行检验、衡量和挑选，从而打破了“在少数人中选人”的旧格局，体现了公平、公正、公开选人用人的原则。二是有序的竞争比较机制。由于引入了竞争机制，变“伯乐相马”为“赛场选马”，由

---

① 参见《广东公选百名干部昨日京穗同时开考，硕士博士占六成》，《南方日报》2008年9月18日。

② 参见《5000人当评委　广东厅处级干部公选试行“大评委制”》，《人民日报》2008年9月26日。

③ 参见广东省公开选拔领导干部工作办公室、广东省竞争上岗办公室：《与时俱进，创新干部选拔制度》，广东人民出版社2002年版，第36~37页。

"领导点将"走向"制度选人"，完全凭真才实学和工作实绩决定干部的升降去留，破了靠年头"熬官者"的梦，断了用感情"跑官者"的路，封了用金钱"买官者"的门，在机关形成了比工作、比学习的好风气，使竞争上岗和公开选拔这个阶段性的赛场向工作岗位这个经常性的赛场延伸，体现了竞争激励的原则。三是科学的择优任用机制。在选拔的各个程序中，只看卷面，不看情面。比如，考试的客观题，有标准答案，由电脑阅卷；主观题和面试时，都是由几个评委评分或阅卷，去掉一个最高分和一个最低分，计算平均分。尽管这种评卷方式的科学性还是相对的，但毕竟避免了个人说了算，体现了民主集中制的原则。四是公开的民主监督机制。在整个工作过程中都坚持了公开的原则，使群众的知情权、参与权、选择权、监督权得到比较充分的体现，从而打破了"由少数人去选人"的旧格局，体现了群众公认的原则。五是良性的"能上能下"机制。上来要靠真本事，靠德才条件；实行任期制，五年任期满后经考核合格，才能继续任职。所有参与竞争上岗和公选的入围者，虽然最后上去的毕竟是少数，但下来的心理上也能承受。因为在多数情况下，竞争者之间的总成绩相差并不远，竞争的结果是强强相争强者上，而不是弱弱相争弱者下。上者被社会公认，是"相对的优胜者"；下者也不丢脸，是"光荣的失败者"。从而为干部的能上能下拓展了新的思维空间和上下渠道。

三、广东干部竞争性选拔的有力举措

近年来，广东省委按照党中央的部署和要求，坚持解放思想，大胆创新，努力形成广纳群贤、人尽其才、能上能下、充满活力的用人机制，把优秀人才聚集到建设和谐广东和幸福广东的伟大事业中来。概而言之，在以下几个方面取得了突破性进展。

1. 拓宽干部选拔任用渠道

如前所述，传统干部制度存在的第一个问题就是干部选拔的封闭性。近年来，虽然出现了公开选拔干部的一些做法，但干部选拔的封闭性并没有从根本上被打破。由于干部工作向社会开放度不够，导致社会上大量的优秀人才很难进入干部工作的视野。以广州市为例，最近几年来，广州市进一步拓宽了干部选拔任用的渠道，公开选拔、竞争上岗、双向推荐、差额考察、任前公示、常委会票决、交流轮岗和试用期等制度不断完善，许多工作取得了新进展和新成效。如为了使民主推荐更加客观、准确地反映干部群众的意见，对民主推荐的形式和方法作了一些探索。结合市、市属区、县级市以及镇、街机构改革，大力推行中层领导职位全员竞争上岗。在市直党政机关机构改革中，共有1165名符合条件的干部通过竞争上岗走上了中层领导岗位。近年来，市直机关面向全国和广州地区公开选拔了11名局级和59名处级干部。在竞争上岗、公开选拔中，试行了任前公示制、考察预告制、差额考察制。2001年，芳村区、荔湾区和市卫生局就试行了常委会（党委会）讨论干部任免票决制。其他区、县级市和市直机关党政正职拟任（推荐）人选也逐步实行了市委常委会票决制。总之，在选人用人渠道问题上，广东省始终坚持“五湖四海”的原则，明确提出鼓励多种渠道推荐干部。在拓宽选人用人渠道上，广东在横向上着力“疏通党政机关干部、企事业单位干部交流渠道”，加快研究制定具体实施办法，破除各种体制性障碍，推动不同体制间选人的良性贯通。在纵向上注重“建立来自基层一线党政领导干部培养选拔链”，加强不同层级部门间干部的交流力度，拓宽基层干部升职换岗的渠道。选人用人既看干部来源，又不唯来源论；既强调实践经验，又不唯经验论。针对广东省目前干部队伍现实状况，对于基层领导干部的选拔，广东需要将政策水平、工作能力及对群众的感情作为考察重点；而对于中高级领导干部的选拔来看，则要将战略思维、驾驭能力及对发展规律的把握作为关键要素。

2. 树立“有为者有位”用人导向

时任广东省委书记的汪洋同志在领导人才选拔问题上曾经深刻指出：“把落实科学发展观作为选干部用人才的重要标准，让善于领导科学发展的人上，不会领导科学发展的人让，阻碍科学发展的人下。”“在大力培养选拔优秀年轻干部问题上，思想要解放、解放再解放，不拘一格、不论资排辈，特别要注重选拔有基层工作经验的同志，形成从基层一线培养选拔干部的正确导向，使基层一线真正成为培养干部的主阵地。”[①]其真义显而易见：在竞争性选拔干部问题上，必须坚持“有为者有位”的用人导向，从而达到贤者居位、人尽其才的目的。2009年，广东公开遴选省政

①《汪洋出席全省组织工作会议并发表重要讲话》，《南方日报》2010年9月19日。

府工作部门副厅级干部，这一遴选工程由省委组织部策划了三个多月，于2009年9月初正式启动，9月中旬确定入围考察人选，共1745名符合条件人选参加，竞争38个副厅级职位。38个副厅职位来自38个省政府工作部门和其他正厅级机构，其中副厅（局）长24个，纪委书记（纪检组长）8个，其他副厅级职位6个。调整人数约占省政府工作部门中厅级领导职数的1/10。在这么大的范围内公开遴选，如何保证公正、公平？公开遴选把民主推荐和素质测试、民主测评、结构化面试和组织评价相结合，把平时选拔干部的民主推荐与公开选拔的考试结合起来，既尽量做到“让干得好的人答得好”，又充分体现尊重民意与注重素质的统一。遴选工作方案，共设置8道程序，把领导个人意见的影响降至最低。最终经过遴选，2009年9月底，38名优秀的处级干部走上副厅级领导岗位。省委常委、组织部部长胡泽君评价说：“公开遴选就是要树立‘让有为者有位’的用人导向。”[①]省委组织部相关负责人表示，此次公开遴选工作方案的特点有二：一是民主增量，由一般程序的民主向增量民主迈进；二是竞争扩容，由单一的竞争向多侧面的竞争延伸。其目的如出一辙，就是充分倾听民意呼声，不让能干、肯干的老实人吃亏，给优秀的年轻干部机会。数据显示，至2011年上半年，广东省市、县两级机关通过竞争方式选拔委任制局（处）级以下领导干部3467名，占新提拔委任制领导干部的三成以上。深圳、汕头、阳江等地，市直机关新提拔班子成员通过竞争方式产生的超过1/2，河源、珠海、茂名等地超过1/3。在121个县（市、区）中，县（市、区）直机关新提拔班子成员通过竞争方式产生的已达600多人，占新提拔总人数近1/3。日前，竞争选拔工作正在从市、县直机关班子成员向机关中层干部延伸。2011年上半年，各地市直机关共有1669人通过竞争选拔成为中层领导干部，占新提拔人数的53.6%。而县直机关中有1084人通过竞争选拔成为中层领导干部，占新提拔人数的21.9%。[②]同样，在此之前，广东省也为优秀的村党支部书记和优秀大学生村官打通上升通道。2009年4月下旬至6月，省委组织部会同省人事厅在全省范围内选拔150名优秀村（含社区）党组织书记担任乡镇（含街道）领导干部，从优秀大学生“村

---

①《广东选贤任能，打开人才上升通道》，《南方日报》2010年1月5日。

② 参见《广东上半年靠竞争方式选拔局级以下干部3467名》，《南方日报》2011年8月12日。

官”中招录150名乡镇公务员。最终，300名优秀村支部书记和大学生“村官”从10万多名农村干部中脱颖而出，成为我省“村官”上升通道打开后首批吃螃蟹的“村官”，吃上“国家粮”，成为公务员。广东省委党校副校长陈鸿宇指出，遴选副厅、招录优秀“村官”为公务员，使我省为省直机关、地方基层优秀干部，全面打开了上升通道，这是继2008年的公选之后广东省又一干部选拔的“阳光工程”与“样板工程”，是广东深化干部人事制度改革的又一创新举措，优化了领导班子结构、增强了干部队伍活力。

3. 保障选拔工作公开公正

坚持民主、公开、竞争、择优，形成干部选拔任用科学机制，是党的十七大的明确要求。在庆祝中国共产党成立90周年大会上，胡锦涛总书记强调，在新的历史条件下提高党的建设科学化水平，必须坚持五湖四海、任人唯贤，坚持德才兼备、以德为先用人标准，把各方面优秀人才集聚到党和国家事业中来。2008年7月，时任省委书记的汪洋同志在履职广东不久即启动了公选百名厅处级领导干部。他在2008年初召开的全省组织工作会议上指出，干部人事制度改革的方向，就是要扩大民主，让选人用人权“在阳光下运行”。2009年底，中央组织部颁发了《2010—2020年深化干部人事制度改革规划纲要》，要求深化党政领导干部选拔任用制度改革。广东省委专门制定了实施意见，并要求新提拔的厅局级以上委任制领导干部通过竞争方式产生的，到2015年要逐步达到三分之一以上。近年来，广东不断推进竞争性选拔向纵深发展，不仅厅局级职位拿出来竞争，而且在体制机制上也更规范、更科学、更公正、更民主。从以下几个地区的案例中我们可见一斑。

一是深圳特区公选缩影。①竞争性选拔干部让现任深圳市审计局局长的陈倩雯自认赶上了一个好时候。2004年，深圳采取公选的方式，选拔16位党外局级干部，她赶上了。2010年，深圳一次性拿出8个重要的正局级领导岗位公推选拔，她又赶上了。在这8位正局级干部中，有两位是自荐成功的，陈倩雯就是其中之一。作为无党派人士，陈倩雯担任市政府部门正职，无疑更能彰显广东选人用人的公正公平。在陈倩雯们还没走上“赛

① 参见《广东上半年靠竞争方式选拔局级以下干部3467名》，《南方日报》2011年8月12日。

马场”时，或许还抱着心中的“老皇历”，以为干部选拔任用有多“神秘”。当陈倩雯们走上“赛马场”时，全程录像、票决结果当场公布等阳光操作，一举打消了这种“神秘感”。不仅如此，在组织考察中深圳市还创新采用“两票制”，在发放《民主测评表》的同时，发放《拉票贿选情况调查表》，深入了解考察对象和所在单位遵守组织人事纪律的情况。对公示期间收到的投诉认真进行核查处理，有3人经核查后被取消了拟任人选资格。作为公推面试评委，深圳市党代表刘晓东认为，这为特区创新之风吹出了一股清新之风。[①]不仅如此，深圳还出台了公开推荐选拔领导干部履职评价细则，对干部的平时表现、获奖情况、工作及学习经历、后备干部等情况进行量化评价，树立了注重干部工作实绩和平时表现、备用结合、向基层倾斜的选人用人导向。在确定考察对象环节，深圳市委常委会不仅考虑推荐得票和分数，还注意结合干部的综合素质、选拔岗位的要求等因素，不简单地“以票取人”或“以分取人”。

二是佛山推行“民意先决机制”。2011年4月，佛山市委组织部发出公告，公开选拔13名处级领导干部，其中面向全国、全省公选6名，面向市内公选7名。在这次公选中，佛山将民意作为“阳光公选”的突破口，贯穿在选拔、评价、监督的各个方面。佛山市委组织部表示，在此次处级干部公选设置考官组的时候，引入群众评委。群众评委由选拔职位所在单位的二十名左右干部群众组成，群众评委可推荐人选，推荐结果作为选拔的参考，提升单位干部群众的知情权和参与度，也加强了对考官组的监督。除个别专业性强的岗位，各职位考官组除一名担任主考官的市几套班子领导和一名本单位正职外，其余考官均在面试前抽签确定，其中包括来自基层工作一线的“两代表一委员”，保证在考场上体现民意。这种被称作“考官+群众”的评判模式使公选更有公信度。其实，早在2008年9月，佛山市南海区公开选拔狮山镇、大沥镇办事处副职干部时，即采用了“民意先决”的方法：先组织所在镇全体公务员、后勤单位负责人、村书记对报名人选进行民主推荐，获得民主推荐票数前十名的干部方可进入笔试环节。面试后，按照职位与人选1∶3的比例进行第二次民主推荐，保证选拔

① 参见《广东上半年超过3成委任干部系竞争选拔》，《南方日报》2011年8月12日。

的群众基础。[1]

三是阳江竞争性选拔向党外延伸。继竞争性选拔阳西县委书记之后，2011年8月2日，阳江又在全市全面铺开4个县（市、区）班子成员和阳西县政协副主席竞争性选拔工作，其中19人竞争4个县区党政副职，5人竞争阳西县政协副主席职位。与之前不一样的是，此次竞争性选拔首次将这一选拔干部方式推及到党外。竞争阳西县政协副主席人选的有5人，其中1人来自民盟，1人来自民建，1人来自致公党，2人为无党派人士。结果无党派人士、现任阳江市安监局应急救援科的科长钟基建胜出。“党外干部选拔不再是‘矮子里面挑将军’，推不出优秀的人你们党派就只能旁观”，阳江某民主党派负责人说。竞争性选拔向县区和党外的延伸，给基层干部和年轻人提供了越来越多的机会。[2]

四是江门积极探索常态化、多元化、规范化之路。面临新挑战和新要求，江门市委在对竞争性选拔干部工作进行深入调研的基础上，从2007年开始，逐步探索竞争性选拔常态化、多元化、规范化之路，其中重点采取了六项措施。其一，建立统一领导机制。采取上下联动、市县联合公选方式（每年至少开展一次），专门成立了联合公选领导小组和办公室，统一审核报名资格、条件，统一宣传发动，统一聘请专家命题，统一组织实施笔试、面试等。其二，注重选拔方式的丰富性。结合岗位空缺和接收单位的实际情况，采取公开选拔、公开推荐、公开遴选、“两推一评”和竞争上岗等不同的竞争方式。其中，公选一般适用于专业性较强或本单位无合适人选的领导职位；公推、遴选和“两推一评”一般适用于专业性不强，且职位所在单位或本地区相关单位符合条件有三人以上的领导职位；竞岗方式一般适用于职位所在单位或本地区相关单位符合条件有两人以上的中层职位。其三，合理设置资格范围。坚持从实际出发，科学合理设置干部职位、资格条件和报名范围，并及时对外公布。在职位设置上，坚持与用人单位反复沟通协商，突出岗位特点；在资格条件设置上，注重能力实绩，除少数特殊职位外尽可能做到相对宽松；在报名范围设置上，如本地符合条件的人员较多且可以形成竞争的，范围就划定在本地；对于专业

① 参见《广东上半年超过3成委任干部系竞争选拔》，《南方日报》2011年8月12日。
② 参见《阳江竞争性选拔领导干部常态化　向党外延伸》，《南方日报》2011年8月19日。

性比较强、本地又欠缺或有特殊要求的职位，则尽量扩大范围至全省乃至全国。其四，积极改进程序环节。根据竞争方式及岗位需求对人员素质的不同要求，设置必选环节和可选环节，力图让参加竞选的干部能够通过各个环节充分展示自己的才华，也便于对竞选干部进行全方位、多视角的综合评价和层层筛选，使选出的干部真正德才兼备、素质优秀，从而达到人岗匹配的效果。其五，完善考试测评方法。注重测试命题的针对性，组织有关专家认真开展职位调查，根据不同职位制作不同的考题；丰富笔试内容，除了考综合素质外，领导工作案例成为必考科目；合理设置面试环节，增加了无领导小组讨论和情景模拟等；科学组织考官队伍，注重吸收干部群众、“两代表一委员”等，对专业性强的职位采用七人的“小评委制”，其他则采用二十人左右的“大评委制”；实行综合考察评价，不简单以分数取人，明确规定考察对象若存在一些特别不良情况的，取消任职资格。其六，及时跟进后续管理。对新任干部开展任前谈话、集中培训等多种形式加强教育。接收单位对其早压担子，让他们尽快进入新角色。试用期满考察时，民主测评“基本称职”和“不称职”票超过三分之一的，延长半年试用期，并进行诫勉谈话。将综合成绩进入前三名但未被任用的优秀年轻干部纳入后备干部库，实现干部选拔与干部储备有机结合。①

据了解，从2010年开始，除了深圳、汕头、惠州、梅州、潮州、江门、阳江七个地级以上市之外，其他如珠海、肇庆、河源、云浮、湛江、茂名、佛山、东莞等市，也都面向全国或全省公开选拔处级领导干部。招聘的这些职位既包括市属的大型企业正职负责人，又有重要的政府部门，甚至涵盖了重要的决策咨询机构的负责人。从这一势头来看，广东公开干部竞争性选拔已经呈现制度化和常态化趋势。而在此公开选拔中探索出来的“大评委制”引起政界、学界强烈关注，被认为是在坚持党的领导下的可控民主，是一个“值得探索的方向”。省委党校副校长陈鸿宇指出，“大评委制”的优点体现在三个方面：一是评委来源更加广泛，结构更加合理，扩大了干部群众的参与面，提高选人用人公信度；二是有利于更加科学、客观地评价干部，防止和克服“少数评委选人”的弊端，有效遏制

① 参见《阳光下的“赛场选马”——对广东江门市竞争性选拔干部的调查与思考》，《人民论坛》2011年5月。

“拉票”和“打招呼”等非组织行为；三是职位单位一半以上全体干部参加对考生的评价，客观上相当于进行了一次由所在单位干部参加的民主推荐，较好地与《干部任用条例》进行衔接。[①]目前来看，除了大评委制，广东省在推行公选的过程中，还积极探索“全覆盖式”监督，努力发挥社会监督作用。聘请媒体记者、“两代表一委员”担任监督员对公选全过程进行全方位、“零距离”的监督。在完善公开选拔、竞争上岗的基础上，积极推行公推公选、公开遴选、“两推荐一述评”等多种选拔方式，在各种形式的比较、借鉴中进一步提高竞争选拔干部工作的水平。

四、广东干部竞争性选拔的评价与启示

从上述论述中，我们不难发现，近年来，随着广东省干部人事制度改革不断向纵深推进、向广度拓展，竞争性选拔干部工作已取得了重要成果。干部竞争性选拔，已经成为激发干部队伍活力，促进干部队伍建设的有力举措。实现干部竞争性选拔制度化和常态化，成为时代发展的必然要求，也是党的干部选拔制度改革的发展方向，广东干部竞争性选拔的推行更是为全国其他省份干部人事制度的改革发展提供了十分宝贵的经验。然而，在看到这一系列成绩的同时，我们也能发现，这其中一些深层次的矛盾和问题还未得到根本解决，同时，在改革中又出现了一些新矛盾新问题。这些矛盾和问题，只有靠进一步深化改革才能解决。概而言之，目前广东干部竞选性选拔亟待解决的主要矛盾和问题有以下几个方面：[②]

1. 工作导向方面，需要研究解决德才兼备、以德为先、注重实绩、群众公认的导向如何树立的问题

首先，检察干部之德是干部选拔管理的一大难题，对竞争性选拔来说更是如此。目前普遍实行的笔试、面试这两个竞争最激烈的环节，基本上与德行考评无缘，难免让人发出“做人好不如做题好”的感叹。如何在竞

① 参见《广东公开选拔干部进入常态化》，《南方日报》2010年12月20日。

② 对于干部竞争性选拔过程中存在的矛盾和难点问题，国内不少学者展开了考察研究，以目前广东的现状来看，其工作难点主要表现为工作导向、技术方法、制度机制等方面，关于此问题的研究亦可参见姜泽洵、李维、李兵、杨小菁：《竞争性选拔干部工作难点问题研究》，《党建研究》2011年第3期。

争性选拔特别是公开选拔的各个环节，充分体现德才兼备以德为先原则、树立注重品行导向，显得尤为重要和紧迫。其次，无论是唯分取人还是简单以演讲取人，最终冲击的都是崇尚实干的导向，导致干得好的干部不显优势，干得不好的干部也不占劣势，从而让一些干部发出“干得好不如考得好，实绩好不如成绩好”的抱怨和不解。再次，在体现群众公认原则方面，竞争性选拔方式总体上比传统选拔更为突出，特别是公推公选、公推直选和竞争上岗中的民意权重较大，起举足轻重作用，但在公开选拔中，仍存在重程序和考试成绩而轻民意权重的问题，群众参与的深度和广度不够，总体上尚属于“看热闹的旁观者”角色，群众认可不如考官认可，过不了考试关就没机会过群众关。只有切实解决好导向问题，才能确保竞争性选拔工作沿着正确的方向深入持久开展。可以说，广东首创的“大评委制”在这方面积累的经验值得继续发展和完善。

2. 技术方法方面，需要着力解决考试难以考出真才实学、考察难以考出真实情况的问题

考试和考察是目前竞争性选拔的两个最重要的方法和技术手段，其科学化水平高低直接影响着竞争性选拔制度的公信度。考试最突出的问题主要体现在：一是职位分析不够深入，测试要素与职位需求结合不够紧密，科学性、针对性不强。二是考试内容和程序同质化、程式化、八股化倾向较为严重，难以体现个性差异，难以考出真实水平。三是考评手段单一，现代先进测评手段运用较少，难以全面有效地测评出应试者的性格特征、领导能力等。四是评分标准和方法存在两个极端：一方面过于机械、刻板、保守；另一方面，不同评委或阅卷人员之间评分标准把握不一，影响公正性。考察环节主要存在着内容形式简单化、表面化和结果从属化问题，即考察过程走马观花、仓促进行，程序大于实质，方式方法单一（多采用个别谈话方式），深层次问题、真实情况难以考察出来，特别是异地考察难以考深考实。广东中山、深圳、广州黄埔区探索独特的干部考核考评机制，从一定意义上可以说是对这一问题的深刻认识和反省。①

3. 制度机制方面，应着力研究解决如何常态化问题

近年来，广东不断推进竞争性选拔向纵深发展，不仅厅局级职位拿出

① 参见《广东上半年靠竞争方式选拔局级以下干部3467名》，《南方日报》2011年8月12日。

来竞争，而且在体制机制上也更规范、更科学、更民主。广东连年推进竞争性工作，有力地说明广东的竞争性选拔正在走向制度化。然而，从总体状况来看，在竞争性选拔工作常态化问题上仍存在一些问题：一是随意性强。缺乏总体规划和长远计划，想搞就搞，不想搞就不搞；职位确定随意，门槛忽高忽低，缺少科学设计；有些地方在年龄上片面求低，在学历职称上片面求高，在选拔范围上片面求大；考察对象确定方法混乱，等等。二是成本过高。缺乏对本地区各级各类竞争性选拔的统筹和成本核算，时间成本、人力成本、经济成本、社会成本过高。三是制度配套滞后。如对体制外报考体制内职位未有明确规定，破格标准不一；各个环节没有相关配套制度规范，尤其对公选入围对象的储备开发、公选干部的后续管理以及不适岗公选干部的调整等缺乏明确规定；考官队伍专业化水平不高，缺乏资质审核认定机制；通过竞争性方式产生选任制干部人选尚缺乏明确的法理依据；等等。

面对这些问题，我们首先需要明确的是：竞争性选拔干部是改革开放以来干部人事制度改革的创新成果，是一种新生事物，在经常化、常态化上存在一些问题是改革过程中不可避免的，发展中的问题要用发展的眼光来审视，并在发展中予以解决，对此要有清醒的认识。可以说，干部竞争性选拔制度化的过程，正是一个一个的问题不断得到解决的过程。推进干部竞争性选拔制度，遵循竞争性选拔的内在规律，其发展途径和发展目标就是要坚持科学理论指导深入。充分发扬民主，把干部竞争性选拔构筑成体系严密、内容科学、程序完备的完整制度体系，使这一制度成为今后干部选拔的主体制度。广东在以下几个方面可以进行尝试性的改进和努力。

一是以科学化推进常态化。科学化是竞争性选拔干部常态化的关键所在，常态化以科学化为基础和前提。没有科学化，竞争性选拔方式就缺乏生命力，就不可能常态化。首先要提高考试质量。围绕提高考试信度和效度，加大科研攻关和新技术开发应用力度，吸收国内外的有益做法，使竞争性选拔干部走出一条从以考试为主，靠单一手段转向技术比较完善并以领导能力检测为主的不断科学化的新道路，切实解决“高分低能、高能低分”问题。其次要实现人岗相适。坚持“干什么、考什么”，突出岗位特点，注重实际能力，改进笔试、面试方式方法，增强考试测评的准确性，真正考出干部的基本素质和实际能力，让干得好、能力强的考得好、选得上，使职得其人、人适其岗。再次要强化考察功能。考试容易考才，但难以识德，更难以检验干部工作实绩，需要靠考察来比较高下、鉴别优劣。坚持考试、考察和考核相结合，深入研究考试方法与考察考核方法的内在联系、考试结果与考察考核结果的内在关系，实现考试环节与考察考核环节的紧密衔接和有效互补，全面客观地衡量干部的德才素质。最后要加强综合分析和研判，把分数与能力、票数与实绩、个人素质与岗位要求结合起来，避免简单地以考试分数和推荐票数取人，让作风实、实绩优的出得来。总之，要深入贯彻落实《中共广东省委关于贯彻〈中共中央关于加强和改进新形势下党的建设若干重大问题的决定〉的实施意见》要求，"坚持德才兼备、以德为先用人标准，注重使用那些贯彻落实科学发展观态度坚决又有能力的干部"①。进一步贯彻实施《广东省市厅级党政领导班子和领导干部落实科学发展观评价指标体系及考核评价办法（试行）》，健全年度考核制度，强化考核评价结果运用。引导党员群众按照科学发展的理念和正确政绩观的要求推荐干部、评价干部、监督干部。

二是以公开化强化常态化。顺利实施干部竞争性选拔，需要一个公开公平公正的氛围，这是竞争性选拔的基本前提。实现这一个基本前提，则需要进一步扩大干部选拔中的民主，加强干部选拔中的监督，强化干部竞争性选拔的保障制度。邓小平曾经说过："没有民主，就没有社会主义，就没有社会主义现代化。"②干部竞争性选拔的改革实践表明：扩大干部选拔工作中的民主，是提高选人用人公信度的重要举措，也是克服用人上的不正之风及各种腐败现象的有效途径。扩大干部选拔中的民主，就是要把民主的各项基本要求，包括群众参与、公平公正、权力制约等内容，贯穿于干部选拔的始终，使干部群众在选人用人上的知情权、参与权、选择权和监督权得到有效落实。广东在《党政领导干部选拔任用条例》颁布实施以来，在干部选拔的各个环节上都进行了程序民主的有益探索，逐步形成了民主推荐、民主评议、预告公示等充分体现民主的工作新机制，为提高选人用人公信度奠定了良好的基础。但仅有程序民主是远远不够的，程序民主并不必然带来结果公正。民主在干部选拔中既是方法，又是目的，

①《中共广东省委关于贯彻〈中共中央关于加强和改进新形势下党的建设若干重大问题的决定〉的实施意见解读》，《南方日报》2010年1月19日。

②《邓小平文选》第2卷，人民出版社1994年版，第168页。

可以说，程序民主侧重于方法的一面，而实质民主则是侧重于目的的一面。在干部选拔中充分发挥民主，既要在程序设计上充分体现群众参与的民主精神，又要切实防止民意失真失实，选拔出工作岗位真正需要的领导人才。在此我们需要加强监督体制。组织部门在公开选拔干部时，要通过电视台、党政信息网、党建网、南方网等新闻媒体及时发布竞争性选拔干部公告进行宣传。在提名环节，采用多种方式，不划圈子，不定框子，把初始提名权交给广大干部群众，最大限度地让符合条件的干部进入组织视野。为确保干部选拔工作始终在阳光下进行，组织部门还要邀请有关专家学者、群众代表全程监督，只要参加竞争的干部对任何环节有疑问，就可以直接到组织部查看有关情况，让选拔干部的全过程置于阳光下，最大限度地保证选拔过程和选拔结果的公开、公平、公正。

三是以制度化保障常态化。要做到经常化，必须以完善的制度作保证，避免因领导人事变动、工作繁忙等客观因素影响而不能很好地坚持。首先要及时总结竞争性选拔工作中好的经验和做法，以刚性的制度规范固定下来，制定竞争性选拔干部的实施办法和一整套工作流程和纪律规定，对竞争性选拔的频率和周期、职位的筛选和确定、竞争的程序和方式，以及组织领导与实施作出明确规定。其次要建立竞争性选拔干部计划与报告制度，加强组织指导。加强计划性是克服随意性的治本之道。加强对竞争性选拔干部工作的宏观指导，促使各级党委（党组）把竞争性选拔干部纳入干部队伍建设规划，与日常干部使用工作衔接；加强定期调研总结和指导检查，进一步扩大竞争性选拔比例，逐年推进，到2015 年，每年新提拔厅局级以下委任制党政领导干部中，通过竞争性选拔方式产生的不少于三分之一。再次要建立能上能下制度。加强对竞争选出干部履岗情况的跟踪考核和管理，实行辞职制度、调整不称职不胜任现职干部制度、诫勉制度、降职免职制度，对确实不胜任的干部坚决调整，另作安置。最后要建立竞争性选拔二次报考年限制度。规定竞争选出干部在同一职级必须工作满一定时间，才能参加下一次竞争，避免资源浪费，杜绝“考试专业户”，保持队伍的稳定。

四是以集约化促进常态化。可以从以下几个方面努力：首先是探索竞争性选拔干部统筹管理新格局。一般干部固然需要分级管理，但竞争性选拔干部方式可以探索下延一级，实行统筹管理，由省、市（地、州）分别统筹本地县处级、乡科级干部竞争性选拔的宣传发动、笔试、面试等环节共性工作，实现资源的有效整合和集约利用。对一些地方和部门在这方面的试点要加强调查研究，总结经验，扩大范围；对省、市、县机关部门内设机构中层职位竞争性选拔，尤其需要探索统筹管理，增强规范性，减少空白点。其次是加强基础性工作建设。加强竞争性选拔工作机构和队伍建设，由其具体负责和组织竞争性选拔干部工作规划、政策和方案的制订和落实。加强考官队伍建设，建设一支以组织、人事干部为基础，多方面人才兼职参与的高素质考官队伍。加强分级题库建设，增加领导干部考试通用试题数量，提高质量，充分发挥题库的功能和作用，减少各地各单位自主性命题工作。最后是充分运用竞争性选拔干部成果。竞争性选拔干部不仅选拔任用了一批干部，而且还发现和储备了一批优秀人才。针对事业发展实际和干部队伍更替需要，把竞争性选拔与传统选人用人方式相结合，交叉使用，相互补充，适时使用竞争性选拔中发现和储备的人才，而不拘泥于"逢缺必竞"、"逢空必考"，最大化地运用竞争性选拔成果。

总而言之，推进竞争性选拔干部常态化，形成重民意、凭实绩、靠竞争的干部选拔任用工作长效机制，是激发干部队伍干事创业积极性的有效手段，也是着力解决领导干部队伍建设中的关键问题和干部群众反映强烈的突出问题的有效途径。只有建立了竞争性选拔干部常态化机制，才能更好地实现人岗相适、人尽其才，把德才兼备的干部选拔到领导岗位上。广东省作为改革开放前沿省份，理应大胆探索，深入实践，不断推进竞争性选拔干部常态化。只要我们坚持以邓小平理论和"三个代表"重要思想为指导，深入贯彻落实科学发展观，毫不动摇地推进干部人事制度改革，就一定能够逐步形成广纳群贤、人尽其才、能上能下、公平公正、充满活力的中国特色社会主义干部人事制度，为创建和谐广东和幸福广东增添重要力量。

第四章　党内民主的发展

改革开放以来，中国共产党民主建设的观念不断更新，思路不断拓展，方法不断创新，取得了重要的进展。党的十六大作出了“党内民主是党的生命”的重要论断，党的十七大报告提出党内民主是增强党的创新活力、巩固党的团结统一的重要保证，要以扩大党内民主来带动人民民主，以增进党内和谐促进社会和谐，将党内民主提到新的地位和水平。广东作为改革开放的前沿阵地，推进党内民主改革既是责任，也是推进广东各项事业进一步发展，构建“幸福广东”的内在需要。

一、“党内民主”的概念界定

“民主”一词，源于古希腊文demokratia，它是由“demos”和“kratos”两个字组成的，最早见于古希腊历史学家希罗多德的《历史》一书，原意为人民的权利、多数人的统治。英文中的democracy由此演化而来。现代民主，至少包含形式上承认公民一律平等，承认大家都有决定制度和管理国家的平等权利。近现代形式的民主政治诞生以来，政党就与民主紧密联系在一起，民主政治是政党政治的基础，政党政治是民主政治的集中表现。E.E.沙茨施奈指出：“政党的兴起无疑是现代政府的主要区别性标志之一。政党创造了民主；没有政党，现代民主制是不可想象的。”[①]因此，在现代政治中，一切民主政治——无论是资本主义民主还是社会主义民主，都是由政党来领导和推动的。共产党作为人类历史上最先进的阶级——工人阶级的先锋队组织，将“民主”写在自己的旗帜上，是理所当然、天经地义的。因此可以说，民主性是共产党内在的本质的规

① E.E.Sehattsehnieder: *Party Government*. New York: Holt, Rinehart & Winston, 1942.

定性，是其先进性的内在本质特征之一，是区别于其他非无产阶级政党的一个重要标志。列宁在谈到党的民主性质时指出："俄国社会民主工党是根据民主原则组织起来的。这就是说，党内的一切事务由一律平等的全体党员直接或者通过代表来处理；并且，党的所有负责人员、所有领导人员、所有机构都是选举出来的，是必须向党员作工作报告的，是可以撤换的。"①在中国共产党的历史上，较为全面地对党内民主的含义进行论述的是在党的七大上，刘少奇在修改党章的报告中指出："党内民主的实质，就是要发扬党员的自动性和积极性，提高党员对党的事业的责任心，发动党员和党员代表在党章的范围内尽量发表意见，以积极参加党对于人民事业的领导工作，并以此来巩固党的纪律和统一。"②

由此，可以概括党内民主的含义，即在党内生活中，根据党章和党内其他规定，全体党员一律平等地按照一定的程序和形式，直接或者是间接地参与决定和处理党的一切事务。党内民主既包含民主集中制、党的代表大会制、集体领导、民主选举、民主决策、民主监督等不同层次的民主制度形式，也包含党内的民主作风、民主传统、民主方式和方法等具体的表现形式。③党内民主应遵循党内平等原则、参与原则、多数决定原则、选举原则、集体领导原则、监督原则等六大原则。

党内民主是一个历史的范畴。随着历史条件的转换和党的生存环境的变化，党内民主的地位、作用、内涵、标准，以及党内民主的实现形式，都会发生相应的变化。中国共产党自成立至党的十七大，对党章进行过14次修改，产生过16部党章。每次党章中有关党内民主内容的修改，都引起了党内民主建设的相应调整和变化。党内民主总是不断发展和进步的，这是一个总的趋势和根本规律。

二、广东建设党内民主的背景

广东建设党内民主是新时期应对新形势和新挑战的需要。随着执政环境的变化、经济合法性的趋弱、广东民主政治的发展和党自身建设中的问

①《列宁全集》第14卷，人民出版社1988年版，第249页。

②《刘少奇选集》上卷，人民出版社1981年版，第365页。

③ 参见李铁映：《论民主》，人民出版社2001年版，第241页。

题等因素的凸显，要求广东进一步增强发展党内民主的责任感和紧迫感，完成发展党内民主的新任务和新要求。

1. *执政环境变化，要求广东发展党内民主*

改革开放以来，中国共产党经受住数次考验，领导人民建设中国特色社会主义国家取得了令人瞩目的成绩。然而，随着党的内外执政环境的不断变化——世界性金融危机的蔓延，国际政治不稳定因素的增长，不同政治文化的碰撞和冲击；国内经济转型和改革进入攻坚时期，社会矛盾突出等，对党的执政提出了更为严峻的考验。广东作为改革开放的前沿阵地，既处于转型升级、科学发展的重要战略机遇期，又处于社会矛盾、社会问题凸显期。无论是破除经济困局，还是解决社会矛盾和社会问题，民主作为一种决策机制、监督制度、利益调节机制等，都会发挥极为重要的作用。近年来发生的增城市新塘镇大墩村事件、潮州市潮安县古巷镇事件等，都在拷问着广东党政机构的执政能力。这些突发性群众事件发生的原因，从民主建设角度而言，就是保障人民知情权、参与权、表达权、监督权严重不够。而人民民主的保障要以党内民主为基础。没有党内民主，全社会意义上的民主将不可能实现。因此，破解执政环境和困境的关键在于发展党内民主，通过落实党员在党内生活中的主体作用，激发广大党员的积极性、主动性和创造性，通过党内民主制度的创新和发展，使党内决策能合理整合社会各方面的利益要求，形成科学的决策，提高党的执政能力。

2. *经济合法性趋弱，要求广东发展党内民主*

有关研究表明，在不少发展中国家特别是威权体制下，合法性通常维系在执政者的政绩特别是经济绩效上，只有高经济增长率才能换得民众对政治统治的支持和认可。由此造成的结果是：政绩的不足特别是经济危机就必然导致合法性危机。[①]问题是，经济发展有自己的规律和周期，任何一个政党都不可能持久地保证经济的持续增长。所以，把合法性与政绩挂钩就必然要产生政治上的危险，一旦经济上出现大的滑坡和危机，无论执政者是否有责任，都会导致合法性的丧失，由此形成了“政绩合法性困

① 参见胡伟：《民主政治发展的中国道路：党内民主模式的选择》，《科学社会主义》2010年第1期。

局"[①]。改革开放以来，广东省的经济发展走在全国前列。总结广东经济发展的经验，"GDP挂帅"的政绩观在一定程度上促进了广东经济增长，起到了社会稳定器的作用，当然也成为广东政府和政党政绩的主要检验指标。但是，随着社会开放度的不断提高、外向型经济发展模式的深化，以及快速城市化、工业化和老龄化带来的社会结构的变化，广东极有陷入"中等收入陷阱"的危险。为此，广东省委在科学发展观的指导下，以让人民生活得更加幸福、更有尊严，让社会更加公正、更加和谐为目标，构建提高人民幸福感的科学发展模式。显然，这种模式已从纯粹的经济指标转向制度的合理性，因为幸福即意味着权利的保障。事实证明，制度与政绩相比，制度更具长久性、稳定性，也更可靠。党的合法性应从政绩转向制度创新，而制度创新的首要途径就是发展党内民主，并以党内民主带动人民民主。所以说，广东经济合法性向制度合法性的转向，要求党内民主的发展。

3. 广东特色的民主政治，要求广东发展党内民主

民主政治是国家政治体制改革和国家建设的基本要求，实际上，民主政治也成为推动新形势下党内民主的重要力量。广东经济的快速发展，催生了民主政治改革加快发展的要求。在新一轮解放思想运动中，广东以发扬民主、营造民主氛围、增强群众的民主意识、尊重民意，形成了有广东特色的民主政治。从水价电价听证会，到广州番禺垃圾焚化场引发的全民大讨论，再到钟南山院士领衔对广州亚运会费用提出的质疑，以及市民给政府有关部门"送鸭梨"、"送皮球"、"送衣架"等表达民意的"行为艺术"，都体现出广东人正在积极参与到公共事务的讨论中来。不仅如此，从"举牌哥"、"口罩男"、"拇指姑娘"到"板凳委员"，一个个简单的个人化行为，最终都上升成了一场民意的动员与官民的对话。形成这样的民主气氛，主要是因为：一是广东民众愿意、更重要的是敢于站出来表达自己的观点；二是广东的社会氛围比较宽松，大家对这种民意的表达都比较理解和支持；三是广东的官方政府相对比较宽容，很多部门敢于面对市民的民意表达，并不是一味地回避和封杀；四是广东的媒体很发

① 亨廷顿：《第三波：20世纪后期民主化浪潮》，上海三联书店1998年版，第228页。

达，在民意的诉求和政府的回应中间，媒体起到了很重要的沟通作用。[①]广东如此浓厚的民主氛围，既为发展党内民主奠定了良好的社会基础，又为发展党内民主提出更高的要求。作为各项事业领导者的党，发展党内民主，这既是每一位党员的要求，更是广东人民的要求。

4. 党的建设需要，内在地推动广东发展党内民主

从世界的经验来看，唯一的执政党如何维护长治久安，是一个世界性的难题。中国共产党作为中国唯一的执政党，必然在党的建设方面面临更大的挑战。广东省作为经济大省，人口大省，党员人数多，流动性大，党员的教育和管理任务显得更为艰巨，党内在思想上、利益上的矛盾和冲突突出，防腐倡廉工作难度加大。尤其是随着经济成分和经济利益格局的多样化、社会组织形式的多样化、社会生活的多样化、就业岗位和就业形式多样化的出现，党员队伍的来源也出现了多样化的趋势，党员的价值取向和理想追求也日益趋于多样化。如何最大限度地调动各级党组织和广大党员的积极性、主动性、创造性，增强党的蓬勃活力，维护党的团结和统一，这就要求必须进一步发展党内民主，保障党员的主体地位，创新党内民主制度。

三、民主选举：发展党内民主的突破口

民主，总是与选举联系在一起。党内民主，也是以党内选举为基础，并以此作为衡量党内民主发展程度的标志。所谓党内选举制度，包括直接选举和间接选举，是党章规定的、党员享有的一项最基本权利，是党员行使自己的民主权利，把党内的领导权、决策权、管理权授予各级领导机关和领导人的基本形式和基本途径，是党内民主制度中的一项根本制度。它不仅是代表大会制、集体领导制和监督制之赖以存在的基础，还是这些制度发挥民主作用的核心机制。只有通过充分体现党员（选举人）意志的选举而产生的各级领导机关和领导人，才能有坚实可靠的“合法性”基础。因此，改革和完善党内选举制度，对于发挥其合法授权功能、择优功能和民主监督功能，具有重要意义。

① 参见《广东特色民主政治再次走在全国前列》，《羊城晚报》2011年7月23日。

胡锦涛在党的十七大报告中提出，要改革党内选举制度，改进候选人提名制度和选举方式。广东作为全国经济改革的排头兵，在党内选举制度的改革上继续走在全国前列，在候选人提名制度和选举方式上作了大胆探索，积累了丰富的经验，得到了重要的启示。

1. 实行差额选举制，创新推出候选人提名“六步法”

党员在党内的选举权要在现实中得到真正落实，必须实行差额选举，而非等额选举。差额选举是选举制度的内在要求，在党内提倡差额选举，是对选举人投票权的尊重；对于被选举人来说，能把竞争压力转化为工作动力。1994年1月印发的《中国共产党地方组织选举工作条例》规定，党的地方各级代表大会代表，委员会委员、候补委员、常委会委员，纪委委员、常委会委员实行差额选举。党的地方各级委员会和纪委常委候选人数，应分别多于应选人数1~2人。长久以来多数省份对此条例的实行情况并不佳，基本还是实行等额选举，从而损害了党内选举的公信力。广东省积极贯彻实行和创新差额选举制度，将差额选举贯穿于推荐、考察、票决等选举工作全过程。2012年广东省委换届，共有省委政法委秘书长和省直机关工委、省编办等8个省直委办厅正职超过省委委员继续提名的年龄界限。省委决定大胆探索，在省委换届和用人民主上首次采用组织提名、全委会民主推荐、常委会差额票决，并突破性地采用“六步法”提名产生这部分正厅职干部暨省委委员初步人选。

“六步法”是初步人选提名从差额票决的突破性意义入手，采取“三进二”，“二进一”实行层层筛选。“六步法”是指：根据有关政策规定及职位的特点和要求，省委组织部研究制定提名产生人选的原则要求和工作方案，报省委常委会研究通过；分别听取省委常委，省人大、政协主要领导以及分管省领导和有关方面意见，按照不少于1∶3的比例，对8个职位共提出25名推荐人选建议名单；省委常委会审议建议名单；省委全体（扩大）会议按选拔职位1∶1的比例，对建议名单进行民主推荐；省委组织部根据省委全体（扩大）会议推荐情况、干部德才条件和人岗相适原则，按1∶2的比例，研究提出16名差额人选建议名单；省委常委会采取差额票决的办法，按每个职位1∶1的比例，票决出8名正职考察对象，按得票高低当场宣布结果。[1]“六步法”产生人选有几个亮点：一是规范初始提名，先定原则要求与工作方案，让参与推荐的人员推荐提名人选时“按图索骥”；二是扩大党内民主，在推荐、提名和票决环节，书记、常委和委员都是一人一票，推荐权重相同，避免“在少数人中选人”和“由少数人选人”；三是全过程差额择优，建议名单从25人到16人到8人，经过“六步法”、“四个环节”层层筛选，好中选优、优中选强。

差额选举为选举人“投票”表达自己的意志提供了一定的选择空间，因而现在全国各级党代会的代表、地方各级党委的委员都已实行差额选举，但像广东省如此扩大差额选举适用的比例和范围，从低比例的差额选举向较高比例的差额选举转变的还不多。此次广东省委换届选举，通过组织提名、民主推荐、差额票决的方式，创造性地采取“六步法”提名初步人选，更大程度地扩大差额选举比例，保证选人用人制度上的公开、公平、公正，这无疑是对党内选举制度改革的一次可贵创新和尝试。

2. 实行公推直选制，创新基层党组织直选方式

党的十七届四中全会提出，要“推广基层党组织领导班子成员由党员和群众公开推荐与上级党组织推荐相结合的办法，逐步扩大基层党组织领导班子直接选举范围”。2011年，发起于顺德区公安局刑侦大队，涉及九十余名党员的机关党组织公推直选试点，给整个顺德带来了巨大的振动。顺德将公推直选制提上了党建工作的重要日程。

顺德区公安局刑侦大队党总支部领导班子候选人采取“三推”方式产生，即是党组织推荐，包括上级党组织推荐和本级党组织推荐；三名以上本单位党员或群众联名推荐；党员个人自我推荐。顺德区公安局还专门成立了换届选举公推直选领导小组对被推荐人选进行资格审查，在此基础上确定委员、书记、副书记候选人的初步人选，并向党员群众公示三天。公示期间发现问题，经党组织调查核实并认定影响任职资格条件的，取消该人选资格，通知本人并向推荐人说明情况。对于公示合格的候选人进行民主测评，民主测评以各党支部组织无记名投票的方式进行，参加民主测评的党员不得少于本党支部党员人数的五分之四，所有党员无记名投票后统一集中计票，测评结果及时公布。新选举办法的采用，改变最明显的就是

① 参见《广东首次差额票决正厅职干部暨省委委员人选》，《南方日报》2012年3月19日。

差额比例。在区公安局刑侦大队党总支部公推直选中，要求以不低于应选名额的20%的差额比例研究确定委员候选人预备人选，书记和副书记候选人预备人选可不低于应选人数20%的差额比例差额确定，也可等额确定。除了差额比例的扩大，党员还意识到了选举主体的变化。参选的党员开始重视现场竞选。不同于很多现场竞选的“走过场”，竞选演讲不可以讲“套话”，必须加入工作想法和承诺。最终，2011年5月31日，刑侦大队召开全体党员选举会议，采取无记名投票方式同时选举产生委员、书记和副书记。一名参与投票的党员认为这在以前是难以想象的。①

公推直选尽最大可能规避了“少数人选人”的弊端，真正做到了优中选优，也最大限度地实现了与民意的对接。它把选举人和被选举人联系在一起，被选举人参选时承诺、当选后践诺，选举人投票时慎重、选后支持当选者开展工作，双方实现了责任上的对接。顺德推出的公推直选制度，是对党中央提出的扩大基层党组织直选范围的新探索，成为全省乃至全国党内基层民主选举的新典范。

3. 广东党内选举制度创新的启示

广东对差额选举和公推直选的探索和尝试，得到了三个方面的有益启示，为进一步深化广东党内选举制度改革奠定了思想前提和实践基础。

一是党内民主选举应实现提名程序的优化。目前，很多研究党内民主选举的学者认为，“自上而下”的组织提名人选模板，堵塞和排除了由选举人“自下而上”推出和推荐候选人的渠道和途径，使候选人产生方式不够民主，存在搞形式、走过场等问题。但是，广东省委换届选举过程中，采取“六步法”的程序设计，由组织在综合省委常委，省人大、政协主要领导以及分管领导和有关方面意见的基础上产生候选人选，经常委会审议、全委会推荐、二次会议差额推荐、差额考察等方式酝酿候选人。广东的实践证明，只要推荐程序设计合理、执行严格，由上级党委酝酿提出候选人不但符合自上而下提名和自下而上提名相结合的制度，也是民主集中制在党内选举中的具体体现。基层民主选举更要实现“上下结合”的提名程序。如顺德基层民主选举采取党组织推荐、三名以上本单位党员或群众联名推荐、党员个人自我推荐的“三推”方式。候选人提名程序是否合

① 参见《广东顺德党内民主新探索　公推直选“千里马”》，《南方日报》2012年3月30日。

理，是党内选举民主性的体现。广东的实践证明，纯粹的“自下而上”推举制往往缺乏现实条件和可操作性，而对“上下结合”的候选人提名程序的优化才是今后改革的方向。

二是党内民主选举应实现选举方式的竞争性。缺少竞争性的选举称不上真正民主的选举。李源潮同志指出：“竞争是古今中外选拔和培养优秀人才行之有效的途径，就是用‘马场赛马’、公平竞争的办法激发干部人事制度的活力。”[①]差额选举是竞争的体现，而没有竞争也就不是真正的差额选举。广东党内选举采取差额选举，并努力扩大差额选举比例。如省委换届选举差额比例达到8：25，2008年深圳市福田区委书记、深圳市科协主席的选举就采取二选一的差额选举，深圳市妇联主席采取了三选一的方式，差额选举比例超过50%以上，远高于中央20%的要求。广东的实践证明，要将竞争机制真正纳入到党内选举中，就必须实现差额选举，循序渐进地扩大差额选举比例。

三是党内民主选举要实现选举意识的转变。党内民主选举中出现的问题，很大一部分是选举意识上的问题。如党员的竞争意识、责任意识、主体意识等。公推直选的选举方式，在某种程度上实现了党员选举意识上的转变。由公推产生的候选人，参加公平竞选，提高了竞争意识；在“对上”、“对下”负责的双重压力下，提高了责任意识；选举人根据候选人的演讲慎重投票，选举后配合和支持当选人的工作，提高了主体意识。公推直选还改变了当选人传统的“当官”意识，让他们真切感受到权力来自于民，理应服务于民。我国党内民主选举制度的改革，必须注重党内选举文化的建设，而党员选举意识的转变是党内民主选举文化建设的题中之意，也是进一步发展党内民主选举的前提和基础。

四、党代会任期制：推进党内民主的重大举措

党代会常任制构想来自年会制。马克思、恩格斯和列宁的传统做法都是年会制。共产主义者同盟章程规定，代表大会于每年8月举行。第一国

① 李源潮：《坚持民主公开竞争择优　推进干部人事制度改革》，《人民日报》2009年10月19日。

际的章程规定，每年召开一次代表大会。列宁领导的俄国社会民主党，执政以前也作过年会制的规定，执政以后从1918—1923年召开了六次代表大会（从七大到十二大），即使处于内战和外国武装干涉时期也从未延误。中国共产党在建党之初也实行过年会制，党的一大至六大的党章规定，党的全国代表大会每年举行一次。六大之后党的会议召开就不规范了。“为了把党的民主生活提高到更高的水平”[①]，中共八大作过一项很有意义的探索，首次规定了党的代表大会常任制，即党的全国代表大会每届任期五年，每年举行一次。后来由于“左”的思想的影响和其他复杂因素所致，这项重要制度的改革被迫中断。

改革开放以后，党代表任期制改革重新提上日程。特别是党的十六大提出“积极探索党的代表大会闭会期间发挥代表作用的途径和形式”后，中央采取一系列措施发挥党代会代表的作用。党的十七大作出了“实行党的代表大会代表任期制”的决定，并将其写入党章。2008年5月，中央印发《中国共产党全国代表大会和地方各级代表大会代表任期制暂行条例》，提出党代表应邀可列席同级党的委员会全体会议并发表意见，党代表可联名向党代会提案，党代表应邀可列席同级党委全会，党代表应采取适当方式与基层党员和群众加强联系等。这意味着党代表在五年一届的党代会闭会后，在五年任期内仍可继续行使职权。2010年党的十七届四中全会进一步明确了党代表任期制下的代表活动的领域和范围，包括建立健全代表参与重大决策、参加重要干部推荐和民主评议、列席党委有关会议、联系党员群众等制度和办法，做好代表联络工作，保障代表充分行使各项权利，充分反映党员意见和建议。

根据中央指示精神，广东省委在2008年8月14日颁发了《中国共产党广东省各级代表大会代表任期制实施办法》，规定实行党代表提案制度、提议制度、质询制度、询问制度、视察与调研制度、联系党员和群众制度、参加民主评议制度，更加具体地规定了党代表的功能。2010年，广东省委出台了《中国共产党广东省代表大会代表提案暂行办法》、《中国共产党广东省代表大会代表提议暂行办法》、《中国共产党广东省代表大会代表询问暂行办法》和《中国共产党广东省代表大会代表质询暂行办法》，明

①《邓小平文选》第1卷，人民出版社1989年版，第233页。

确规定了各部门对省党代表的提案、提议、询问、质询的硬性答复时限，倒逼各部门落实党代表权利。除了在制度上保障党代表发挥作用，广东省从2003年2月开始在惠州市、深圳市宝安区、阳江市阳东县开展党代会常任制试点，十七大后又扩大到惠州惠阳区、鹤山市、中山三角镇等地。在党代会常任制试点中，这些单位积极探索党代会闭会期间发挥代表作用的途径和形式，为扩大党内民主、加强党的执政能力建设和先进性建设创造了新鲜经验。

1.“1+12”制度文件，党代表任期制的制度创新

党代表任期制得以实行，首先需要制度上的保证。这一点从中央到地方都已引起重视。2008年5月，中央印发《中国共产党全国代表大会和地方各级代表大会代表任期制暂行条例》。三个月后，广东省颁发了《中国共产党广东省各级代表大会代表任期制实施办法》。2010年，广东省又出台广东省党代表大会代表提案暂行办法、提议暂行办法、询问暂行办法和质询暂行办法。深圳市委在此基础之上颁布了党代表任期制“1+12”制度文件，为深入推进深圳市党代表任期制工作、充分发挥党代表作用、进一步完善党内民主作出积极探索，为党代表任期制的改革和完善提供了有益借鉴。

“1+12”制度文件包括一个总的制度——《中国共产党深圳市代表大会代表任期制实施办法》，以及党代表进社区、提案、提议、询问、质询、社情民意办理、代表编团分组、视察和调研、列席党内有关会议、参加民主评议、党代表工作室管理、提案提议督办等12个单项制度。其中，党代表进社区、社情民意办理、代表编团分组、视察和调研、列席党内有关会议、参加民主评议、提案提议督办等七个制度，是深圳市创新出台的单项制度；其他五个制度，是根据广东省相关制度，结合深圳市实际，突出深圳市特色制定的。这些文件为代表履职提供保障：一是明确了成立市党代表联络工作机构；二是明确了市党代表联络工作机构工作经费、代表履行职责活动经费的保障措施；三是明确了采取多种形式组织代表学习培训；四是明确了代表在市党代表大会各种会议的言论和表决不受追究；五是明确了建立健全市党代表联络工作信息系统。目前，该信息系统正在开发建设中，预计到2012年10月投入试运行；六是明确了加强代表履职考核评价工作。

此外，“1+12”制度文件还从三方面对代表的权利职责进行了规范。一是在发挥代表议党议政作用的制度规范方面，包括了代表提案、提议、提案提议办理与督办、列席党内有关会议四个制度。为充分发挥党代表在议党议政上的作用，规定市党代会召开期间，八名以上代表联名可以提出提案；市党代会闭会期间，代表可以通过个人或联名的方式，向市委提出提议。每名代表在每届任期内应当提交两份以上提议；全市各有关单位按照职能定位，负责做好代表提案、提议的办理工作，在接办之日起三个月内书面答复代表，并征求代表对办理工作的评价意见。二是在发挥代表桥梁纽带作用的制度规范方面，包括了党代表进社区、党代表工作室、社情民意办理三个制度。2010年11月，深圳市统一启动了市党代表进社区活动，464名市党代表定点联系全市634个社区，代表每两个月进社区不少于一次，每年入户走访群众不少于10户。与此同时，深圳还建立了648个党代表工作室，覆盖全市634个社区、4个行业系统、2个工业园区和8个机关单位。三是在发挥代表民主监督作用的制度规范方面，包括了代表视察和调研、询问、质询、参加民主评议等四个制度，明确规定党代表可以就党的决议、决定在执行中存在的问题以及群众反映强烈的问题，以个人或联名的方式，向市委工作部门、直属机构、派出机关和批准成立的党委（党组）提出询问。代表对受询问单位答复不满意的，可以进一步提出质询。同时，党代表根据市委安排，可对市委全委会、市纪委全委会的工作进行民主评议，每届任期内至少开展一次；也可以参加对市管领导班子工作的民主评议，民主评议结果作为市委、市纪委和市管领导班子改进工作的重要依据。①

“1+12”制度文件是在中央和省委的制度框架下，结合深圳工作实际，积极稳妥地对党代表任期制工作加以创新和突破的成果。这一成功探索为全党推行党代表任期制提供了现实样本和制度资源。

2. 设立党代表工作室，党代表成为民意代表

2009年4月13日，作为广东省第一个党代会任期制试点地区，深圳市宝安区在辖下的新安街道文汇社区成立了全省第一个党代表工作室。12月15日，宝安区委提出用一年时间实现“党代表工作室”在全区有效地覆

① 参见《深圳出台市党代表任期制“1+12”文件》，《深圳商报》2012年8月8日。

盖。到2010年8月，宝安区的15个“村改居型”社区、8个“老居委会型”社区、2个“商业楼盘型”社区均设立了党代表工作室。借助工作室这一平台，党代表从基层掌握了更多的情况，对群众关心、关注的问题也了解得更加清楚，成为社区的“民意代表”。此外，宝安区还开通了党代表网上工作室，积极利用现代信息网络资源，探索利用网络进一步拓宽社情民意反映的渠道。截至2010年7月底，共有7000多名党员群众参与党代表工作室的活动，其中反映意见建议的有320多人次，收集到意见建议284条。2010年，宝安区共收到党代表提案原案69份，比2009年增加60%。①

宝安党代表工作室的设立在深圳乃至全省引起了广泛关注。深圳市罗湖区、南山区等地相继建立党代表工作室。2010年6月13日，东莞市619个党代表工作室揭牌，覆盖全市机关、村、社区、直管企业，4000多名党代表进驻工作室倾听社情民意。据统计，截至2011年底，全省创建了4278个党代表工作室，18万名各级党代表到工作室开展了联系服务党员和群众的活动，接待党员群众700多场次，接待和约谈党员群众5万多人次，向各级党委提交提案52份、提议316份，收集意见建议4万多条，为党员群众办好事实事9000多件，办结回复率近100%。②

党代表工作室的成功试点和推广，使得这一创举在全省逐步走向常态化，各地纷纷建立党代表定期开放制度，使党代表工作室真正成为联系群众、收集民意的平台。如深圳党代表工作室要求每周定期开放不少于一次，每次不少于半天；鹤山规定每月逢8，党代表轮流驻工作室接访党员群众；阳东县则把每月21日确定为“代表意见收集日”；建立县委委员、党代表、党员、群众“四级联系制度”，集中听取和收集党代表的意见。日前公布的《关于充分发挥中国共产党广东省各级代表大会代表作用的意见》，要求代表到工作室开展活动每年不少于两次，其中领导干部要结合建立基层党建工作联系点、下基层调研等，带头到工作室开展活动。上述要求将党代表工作室的建设问题提上了制度化、常规化的轨道。

由深圳市宝安区首设党代表工作室进而推广至全省的举措，使党代表

① 参见《广东实施党代表任期制　党代表须定期到工作室上岗》，《南方日报》2010年8月20日。

② 参见《粤已建4278个党代表工作室　党内民主迈出坚实步伐》，《南方日报》2011年12月11日。

真正成为民意代表，发挥了“从群众中来，到群众中去，与人民群众打成一片”的党的优良传统，从而提高群众对党的满意度和公信度。如中山市三角镇党委书记侯奕斌表示，党代会常任期制试点密切了党委、政府和群众的关系。2009年，该镇没有发生一起群体性事件和越级到中央、省、市上访事件，2009年群众对社会治安综合治理满意度为98%。

3. 彰显鹤山特色，设立党代表专委会

作为后发的党代会任期制试点地区，鹤山市吸取深圳市宝安区、惠州市、中山市、阳江市阳东县等地试点的做法，通过独具特色的制度创新，确立党代表的提议、提案等权利。2010年3月8日，中共鹤山市第十届代表大会第二次会议审议通过了《中国共产党鹤山市代表大会常任制度（试行）》，提出建立市委部门协调运作机制，即在市党代会设立提案委员会、代表工作委员会、监督委员会、宣传委员会四个专门工作委员会。大会期间，四个专门委员会直接为大会服务，从大会的筹备组织、后勤保障到宣传监督，专委会都直接参与其中；闭会期间，其工作职责和工作任务分解到市委办公室、组织部、纪委和宣传部，各部门各负其责。提案委员会负责提案的转办、督办、回复及其反馈意见的收集，代表工作委员会担任常任制的日常基础性工作，监督委员会负责对党代会有关决议的贯彻、执行和落实情况进行监督检查，宣传委员会负责宣传。四个委员会由分管市委常委分别出任各专门委员会主任，从而在贯彻党代会决议、党代表提议和提案时更得力。鹤山市借鉴其他试点的做法并结合自身特色，建立党代表专委会。四个专委会，既分工明确，又密切合作，在党代会开会期与闭会期，做到“分合”转换，从而为整合资源、协调运转作了制度上的有益探索。

在全省实践和探索党代表常任制的基础上，2012年8月，广东省又颁布《关于充分发挥中国共产党广东省各级代表大会代表作用的意见》，充分认识和把握发挥代表作用的重大意义和基本原则，要求完善代表提案、提议制度，扩大代表对重大决策的参与，及时做好对代表的信息通报工作，不断完善党代表工作室建设，注重收集和办理党员群众的意见建议，畅通党组织与代表的联系渠道，完善代表视察、调研制度，落实代表询问、质询制度，邀请代表参与民主评议，组织引导代表立足岗位创先争优，教育引导代表在推动党的建设中发挥先锋模范作用，加强对代表的培训锻炼，加强对代表的考核评价，切实提高代表联络服务工作水平。充分发挥代表议党议政作用、桥梁纽带作用、民主监督作用和示范引领作用，建立健全充分发挥代表作用的保障机制。

4. *广东推行党代会任期制的重要启示*

广东推进党代表任期制的试点工作已将近十年，在这十年的实践探索和理论创新中，取得了明显成效，积累了丰富经验，也从中得到了推进党代表任期制的重要启示。

一是推行党代会任期制，要实现党代表的职能转变和功能拓展。推行党代表任期制，拓展了党代表会议以外的履职空间，也让党内民主在党代表大会制度的框架内有了具体的实现形式，既明确了党代表履行职责的时间属性，也明确了党代表体现选区党员意志的选举属性，让党代表具备了经常性参政议政的主体地位。从广东省实践的成效来看，无论是在每年一次的党代表大会上，还是在日常的履职行为中，党代表都作为重要的执政资源、民主资源和决策资源被充分加以运用，实现了党代表由“会议代表”向“专职代表”的职能转变，从制度上和实践中为党代表常任制的改革和完善作出有益探索和创新。同时，推行党代会任期制，也实现了党代表功能的拓展，从单纯党内事务的范畴，关注基层党员和党内事务，拓展到社情民意的收集和反馈。广东通过在基层设立党代表工作室的方式，让党代表深入社区、园区、协会收集社情民意，排查矛盾纠纷，实现了代表功能从民主到民生、从党内到党外的拓展。

二是加强党代表任期制的制度建设，健全党代表履行职责的保障机制。党代表履行职责，必须要有完善的制度保障。《中国共产党全国代表大会和地方各级代表大会代表任期制暂行条例》（以下简称《暂行条例》）为推行党代表任期制制定了总的制度原则，但是仅靠《暂行条例》是不行的，各地区还需要结合当地的实际和特色，在《暂行条例》的指导下，制定和完善地方性的党代表任期制制度体系。深圳市推出的“1+12”制度文件，就是典型的具有深圳特色的党代表任期制制度体系。尤其是其中的党代表进社区、社情民意办理、代表编团分组、视察和调研、列席党内有关会议、参加民主评议、提案提议督办等七个制度是深圳市总结党代会常任制试点经验，创新出台的单项制度。制度的细微变化，能够带来实践上的显著效果，这就是制度的杠杆效用。深圳市对党代表任期制制度体系的建设，成为推动党代表任期制发展的可靠保障。今后的改革重点，仍然是在实践中进一步建立和完善符合地方特色的党代表任期制的制度体系。

三是转变代表履职的动力机制，实现从动员履职到主动履职的转换。从广东现行的探索实践来看，党代表任期制是在组织部门的统一部署和强力动员下展开的。从制度规范到人员场地，再到具体实施，组织部门发挥着组织动员的角色，而党代表则是被“安排”和“分配”进社区履职的。对于一些非公职人员的党代表，还给予相应的经济补助。显然这种组织动员的工作方式在任期制试点初期是必要的，但却不具备持续性。被硬性安排进社区的党代表，很容易陷入走过场和形式主义。从长远来看，要实现代表履职机制的经常化，必须实现从动员到主动的转换。这就需要将党代表履职状况与党代表的监督、考核、评价以及奖惩机制结合起来，对于那些在代表履职中表现突出、成绩优异的党代表，应当给予嘉奖，并在干部公选和职务晋升上优先推荐。同时，还可以选择一定数量的党代表进行属地化公推直选的试点，即党代表由其所在社区党员群众公推直选产生，这也有助于提升党代表在履职时的代表意识、责任意识和回应意识，增强代表履职的积极性和主动性。①

五、全委会制度：推进党内民主的重大课题

党的地方委员会全体会议，是在党的代表大会授权的基础上建立起来的。它作为党的集体领导制度，是党内民主的产物，是贯彻执行代表大会决议的基本组织形式和制度。改革与完善全委会制度，充分发挥全委会作用，完善全委会决策、议事与监督机制，是推进党内民主发展的一项重大课题。

按照党的十七大提出的要求，完善地方党委全委会工作机制、发挥全委会对重大问题的决策作用，是当前我国地方党委应对21世纪的挑战、深入探索和完善领导体制改革、提高集体领导水平面临的一项重要任务。此

① 参见陈家喜、肖嘉睿：《党代表的作用有多大——深圳市党代表任期制的探索与思考》，《特区实践与理论》2012年第3期。

后，《中国共产党章程》和《中国共产党地方委员会工作条例（试行）》等党内法规对地方党委全委会的职能作用有进一步明确的规定：党的地方各级代表大会和它们所产生的委员会，是党的地方各级领导机关；党的地方各级委员会在代表大会闭会期间，执行上级党组织的指示和同级党代表大会的决议，领导本地方的工作；党的地方各级委员会的常务委员会定期向委员会全体会议报告工作，接受监督。这些规定清楚地表述了全委会的重要职能和核心定位。

1. 目前全委会制度存在的问题

客观地说，除少数地方外，目前各地真正意义上的“全委会工作机制”还没有建立起来，全委会的作用并没有真正发挥出来。

一是对全委会的职权和作用认识不到位。尽管《中国共产党地方委员会工作条例（试行）》对全委会的地位、职能作了明确规定，赋予全委会本地区领导机关和决策核心的重要责任。但在实践中，一些党员干部包括领导干部对党内“三会”（党代表大会、全委会和常委会），特别是全委会与常委会的职责界定认识不清。尤其在目前党代表大会非常任制情况下，党内确实存在着党代会权力虚置、全委会作用发挥不充分、常委会“议行合一”权力过于集中的现实状况。

二是全委会发挥作用的机制和规则不完善。尽管从理论上讲，是全委会授权常委会主持党的地方各级委员会的日常工作，全委会应当监督常委会对全委会决议的执行情况，对重要问题所作的决定及其执行情况。但由于全委会每年只召开一到两次，且召开时间和议题都由常委会确定，难以发挥其在党代会闭会期间作为党内权力主体的作用。此外，相关党内法规对全委会议事决策和工作机制，以及委员的权利、义务、职责及作用等方面，都缺乏健全、具体的制度规定，这在很大程度上也影响了全委会作用发挥。

三是缺乏履行全委会成员职责的途径和方法的行之有效的工作规范。在知情权方面，近年来，地方党委探索通过党务公开、重大课题调研和会前征求意见等途径来扩大委员的知情权，但仍存在信息不对称等问题，委员知情范围究竟应该多大，比较难界定。 此外，在如何适当安排委员列席常委会方面，也没有明确规定。在监督方面，召开全会的时间、议题及常委会向全委会报告工作的内容等，一般不是由委员参与确定，往往是常委会报告什么委员听什么，报告多少听多少；此外，在全会闭会期间也缺乏实施监督的相应平台，如何进一步健全完善委员的监督职能，还没有有效的办法。在决策方面，目前“三重一大”内容提交全委会决策的还比较少，表决的形式也比较单一，如何发挥全委会对涉及全局性重大问题的决策功能，还需要在决策内容和表决形式上作进一步规范。在执行方面，全委会决议是通过常委分工负责推进落实的，全委会委员不是直接执行者，也不承担具体责任。如何使每个委员切实承担起自己的责任，以主人翁的态度落实好全委会的决议，还没有制度性规范可供参照。

2. **广东率先出台系列文件，推进全委会制度改革**

针对上述问题，广东率先出台系列文件推进全委会制度改革。2011年10月29日，国家副主席习近平在广东省委上报的《关于完善全委会民主决策机制的情况报告》上作出重要批示，要求广东认真总结完善相关制度，不断提高党内决策科学化、民主化、制度化水平。时任省委书记的汪洋同志对此高度重视，要求省委组织部认真落实习近平同志的批示精神，围绕总结完善相关制度等提出贯彻意见。由省委常委、组织部部长李玉妹牵头成立的文件起草组，历时半年多，经深入调查研究、广泛借鉴参考、认真总结提炼、全面征求意见，制定了《关于充分发挥中国共产党广东省各级委员会全体会议作用的暂行规定》（以下简称《暂行规定》）、《关于充分发挥中国共产党广东省各级委员会全体会议成员作用的意见》（以下简称《意见》）、《关于充分发挥中国共产党广东省各级代表大会代表作用的意见》三个文件。文件系统梳理了全委会、全委会成员、党代表的职能，形成了较全面地针对全委会的专门制度，明晰了全委会与常委会的职责，明确了全委会在重大问题决策、重要干部选拔任用、开展视察调研等方面的具体要求；先行先试，创新性地提出了全委会召开及闭会期间全委会成员发挥作用的途径。具体表现在以下几个方面：

一是逐步延伸全委会票决重要干部的范围，探索实行全委会差额票决重要干部。在过去的十年中，广东省开全国先河，“票决制”得到广泛、深入的推广。此次《暂行规定》进一步指出，重大问题、重要干部任用应经过全委会无记名投票表决，并将全委会票决重要干部的范围，逐步延伸至省、市、县（市、区）党政工作部门以及工会、共青团、妇联等群团组织正职的拟任人选和推荐人选；探索实行全委会差额票决重要干部。而对市、县（市、区）、乡镇（街道）党政正职的拟任人选和推荐人选，一般应由上一级党委全委会无记名投票表决。全委会闭会期间急需任用的，按照干部管理权限，由党委常委会作出决定，决定前应当征求全委会成员的意见。

二是全委会议题不得临时动议。根据《暂行规定》，全委会的议题由常委会确定，不得临时动议。全委会必须有三分之二以上委员到会方能举行。全委会进行表决时，以赞成票超过应到会委员人数的半数为通过。未到会委员的书面意见不能计入票数。对党的委员会委员、候补委员作出撤销党内职务、留党察看或开除党籍的处分决定，必须经全委会三分之二以上委员同意，并经上级党委批准。特殊情况下，可以先由常委会作出处理决定，待召开全委会时再予以追认。此外，根据工作需要，经常委会确定，可邀请党代表大会代表、基层党员代表等有关人员列席全委会。

三是对重大问题的票决，票数接近，除紧急情况应暂缓作出决定。《暂行规定》规定，全委会决定重要问题时，应充分酝酿讨论，让委员充分发表意见后再进行表决。对于少数人的不同意见，应认真考虑。如对重要问题发生争论，双方人数接近，除在紧急情况下必须按多数意见执行外，应当暂缓作出决定，经进一步调查研究和交换意见后，下次全委会再进行表决；特殊情况下，也可将争论情况向上级组织报告，请求裁决。这就改变了过去对少数意见采取忽略不计的做法。

四是重大决策应征求下级党组织意见。《暂行规定》要求，对重大问题的决策，一般应在深入调研、广泛听取意见的基础上提出方案，有的问题应提出两个以上可供比较选择的方案。方案提出后，一般应征求下级党组织的意见。经全委会决定的重大事项可公开的，应在党内进行通报或通过新闻媒体公开发布，接受监督。

五是全委会成员可列席同级党委常委会并发言。《意见》明确规定，经常委会确定，全委会成员可列席同级党委常委会议并就列席议题发表意见建议。全委会成员中的党代会代表，还应按照《中国共产党广东省代表大会代表提议暂行办法》的要求，以个人名义或联名的方式，每年撰写提交一份以上提议。

六是全委会成员对全委会决议、决定的执行情况进行监督，可对存在的问题提出询问和质询。根据《意见》，全委会闭会期间，全委会成员应积极参与同级党委组织的决议落实情况专项督查、纠风暗访等活动，推动解决不作为、不落实等问题。对全委会成员视察中提出的合理意见和建议，党委应认真研究，责成有关部门及时整改落实，并反馈整改落实情况。对全委会决议、决定执行中存在的问题，《意见》规定，全委会成员可按照有关规定向同级党委常委会、纪委、党委工作部门、直属机构、派出机关、派出的巡视机构、地方党委批准成立的党委（党组）书面提出询问和质询。受询问、质询对象应在规定时限内向全委会成员作出书面说明或解释，及时答复。全委会成员在全委会各种会议上的言论和表决，不受追究；对阻碍全委会成员开展工作或对全委会成员开展工作进行打击报复的，要按照有关规定追究相关负责人的责任。

七是尊重和保障全委会成员的权利，但不得利用全委会成员身份谋求任何私利和特权。《意见》规定，由各级党委办公室（厅）牵头，组织部门协助，负责组织、指导、协调同级全委会成员开展活动，做好全委会成员日常工作服务。各级党组织必须尊重和保障全委会成员的权利，帮助解决履职中遇到的困难和问题。同时，要加强对全委会成员发挥作用的监督考评。全委会成员不得利用全委会成员身份谋求任何私利和特权。同级党委要加强对全委会成员履行职责、发挥作用的考评，将全委会成员履职情况和工作成效纳入干部考核内容。①

3. 广东推动全委会改革的意义

此次以广东省委的名义如此集中地出台加强全委会、全委会成员、党代表作用的文件，在广东省是前所未见的，更是开全国先河，对推进全委会改革具有重要的意义，是党内民主探索上取得的新进展。

一是深化了对全委会成员作用的认识。《关于充分发挥中国共产党广东省各级代表大会代表作用的意见》（以下简称《意见》）对全委会成员的作用进行了深入论述，指出，全委会成员认真履职、发挥作用，是贯彻落实党的十七届四中全会精神的必然要求，有助于强化全委会功能，健全民主集中制，完善集体领导制度，推动党委集思广益，切实提高科学决策、民主决策、依法决策水平；全委会成员认真履职、带头执行，充分发

① 参见《广东探索全委会差额票决重要干部　报告获习近平批示》，《南方日报》2012年8月7日。

挥其作为党员领导干部在工作中的统筹协调、组织动员、示范带头的作用，才能团结带领广大党员群众执行好党委各项决策部署，推动经济社会发展和党的建设，努力实现加快转型升级、建设幸福广东的核心任务；全委会成员认真履职、带头监督，通过列席常委会、参与专项视察、开展调研、提出询问质询等多种形式，对全委会和党委有关重大决策、重大事项落实情况进行监督检查，对常委会及其成员工作进行监督评议，有利于更好地强化全委会的领导和监督职能，更好地增强党内监督，进一步扩大党内民主。

二是进一步明确了全委会成员的权利和职责。《意见》对全委会成员的权利和职责作了进一步明确：在全委会召开期间听取和审议常委会的工作报告；在全委会召开期间讨论和决定有关重大问题；在全委会上，委员行使表决权、选举权，有被选举权；了解同级党委、纪委贯彻执行党的路线、方针和政策以及决议、决定的情况；向同级党委就经济建设、政治建设、文化建设、社会建设以及生态文明建设和党的建设的重大问题提出意见和建议；对常委会及其成员的工作进行监督和评议；参加全委会或同级党委组织的活动；受全委会或同级党委的委托，完成有关工作。

三是明确了全委会召开期间的行使权利。《意见》对全委会召开期间行使权利作了规定：首先是在审议讨论中积极发表意见。全委会成员应敢言、能言、善言，在审议讨论中积极发表个人意见。充分尊重他人，认真听取其他成员的意见，共同营造宽松民主、畅所欲言的发言环境。对全委会成员提出的合理意见，应吸纳进全委会的决议、决定；对需要落实的意见建议应认真办理，并及时反馈和通报办理情况。其次是认真行使表决权、选举权。全委会委员应以高度负责的态度，出于公心，以大局为重，客观公正地看待问题、评价干部，认真行使表决权和选举权。保持政治上的清醒和坚定，把正确行使民主权利与贯彻组织意图有机统一起来，自觉抵制拉票贿选等非组织行为。再次是严格遵守会议纪律要求。全委会成员应按时参会，因故不能参加会议的，应在会前请假。坚决服从大会统一安排，自觉遵守会议纪律，集中精力开好会。全委会成员在全委会各种会议上的言论和表决，不受追究。对应该保密的会议内容和讨论情况，全委会成员必须严守秘密，不得泄露。

四是强调了全委会闭会期间应发挥的作用。《意见》对全委会闭会期间全委会委员的作用作了强调。指出，在闭会期间，全委会委员：①要带头贯彻落实决议、决定。以高度的党性和大局意识，在工作中结合本地本单位实际，制定贯彻落实决议、决定的具体措施，组织动员广大党员群众。积极参与同级党委组织的决议落实情况专项督查、纠风暗访等活动，推动解决不作为、不落实等问题。②要认真参与专项视察。全委会成员每年参加由党委统一组织的专项视察活动不少于一次，发现问题，提出对策，督促落实。③要深入开展调查研究。全委会成员应根据党委的工作重点，针对党员群众普遍关心、反映突出的问题开展调查研究，了解情况，提出建议，推动工作。④要积极议党议政。全委会成员应本着积极负责的态度，就党委中心工作和全委会、常委会自身建设等提出意见建议。⑤要加强与基层的联系。全委会成员可以通过参加民主生活会、听取工作报告、实地走访调查、开展谈心交流、电话沟通和电子邮件等多种途径，与下级党组织、党员、群众加强联系。完善基层党建工作联系点建设，全委会成员每年到联系点开展活动应不少于一次。⑥要认真提出询问质询。全委会成员可按照有关规定，就全委会决议、决定执行中存在的问题，向同级党委常委会、纪委、党委工作部门、直属机构、派出机关、派出的巡视机构、地方党委批准成立的党委（党组）书面提出询问和质询。受询问、质询对象应在规定时限内向全委会成员作出书面说明或解释，及时答复。

五是强化了全委会成员发挥作用的保障措施。为了保证全委会成员能充分发挥作用，《意见》还强化了一些保障性措施。首先，提高全委会成员的履职意识和能力。《意见》提出要增强全委会成员履职意识，树立大局观念，正确处理好履行职责与做好日常工作的关系，积极关心、推动本地区经济社会发展和党的建设各项工作；要加强学习，提升政策理论水平，掌握现代产业、社会管理等知识，拓宽视野，更新观念，注重实践锻炼，提高议事能力、决策能力和研究解决问题的能力。地方党委要结合实际，采取专题辅导、参观访问、经验交流等灵活多样的方式，有计划地组织全委会成员开展学习培训，不断提高履职能力和综合素质。其次，加强对全委会成员发挥作用的监督考评。全委会成员要带头遵守党的章程和国家法律法规，自觉接受党员和群众的监督，不得利用全委会成员身份谋求任何私利和特权。同级党委要加强对全委会成员履行职责、发挥作用的考评，将全委会成员履职情况和工作成效纳入干部考核内容。对积极主动、履职表现突出的，给予表扬；对草率应付、不履行职责的，给予批评教育，责令整改。再次，切实保障全委会成员发挥作用。由各级党委办公室（厅）牵头，组织部门协助，负责组织、指导、协调同级全委会成员开展活动，做好全委会成员日常工作服务等。各级党组织必须尊重和保障全委会成员的权利，积极支持全委会成员履行职责、发挥作用，帮助解决履职中遇到的困难和问题。对有义务协助全委会成员开展工作而拒绝履行义务的，应予以批评教育；对阻碍全委会成员开展工作或者对全委会成员开展工作进行打击报复的，按照有关规定追究相关责任人的责任。

六、党务公开：推进党内民主的有效载体

所谓党务公开，是各级党组织依据党的有关规定，除了依纪依法应当保密的事项外，采取多种方式，将党的工作和事务在适当的范围内向党员和群众予以公开，以不断增强党组织工作的开放度和透明度，使党员更好地了解和参与党内事务。党务公开是党内民主的重要内容，列宁就把党务公开、选举制和普遍监督看作是党内民主的基本内容，并强调“没有公开性而谈民主制是很可笑的”①。

党的十六届四中全会第一次以党的正式文件对党务公开这一概念进行了界定，就是“要认真贯彻党员权利保障条例，建立和完善党内情况通报制度、情况反映制度、重大决策征求意见制度，逐步推进党务公开，增强党组织工作的透明度，使党员更好地了解和参与党内事务”。2007年1月10日，中央纪律检查委员会第七次全体会议进一步强调要“充分发扬党内民主，积极推进党务公开”。这里将“逐步推进党务公开”调整为“积极推进党务公开”，标志着对这项工作的提速。同年10月，党的十七大再次把“推进党务公开”的要求写进报告，党章修正案把“党的各级组织要按规定实行党务公开，使党员对党内事务有更多的了解和参与”作为一项党的组织制度。党的十七届四中全会进一步提出了推进党务公开的一系列重大举措。2010年8月20日，中共中央政治局会议审议并通过《关于党的基层组织实行党务公开的意见》（以下简称《意见》），强调党的基层组织

①《列宁全集》第6卷，人民出版社1986年版，第131页。

实行党务公开，是扩大党内基层民主、保障党员民主权利、增强党的基层组织生机活力的客观需要和重要举措。为此，中央党务公开工作领导小组办公室先行在全国建立101个试点，广东的惠州市和深圳市南山区被中央确定为党的地方组织党务公开工作联系点，广东省委也选择了惠州市、揭阳市、南雄县、惠东县、鹤山市、深圳市南山区等几个地区试点推进党务公开。

1. 广东试行党务公开的举措

广东党务公开试点工作启动以来，各地在党务公开内容、形式、制度和监督四个方面积极探索，积累了宝贵的经验。

一是明确党务公开内容。党务公开应公开什么？《意见》指出，党务公开应公开党的组织决议、决定及执行情况，党的思想建设情况，党的组织管理情况，领导班子建设情况，干部选任和管理情况，联系和服务党员、群众情况，党风廉政建设情况等应当公开的内容。广东用一句话总结党务公开的内容，即“群众关注什么，就公开什么”。除了《意见》中所规定的内容外，广东党务公开试点区结合自身情况和群众要求，区分党务公开的内容。如惠州市将对不涉及保密、已解密及党员、群众关注的重要事项，按照规定及时向党外公开；东莞将党组织决议、决定及执行情况，党费收缴、管理和使用，干部任选等八项内容列入公开范围，并制定《东莞市党的基层组织党务公开指导性目录》，进一步明细党务公开的内容，分别是党政机关基层党组织35项、镇街53项、村居一级33项。①惠东县将县委常委手中掌握哪些权力、权力如何运行、权力运行过程中存在哪些廉政风险等，通过科学确权勘界，依法明确县委权力，编制县委、县委常委“权力目录”，共梳理出了县委的51项职权及11名常委的职权，编制74份权力运行流程图，确定78个廉政风险点②，向党员和群众公开。此外，惠东县委还初步制定《中共惠东县委常委会公开实施办法（试行）》，根据党章和党务公开有关规定，在不违反保密制度的原则下，按照程序对县委常委会实行全内容、全流程、全范围向社会公开。公开内容主要包括全县经济社会发展的重大决策、决定、决议，重要人事任免，涉及人民群众切

① 参见《东莞拟年内全面实行基层党组织党务公开》，《南方日报》2011年8月10日。

② 参见《惠东将公布常委“权力清单”》，《南方日报》2011年3月22日。

身利益的重要事项，对领导干部的问责和纪律处分结果等。

二是创新党务公开形式。党务公开需要通过一定的形式，借助一定的媒介才能实现。广东在党务公开试点过程中，绝不满足和拘泥于传统的开会、文件、公告栏等公开形式，而是积极探索丰富多彩的、独具特色的公开形式，力求在形式上寻求更大的创新空间。

首先，办报刊、晒党务。惠阳区新圩镇长布村的《长布村党务村务公开特刊》，是广东第一份村级党务报刊。这份“村报”从2009年底开始出版，半年一期，除了一些重大党务、政务内容外，还公布村干部工资及奖金、办公费、会议费、接待费、伙食费等支出；同时，在每期发行时都会举行质询会，质询会后各村民小组回去收集村民的意见和建议，力求让每个村民看明白账本。特刊除了发给18个村民小组、686户村民家庭外，还送往驻村的65家企业。这种“办村报、晒党务”的党务村务公开形式，也开创了全省的先河。[①]

其次，将“公告栏”升级为“移动公告栏”，党务公开进入信息时代。主要是借助电视、手机、电脑、网络等的新型媒体，建立党务公开网络平台、短信平台、广播电视信息平台、电子触摸屏等，成为各试点区的共同选择，使群众能方便快捷地了解党务信息。如揭阳市“横到边、纵到底”的党务公开平台，遍布全市九千多个党组织党务公开全面实现网上运行，揭东县手机报开设“党务公开专版”，县电视台、县广播电台开辟“党务视窗”、“党务之声”专栏。

再次，开展党务公开活动，打造特色公开形式。2011年7月，惠州市惠城区开展了以“阳光党务聚人心，公开透明促和谐”为主题的党务公开月系列活动，先后开展了党务公开学习教育活动、党务公开网上市民连线活动、党务公开民主生活会活动、党务公开示范点开放日活动、“百千结千家”党务公开进社区等活动。据不完全统计，在党务公开月活动期间，该区直属机关党员走访了 25 万户社区居民，全区各级党组织集中精力为党员群众解决了民生问题 130 多件，实现了党务公开与惠民生谋幸福相结合。[②]同时，惠城区还积极探索适应当前形势和本单位实际情况的“自选

① 参见《办村报，搭平台，惠阳创新党务公开形式》，《南方日报》2011年7月21日。

② 参见《惠城区把党员群众最关心的事项和内容作为党务公开重点　党务公开月解决民生问题 130 多件》，《惠州日报》2011年8月24日。

动作”，努力打造具有惠城特色的党务公开工作品牌。如龙门县龙田镇旧梁村举行“山歌唱党务·守法促和谐”为主题的党务公开文艺晚会，并结合本地特色文化，组织创作了《党务公开我来唱》等近10首以党务公开为主题的客家山歌，并定期组织山歌合唱团到各乡镇轮回演出。[①]

三是制定党务公开制度。首先，建立基层组织党务公开实施方案。2010年8月20日，中共中央政治局审议并通过了《关于党的基层组织实行党务公开的意见》（以下简称《意见》），成为全国党的基层组织实行党务公开工作的总纲。在《意见》的指导之下，广东制定了《关于广东省党的基层组织实行党务公开的实施办法》（以下简称《实施办法》）和《广东省党的基层组织党务公开指导性目录》。广东各试点区结合地区实际，在《意见》和省委的《实施办法》指导下，制定党务公开的实施方案或试行方案，为地区党务公开工作提供制度保障。如惠州市制定了《惠州市推进党务公开工作实施方案（征求意见稿）》（以下简称《实施方案》），建立健全党内情况通报制度、党内重大决策征求意见制度、党员定期评议党组织领导班子成员制度、领导岗位廉政风险点公开制度等一批党务公开制度。在《实施方案》指导下，惠城区发布《惠城区推进党务公开工作实施方案》，制定了《惠城区党务公开工作机制》、《惠城区党务公开监督员工作制度》、《惠城区党务公开考核评价制度》等七项党务公开工作制度。此外，东莞市、揭阳市等市相继发布党务公开工作方案、实施意见、公开目录，对党务公开工作的目标、要求、方法、步骤等加以统一规范。由此，广东党务公开试点区初步搭建起了一个自上而下，由点到面的制度体系。

其次，建立党委新闻发言人制度。十七届四中全会首次提出建立党委新闻发言人制度。2010年8月18日，中共中央办公厅下发了《关于建立党委新闻发言人制度的意见》，为全国建立党委新闻发言人制度指明了方向。2010年底，党中央13个部门单位、31个省区市和新疆生产建设兵团党委的新闻发言人全部“就位”。2010年12月29日，广东省委和省委工作部门的10名新闻发言人首次集体亮相，标志着广东省党委新闻发言人制度正式建立。目前广东各地级以上市党委均已设立新闻发言人。省委要求各级

---

① 参见《创作客家山歌传唱党务公开》，《惠州日报》2011年10月8日。

党委新闻发言人不仅要更加全面、及时、准确地公开党务信息，回答媒体关注、群众关心的涉及党的工作的相关问题，使党的方针政策和工作措施得到广大群众的理解和支持，还要成为党组织和人民群众之间的“连心桥”，做到问政于民、问需于民、问计于民，实现人民群众对党内事务的广泛参与和切实监督，从而进一步增强党和群众的血肉联系，巩固党的执政基础。

再次，建立党务公开监督制度。党务公开需要监督制度的保障才能健康发展。党务公开的监督包括两个方面，一个是内部的程序和制度监督，需要明确领导责任，建立完善的监督制度；一个是外部群众的监督，也需要通过制度保障群众的监督权利。广东在建立党务公开监督制度方面也有创新探索。第一，建立责任和监督制度。如《惠州市社会组织党组织党务公开实施方案》中制定的监督考证制度和责任追究制度，惠东县制定的县委权力公开透明运行监督及责任追究制度。第二，建立党务公开监督员制度。如惠州党的基层组织要建立党务公开特邀监督员制度，党务公开特邀监督员由本单位以外的社会各界人士担任，一般三年一任，可以连任。惠东全县各级党组织就聘请了党务公开监督员300人，这些监督员是通过个人或组织推荐、党组织审核、社会公示等程序，从“两代表一委员”、民主党派人士、离退休老干部、党员群众代表、企业代表中聘请，其职责是对党务公开工作进行监督。党务公开若没有监督制度的建立和完善，便很容易流于形式。目前，对党务公开监督制度的探索还在起步阶段，从中央到地方应进一步重视，并对这方面的工作加大力度。

2. 广东推行党务公开工作的问题

广东在推行党务公开的实践工作中，成功推出了一系列党务公开的实施举措，取得了较好的成效和可贵的经验。但由于党务公开工作是一项系统工程，目前还处于探索和起步阶段，难免存在一些问题和不足之处。

一是党务公开的内容和形式不对称，容易导致形式主义。党务公开的内容是党员和群众最为关注的，而形式是内容传达的载体，内容决定形式，形式通过内容起作用。广东几个党务公开试点区，对公开形式的探索都给予了巨大的热情，创新出丰富多彩的公开形式，为党务公开创造了很好的平台。但是，如果这些平台没有传达党员和群众真正关心和感兴趣的问题，如党的权力监督、干部任免、党费收缴使用情况等，或只是间歇性而非常态化的传达，那么再好的平台也没有用，甚至还是资源的浪费。虽然广东出台了《广东省党的基层组织党务公开指导性目录》，对党务公开的内容作了明确规定。但在地方基层党务公开实施中，群众往往陷于五花八门的公开形式，而看不到实质性的内容，从而流于形式主义。

二是党务公开监督制度有待健全和完善。广东党务公开监督制度的建设还是一个相对薄弱的环节，还没有建立起推进党务公开工作的监督检查、考核评价、奖励惩处、责任追究等配套制度，对不及时公开、不按规定公开、拒不实行公开或弄虚作假等行为的监管还不完善，这样就削弱了党务公开的作用和效果。

三是党务公开与政务公开的分工和结合还有待改善。党务公开和政务公开不同，但两者又密切相联。在党务公开的实践中，很多群众，甚至官员都分不清楚，哪些属于政务、哪些属于党务。如广东党委新闻发言人集体亮相并公布联系方式后，这些新闻发言人的电话都被打爆，但是群众反映的内容大多与该部门的党务工作没有直接业务联系，而是反映房价、拆迁等社会管理热点问题。很多基层村委布告栏中，党务和村务信息不分，群众更是分不清楚。这些给党务公开工作的开展带来一定的困难。

3. *广东进一步完善党务公开的思考*

基于广东推行党务公开工作的重要举措和存在的问题，在今后的工作中，还需要在以下几个方面加强探索和研究，进一步提高党务公开工作水平，不断推动广东基层党内民主发展上新台阶。

一是正确把握和处理党务公开内容和形式的关系。从党务公开的内容看，需要依据一定标准对党务公开的内容进行科学分类。总的要求是力求全面、真实，凡属党内法规要求公开的内容，凡是党员、群众关注的重大事项和热点问题，只要不涉及党和国家的秘密，都要按照有关规定在适当范围内以适当方式予以公开。要适度区分党内公开和社会公开的内容，要从结果公开逐步转向程序公开。从形式上讲，党务公开的实际操作是将共性要求和个性特点相结合，创新多样的形式推进党务公开，让更多的党员、群众参与党务公开，以增强党务公开的吸引力。广东的一些试点区在这点上做得很好，但是怎样将丰富多样的形式与党务公开内容有效地结合，这就对党务公开提出了更高的要求。如适合在一定范围的党组织内公开的内容，可以采取以党内有关会议、文件通报等形式进行公开；需要向社会公开的内容，可采取党务公开栏、电子触摸屏、新闻发布会、广播、电视、报纸刊物、公开电话、短信和互联网等现代科技手段或开展活动的形式进行公开，扩大党务公开的覆盖面，实现党务公开的现代化。

二是注重党务公开的程序性制度和监督保障制度的建设。党务公开制度体系是否科学，不仅在于其实体性制度是否完备，是否符合党的工作内容和工作环境，而且在于有没有使其实体性制度能够顺利实现的程序性制度和相应的监督制度。广东应注重党务公开的程序性制度和监督制度建设，保证党务公开成为各级党组织的日常工作理念和工作体制，使党务公开成为党组织的工作常态，而不是间歇性的工作。同时，坚持和完善党务公开的监督制度，还要拓宽监督方式，实行上级监督、同级监督、党员群众监督以及社会舆论监督等方式，来遏制非党务公开的“黑箱”权力运作方式。这关键是要打通党员群众同上级监督机构和同级监督机构互联互通平台，注重应用网络信息平台、手机短信平台等现代通信技术平台，使监督过程更加方便、快捷和高效。

三是正确处理和把握党务公开和政务公开的关系。党务公开与政务公开既密切联系，又有各自的特点和要求。党务公开侧重于重要决策的提出和形成过程的公开，政务公开则注重办事过程和结果公开，推进党务公开是政务公开的延伸和发展。因此，广东要对党务公开和政务公开进行明确的分工，不能混为一谈。同时，两者又应密切联系。广东在推行党务公开的过程中，可以利用目前阶段政务公开比较完善的网络，推进党务公开工作，实现基础设施配套、网络资源共享；在公开内容上，既做到各有侧重，又做到相互补充，抓住各自的特点和要求，做到二者并行不悖，相得益彰，切忌出现“两张皮”、“各唱各的调”的现象。

第五章 党群关系的和谐

党群关系是执政党建设的基本命题。历史实践证明，政党与社会各方的关系总是处在一个不断协调的过程中。尤其是社会发展中的利益调整，决定了一定范围内的社会冲突或者社会矛盾是难免的。这种矛盾在执政条件下，容易表现为一定范围内的党群关系的紧张与冲突。学者王长江指出："一个执政的共产党，不管对国家和社会事务的领导和管理面有多广，力度有多大，如果执政的结果不是密切了党群关系，而是疏远了群众，那就不能说这个党有很强的执政能力。"①因此，中国共产党必须把和谐的党群关系作为构建社会主义和谐社会与党的建设的重要内容来抓。

一、和谐社会中的党群关系

能否把党群关系解决好、维护好，历来是马克思主义经典作家关注的重要问题。中国共产党作为无产阶级政党，在长期的革命、建设和改革实践中，赋予了马克思主义党群关系思想以新的内容。尤其是以胡锦涛为代表的中国共产党人，以科学发展观为指导，以构建和谐社会为目标，进一步继承和发展了马克思主义党建思想。

1. 党群关系思想的缘起和发展

马克思恩格斯没有专门提过党群关系的概念，但他们都高度评价人民群众的革命毅力、革命创造力和革命首创精神，并科学地揭示了无产阶级政党同人民群众之间的辩证关系。马克思主义认为，不断密切与人民群众的联系是实现工人阶级历史使命的需要；无产阶级政党是人民群众利益的代表者；工人阶级政党可以构建向一切站在无产阶级立场上的人开放的党

---

① 王长江：《正确把握执政能力建设的内容和方向》，《人民日报》2003年2月25日。

群关系。列宁在领导苏俄进行社会主义革命和建设的过程中，继承和发展了马克思、恩格斯关于党群关系的思想，提出了密切联系群众是无产阶级政党生存和发展的需要，正确处理党与群众的关系是搞好党的自身建设的需要，克服官僚主义是密切党群关系的重要途径的思想，对马克思主义党群关系思想作出了杰出的贡献。

中国共产党是一个善于密切联系群众的党。在不同历史时期，中国共产党人对党群关系问题进行了卓有成效的探索，提出了科学的理论观点。首先，以毛泽东为代表的中国共产党人提出中国共产党是为民族、为人民谋利益的政党，公开宣称共产党人要把是否合乎最广大人民群众的最大利益作为一切言行的最高标准，并提出“从群众中来，到群众中去”的党的领导方针。其次，以邓小平为代表的中国共产党人，以“社会主义”和“爱国主义”两面旗帜作为统一战线的政治基础，使“人民群众”的概念超越了社会制度的局限，提出了实现“共同富裕”的社会主义价值目标，为密切与群众的联系指明了实践路径，重申并深刻阐发了“知识分子是工人阶级一部分”的科学论断，扩大了党的群众基础。再次，以江泽民为代表的中国共产党人，根据新形势下国际国内的实际情况，创新了马克思主义党群关系思想。对“人民”的范畴进行了新的解释，把“始终代表中国最广大人民的根本利益”作为党的工作的出发点和归宿，并提出了反腐败斗争的基本方略。

2. *新时期党群关系的新内涵*

新时期，以胡锦涛为代表的中国共产党人，从全面建设小康社会的目标出发，继承和发展了马克思主义党建思想，提出了科学发展观，实现了党群关系思想的理论创新。主要反映在如下三个层面。

一是坚持“以人为本”的思想，突出党在新时期密切党群关系的基本原则。科学发展观强调“以人为本”，就是把人民群众的生存和发展作为最高的价值目标，把人民群众作为最高价值主体，把“立党为公，执政为民”作为最高的价值取向，把为最广大人民群众谋利益作为最高价值追求，把实现人的全面发展作为最高价值理想，一切为了人民，一切服务于人民。从这个意义上讲，科学发展观“以人为本”的思想，突出了党在巩固和扩大群众基础时应遵循“以最广大人民群众的根本利益为出发点和归宿”的原则。唯有如此，党才能维护好、实现好、发展好人民群众的根本利益，从而密切与人民群众的血肉联系。

二是提出“群众利益无小事”的价值理念，突出了党在新时期密切党群关系的着力点。人民群众既有长远的幸福追求，又有十分具体的生产生活琐事。人民群众的利益就是由无数个小事、个别利益构成的，看似琐碎，实则重要。“群众利益无小事”，就是要求党时刻关心群众的生产和生活，围绕人民群众最现实、最关心、最直接的利益来落实。既要解决大事、要事、急事，又要解决小事、琐事、平常事。只有这样，党才能始终做到“立党为公、执政为民”，从而赢得人民群众的信任、拥护和支持。

三是提出“三个为民”思想，赋予马克思主义党群关系思想以新的时代精神。权为民所用、情为民所系、利为民所谋，是胡锦涛总书记反复强调的一个重要思想，赋予了马克思主义党群关系思想以鲜明的时代精神和实践要求。“权为民所用”拓宽了人民权利的主体内涵和外延，要求各级领导干部要明确手中的权力是人民赋予的，权力的使用要真正体现人民的意志和愿望，尽心尽力为人民办好事、办实事。“情为民所系”突出了情感的能动性作用，明确了情感是联系党和人民群众的重要精神纽带，要求领导干部要始终保持对人民群众的深厚感情，心中时刻装着人民，想着人民，要真正了解民情、民意，关心人民的疾苦，始终保持与人民群众心连心、同呼吸、共命运。“利为民所谋”突出了党的全部工作的出发点和归宿，要求领导干部必须把群众利益放在首位，始终把维护好、实现好、发展好最广大人民的根本利益作为全部工作的出发点和落脚点。

3. **和谐的党群关系是和谐社会的题中应有之义**

第一，和谐的党群关系是经济社会协调发展的助推器。社会主义和谐社会，表现为经济上的繁荣发达和社会的全面进步，两者的协调发展才叫和谐社会。改革开放以来，我国的经济发展取得了巨大的成就。但与经济体制深刻变革、经济结构重大调整、经济发展的巨大变化相比较，我国社会结构的调整、社会体制的改革以及社会事业的发展都相对滞后，经济社会发展并不协调，由此产生了诸多社会矛盾。和谐的党群关系，能在一定程度上缓解这些矛盾，促进经济社会的协调发展。因为和谐的党群关系，一方面表现为人民群众信任拥护党的领导，能积极投身于党所领导的中国特色社会主义建设事业之中，自觉促进经济社会的发展，为和谐社会奠定良好的物质基础；另一方面表现为党能够时刻以最广大人民的根本利益为最高准绳，通过制定正确的路线方针政策，更好地协调社会各阶层的利益关系，处理利益矛盾。因此，和谐的党群关系是经济社会协调发展的助推器。

第二，和谐的党群关系是构建和谐社会的根本保证。和谐党群关系的构建以解决人民群众最关心、最直接、最现实的利益问题为重点，坚持把改善人民生活作为正确处理改革发展稳定关系的结合点，正确把握最广大人民的根本利益、现阶段群众的共同利益和不同群体的特殊利益的关系，统筹兼顾各方面群众的利益矛盾。党群关系和谐，就能够时刻保持与人民群众广泛联系，并通过党群关系的良性互动带动整个社会关系的良性互动，从而推动社会的和谐发展。

第三，和谐的党群关系有利于调动人民群众构建和谐社会的积极性。马克思主义认为，人民群众是历史活动的实践主体和认识主体，只有充分调动人民群众的积极性、主动性和创造性，才能共同推进社会的和谐发展。在构建和谐社会的进程中，人民群众是主体力量，党是领导核心。只有党群关系和谐了，党才能利用一切条件积极宣传党的方针政策，使利民富民措施在群众中激起共鸣，充分调动起全体人民的主体精神，增强全社会的创造活力，形成万众一心努力奋斗的生动局面，把构建和谐社会的宏伟事业推向前进。

4. 和谐的党群关系的基本特征

第一，党群互信。党群互信包括两个层面的含义，一是党要相信群众，二是党要取信于民。首先，党应该坚持马克思主义的历史观，相信群众、依靠群众，坚定不移地走群众路线。其次，取信于民是党赢得民心的重要方面。面对我国社会存在的诸多矛盾和问题，如果得不到妥善解决，就会影响党在群众中的威信，失去人民群众的信任，进而削弱党的群众基础。只有本着诚心诚意为群众办实事，尽心尽力解难事，坚持不懈做好事，妥善解决社会上的各种矛盾和问题，才能得到人民的支持和信任，做到取信于民。因此，党群互信是和谐的党群关系的一个重要特征。

第二，党群合力。党和人民群众有建设中国特色社会主义的共同奋斗目标。在共同目标的驱使下，就有可能将党的坚强的领导力量和群众的巨大力量结合起来，形成党群合力。这就要求党一方面承担起组织者和领导者的角色，另一方面党的组织和党员干部要把党的政策交给人民群众，使之成为群众的自觉行动。正如毛泽东所指出的："我们的政策，不光要使领导者知道，干部知道，还要使广大的群众知道……群众知道了真理，有了共同的目的，就会齐心来做。"[①]因此，和谐的党群关系表现为党群合力，即为共同的目标提供动力支持。

第三，党群同利。人民群众既有物质生活得到满足的物质利益，也有参与国家决策、管理社会事务的政治利益，还有文化生活充实愉快的精神利益。而且，人民群众虽然在根本利益上是一致的，但在具体利益上不可避免地会存在差异。和谐的党群关系意味着党和人民群众在利益目标上具有一致性，即党把人民群众的利益追求作为发展的立足点与出发点，统筹兼顾各个社会阶层的不同利益，尊重和保护不同阶层群体的合法利益，让各阶层人民群众在改革开放和经济建设中都得到实实在在的好处。因此，和谐的党群关系，还具有党群同利特征。[②]

二、广东构建和谐党群关系的新挑战

新时期，广东构建和谐党群关系的新挑战主要表现为如下三个方面。

一是传统经济发展模式和观点无法适应社会群体利益的新变化。广东改革开放三十多年来，经济实力得到显著增强，人民群众的物质生活水平也得到普遍提高。但是，随着改革的深入和经济体制的转轨，社会利益格局也发生了巨大的变化，在社会利益总量相对确定的情况下，发生了利益群体之间和社会成员之间利益关系此消彼长的冲突。一方面，改革初期掌握知识、资本和权力资源的人日益成为改革的主要受益者，呈现出利益积聚态势；另一方面，在改革初期得到一定利益的社会边缘群体和困难群体日益成为改革代价的承担者、利益受损者。不断扩大的贫富差距，必然使许多群众特别是利益受损群众的心态长期处于失衡、不安、疑惑与焦虑之中，从而导致对党的不满情绪的蔓延和积累，如得不到有效的疏导，极易引发群体性事件，威胁社会的稳定和谐。同时，广东巨大的经济成就，使许多党员领导干部未认识到广东正在经历转变发展模式这样一个深刻而重

①《毛泽东选集》第4卷，人民出版社1991年版，第1318页。

② 参见于昆：《和谐社会视野下的党群关系研究》，人民出版社2009年版，第43~47页。

大的变化，仍然按照传统的发展模式和传统的观念来搞党的建设和组织工作。比如，选拔干部看经济增长、GDP总量的多，而看民生改善、社会建设成效的少；聚集人才注重专业技术人才的多，而注重社会工作人才的少；基层党组织建设看经济发展、引进项目成果的多，看化解基层矛盾、维护社会稳定、密切党群干群关系成效的少。长此以往，党群关系便越来越紧张。如何有效地转变发展模式和观念，协调群众的利益关系，防止社会的两极分化，使广大人民群众在心理承受范围内享受改革的成果，是目前党群关系面临的重大挑战。

二是民主政治机制的不完善，制约了群众民主权利的发挥。广东的民主政治机制改革虽然走在全国前列，但仍然存在许多问题，不能满足人民群众日益增长的政治诉求。具体表现在：①利益表达和政治参与机制不完善。如人民代表的选举尚不能充分反映社会的普遍要求和不同利益阶层的特殊要求；利益表达的渠道不畅通、利益表达的程序繁杂，致使一部分群众的利益表达受阻；政府对群众的利益要求缺乏相应的应对机制等。由于这些原因，使得人民群众有正当利益、愿望和要求时，也不愿意借助制度化的合法渠道或者是没有正常的合法渠道向政府表达，而是选择一些非制度化参与途径甚至非法手段。②民主选举机制不完善。尤其是在基层选举中，选举走过场、不尊重选民意愿、拉票贿选等现象，在个别地方还不同程度地存在。③民主监督机制不完善。如强调国家机关的内部监督和党委监督，人民的直接监督更多地停留在制度层面而未在实践中加以完善和发展，自上而下的监督代替了平行制约的监督和自下而上的监督；监督权受制于执行权，专门的监督机构缺乏应有的地位和独立性；在监督对象和手段上，重视监督违法乱纪，疏忽监督失策，以追惩性的事后监督为主的监督体制难以防止和避免决策的重大失误；等等。这些不足在不同程度上影响了监督机制各项功能的发挥，削弱了党在人民群众中的威信。①

三是部分领导干部存在的官僚主义作风和权力腐败，降低了群众对党的信任和支持。官僚主义是党内不良风气在工作作风和领导作风中的表现。这种作风会破坏党与人民群众的血肉联系，影响执政党在群众中的崇高威望，危害党的事业。广东省委副书记、省社工委主任朱明国在总结广

① 参见于昆：《和谐社会视野下的党群关系研究》，人民出版社2009年版，第182~183页。

东群众工作中官僚主义作风的表现时指出："一些是群众观念淡薄，对群众疾苦置之不理；一些是做群众工作方法简单，习惯于发号施令，居高临下；一些则是群众工作不扎实，见困难就拖，见问题就推。对群众反映的问题久拖不解决，甚至放任不管，以致酿成严重后果。"[①]权力腐败是国家公职人员违背公共权力行使的应有界限、宗旨和目标，用公共权力为个人或小集团谋取私利，是严重侵害国家利益和社会秩序的行为。权力腐败会损害党和政府的形象，降低党和政府的威信，引发群众的不满情绪以及与党和政府对立的政治态度，使党和政府丧失人民群众的支持，成为爆发群众民主运动的诱因，直接危及政治稳定。

三、广东构建和谐党群关系的举措

面对新时期构建和谐党群关系的新情况和新挑战，广东以使全省人民成为"加快转型升级，建设幸福广东"的参与主体和受益主体为目标，形成人人共建幸福广东、人人共享幸福广东的良好局面，做好新形势下的群众工作。2011年6月27日，广东出台《中共广东省委关于做好新形势下群众工作的意见》，要求从解决民生问题、完善体制机制、畅通诉求渠道、加强党风廉政建设等方面，全面加强和改进群众工作，进一步密切与人民群众的血肉联系。

1. 顺民意、惠民生、解民忧，切实维护好群众的切身利益

构建和谐党群关系，首先要为群众办实事、做好事、排忧解难，从源头上解决群众最关心、最直接、最现实的利益问题。广东着力从扶贫开发、增加就业、公共教育均等化、城乡基层医疗卫生、城乡社会保险、社会救助、住房保障、改善农村生产生活条件、城乡防灾减灾和环境治理、城乡文化设施建设等民生事业出发，为群众办好民生实事。

一是搞好扶贫开发"双到"工作。扶贫开发"双到"工作，即实施扶贫开发"规划到户，责任到人"工作，是广东省委、省政府实施扶贫开发战略、探索扶贫方式的一项创举。时任省委书记的汪洋同志在全省扶贫开发"双到"工作会议上指出："幸福广东不是少数人的幸福，而是全体人

①《广东省委副书记谈群体事件：为底层群众着想》，《广州日报》2011年12月27日。

民群众的幸福。如果没有广大贫困户的脱贫致富，建设幸福广东就没有完全落到实处。”自2009年6月以来，广东省各地、各部门创造了诸如扶贫信息电脑联网管理、金融扶贫、产业扶贫、信息扶贫等一系列新鲜的、乃至在全国首创的扶贫新经验。目前，广东省扶贫开发“双到”工作全面推进，取得了阶段性明显成效，已成为建设“幸福广东”的一个亮点。截至2011年底，全省各级已累计投入帮扶资金148亿元，平均每村433万元；全省3407个贫困村村级集体经济收入平均达8.6万元，其中超过5万元的有2929个贫困村；贫困户人均纯收入达6111元，已有近32万户137万人达到年人均纯收入2500元的脱贫标准，其中有劳动能力的贫困户脱贫率达96.6%。通过对每个贫困村随机抽取农户代表进行民意测评显示，农户对帮扶工作成效、驻村干部工作的满意度分别达96.3%和97.21%。①

二是制定创新就业政策。广东把群众关心的就业问题放在更加重要、更加突出的战略位置，探索出不少推动就业的新举措和机制。第一是强化就业培训。创新性地建立完善农民工落户城镇、子女入学与其技能水平挂钩的机制，提高广东省劳动者参加高端培训的积极性。第二是实施扩大就业发展战略，促进社会就业更加充分。以政策优惠和扶持鼓励企业招收毕业生。针对应届毕业生“有业不就”和“无业可就”的矛盾现状，广东省政府相关部门实施积极可行的政策，引导毕业生树立“先就业，后择业”、“在基层、当蓝领，同样可以大有作为”的就业观念，使毕业生尽快找到并适应工作岗位。第三是大力实施人力资源开发战略，全面推进素质就业。第四是着力推进农村劳动力战略大转移，促进区域人力资源合理配置。第五是着力抓好创业带动就业工作，培育就业新的增长点。对于创业人员，给予不同程度的创业补贴。第六是创新就业体制机制，进一步完善公共就业服务体系。第七是加快构建和谐劳动关系示范区，促进体面就业。第八是全面实施“南粤春暖行动”。通过组织实施免费招聘会等方式，稳定和扩大农民工就业。另外，广东还不断扩大职业教育规模，提高职教质量，缓解结构性失业问题。广东通过创新举措促进就业，积极解决群众就业难的民生热点问题，缓解了社会矛盾，维护了社会稳定。

三是推进基本公共服务均等化。基本公共服务均等化是指在基本公共

① 参见《广东省通报2011年扶贫开发“双到”考核结果》，《南方日报》2012年6月5日。

服务领域尽可能使居民享有同样的权利，享受水平大致相当的基本公共服务。均等化并不是强调所有居民都享有完全一致的基本公共服务，而是在承认地区、城乡、人群间存在差别的前提下，保障居民都享有一定标准之上的基本公共服务，其实质是“底线均等”。推进基本公共服务均等化，有利于保障公民的基本权利，确保每一个公民平等享受基本公共服务，促进社会公平公正、维护社会和谐稳定。广东省高度重视发展基本公共服务事业，突出民生重点，以“十项民心工程”为载体，以实现城乡、区域和群体间基本公共服务均等化为目标，以公共教育、公共卫生、公共文化体育、公共交通、生活保障、住房保障、就业保障、医疗保障等工作为重点，以“公平优先，兼顾效率；统筹兼顾，重点突破；政府主导，多方参与；先行先试，完善制度”为基本原则，加大公共服务投入，创新公共服务体制，完善推进基本公共服务均等化的体制保障和配套措施，加快建成覆盖城乡、功能完善、分布合理、管理有效、水平适度的基本公共服务体系，使基本公共服务全面、平等地惠及全省居民，从根本上保障和改善民生，促进发展方式转变，为广东争当实践科学发展观的排头兵提供有力保障。

四是开展“三打两建”惠民工程。2012年初以来，广东在全省范围展开了“三打两建”行动，即打击欺行霸市、制假售假和商业贿赂，建立社会信用体系和市场监管体系。近年来，商业服务领域问题频出，欺行霸市、制假售假和商业贿赂等违法现象泛滥成灾，严重损害了群众利益，群众对此深恶痛绝，严重破坏了党群关系。因此，汪洋书记认为“三打两建”是维护人民群众切身利益，建设幸福广东的迫切要求。行动实施以来，一大批欺行霸市团伙被打掉，制假售假窝点被捣毁，商业贿赂案件被查处，维护了市场经济秩序和社会公平正义，得到了广大基层群众的广泛认可。广州市社情民意研究中心2012年8月上旬发布的“三季度广东省城镇基本民生评价指数”调查就显示，广东全省群众对“消费安全”和“社会治安”的满意度与上季相比上升3个百分点，显示全省范围开展的“三打两建”这项惠民行动初步取得了民众公认的效果。

五是力促民生环保十件实事。环境污染，是损害群众身体健康、影响群众生活居住环境的重要因素。广东作为经济大省，在发展经济的同时也付出了环境污染的沉重代价。为了治理关系群众切身利益的污染问题，广东在2012年出台了“民生环保十件实事”。①加强流域综合整治。完成省人大督办的淡水河、石马河等重污染跨界河流阶段性整治目标，使流域水质明显改善。②提升污水处理能力。全省新增污水日处理能力100万吨，新建成污水收集管网1000公里，珠三角中心镇全部建成污水处理厂。③发布空气质量信息。加快PM2.5监测网络建设，2012年3月份按照国家空气质量新标准向公众发布珠三角首批17个站点的空气监测数据，珠三角其余城市空气自动监测站点在“六五”世界环境日前对外公布监测数据。④加强大气环境治理。完成3000个大气污染综合治理项目，全省水泥企业全部安装高效除尘设备，加油站、油库及油罐车基本完成油气回收治理，珠三角在役30万千瓦以上燃煤火电机组全部完成降氮脱硝设施改造。⑤推进农村环境保护。实施“以奖促治”、“以奖代补”，抓好100个村农村环境综合整治示范工程，推动农村生活污水处理和生活垃圾收集设施建设，建成国家级、省级生态村镇20个以上。⑥强化土壤污染整治。加强土壤污染源头综合治理，实施重金属污染综合防治行动计划，全面完成铅蓄电池企业污染整治，搬迁或淘汰255家重金属污染企业，推动大宝山矿、莲花山矿、汕头贵屿、清远龙塘、潮安彩塘等一批历史遗留重金属污染整治。⑦推动产业绿色升级。加快推进工业产业生态化，建成10个重污染行业绿色升级示范园区，指导推动800家企业完成清洁生产审核。⑧严厉打击非法排污。深入开展整治违法排污企业保障群众健康环保专项行动，开展危险化学品、危险废物和电镀行业企业专项执法检查。联合省监察厅对群众反映强烈10个重点区域环境问题实施挂牌督办。⑨拓宽公众参与渠道。出台环境保护行政决策强制听证事项目录，扩大环境信息公开力度。加强环境信访工作，对公众检举、揭发、曝光的环境违法行为，在5个工作日内予以查实。⑩实施环保便民服务。进一步简政放权，2012年内取消环保管理事项2项，下放环保审批具体事项29项，转移环保管理职能11项；继续推进环评审批提速增效，加快推进地级以上市环保行政审批事项实行网上受理，对省重点项目开辟“绿色通道”，10天内办结环评审批手续。[①]

六是文化福利惠及老百姓。构建公共文化服务体系，改善文化民生，

① 参见《2012年广东将完成十件民生环保实事》（2012年3月22日），南方网，http://fbh.southcn.com/c/2012-03/22/content_41207299.htm。

让老百姓实实在在地享受到文化建设带来的各种福利，是广东加强城乡文化设施建设的要求。近年来，广东老百姓的文化“福利”越来越丰富。截至2011年底，全省有县级以上公共图书馆133个、文化馆（群艺馆）144个、国有博物馆161个，镇综合文化站、村文化室、文化站达标率达到70%；建成具有一定规模的文化广场5000多个，面积达200多万平方米。广东省基层公共文化设施在总量、单位平均面积、省市县镇村五级的覆盖率均处于全国领先地位。2011年底，全省公共博物馆（纪念馆）、美术馆、图书馆、文化馆（站）全部实现了免费开放，这在全国也属先行者。省文化厅还牵头组织或参与举办了奥运会广东文艺演出、世博会“广东周”、首届广东社区文化节、广东省少儿艺术花会、广东省第十届“百歌颂中华”、“二沙岛户外音乐季”等系列群众文化活动，丰富活跃了群众文化生活。①

广东党建以顺民意、惠民生、解民忧为宗旨，针对群众关心的各种热点民生问题，认真梳理，采取措施，限期解决，以维护和保障群众的利益来取信于民，从而增进党与群众的距离，构建和谐的党群关系。

2. 加强和完善群众工作的制度建设

制度建设具有根本性、全局性、长期性和稳定性的特点，加强制度建设是密切党群关系的重要保证。广东积极推进群众工作制度建设，探索了解民情、反映民意、集中民智、为民谋利的新机制，为构建广东和谐党群关系提供制度保障。

一是探索实践基层民主新机制。做好群众工作，需要强化基层民主决策、民主管理和民主监督，不断探索基层民主政治建设的新途径。“四民工作法”和“四议两公开”制度，就是广东探索基层民主建设的实践成果。

具体说来，“四民工作法”是将农村村务工作纳入“民主提事、民主决事、民主理事、民主监事”四个有序的民主轨道，做到问计于民、取政于民、还事于民、监事于民的基层民主创新举措。民主提事，即问计于民，就是让群众及时对本村事务提出意见和建议，进一步落实群众的参与

---

① 参见《建设幸福广东　要尊重群众需要激发群众智慧》（2012年5月13日），人民网，http://politics.people.com.cn/GB/70731/17874965.html。

权；民主决事，即取政于民，就是让群众决定本村的事情，进一步落实群众的决策权；民主理事，即还事于民，就是把经过民主决策通过的有关事项付诸操作实施，使民主决策进入执行阶段，让群众管理本村的事情，进一步落实群众的管理权；民主监事，即监事于民，就是对民主提事、民主决策、民主管理的全过程包括各个环节、各个步骤都实行监督，进一步落实群众的监督权。“四民工作法”的主体是农村群众，在深度而全面地参与村务的过程中，群众感受到权利受到保障，人格受到尊重，主人翁意识大为增强。群众的切身利益，如土地征收补偿、宅基地分配、道路修建、山林土地纠纷等得到有效解决。“村官”们也感觉到村干部好当多了，公开透明，加强了干部与村民之间的理解与信任，增进了党群、干群之间的和谐关系。

“四议两公开”工作法，即所在村组重大事项，都必须在村级党组织领导下通过党支部会提议、党支部和村委会商议、党员大会审议、村民代表会议或村民会议决议，决议公开、实施结果公开的程序。“四议两公开”工作法的核心是民主决策，通过党内外群众的广泛参与，既保障了村民的知情权、参与权、决策权和监督权，使民主管理的内容具体化、程序规范化，又加强了决策的合法性、合理性和可操作性。同时，“四议两公开”工作法要求的透明决策以及基层党群、干群间的制度化联系，从而增强党群、干群间的信任与合作意识。“四民工作法”和“四议两公开”工作法，是对基层民主机制的创新，既保障了群众民主权益的有效表达和实现，又加强和完善了村委民主协商、村民自治等民主机制。韶关市武江区更是探索将两种方法结合使用，推出“四民主四议两公开工作法”，进一步在实践中丰富和创新。

二是健全领导干部联系群众制度。胡锦涛总书记多次就新形势下如何加强和创新社会管理、做好群众工作发表重要讲话，强调要坚持思想上尊重群众、感情上贴近群众、工作上依靠群众。为此，广东建立领导干部挂点联系基层制度和调查研究联系群众制度，把感情融洽在基层、情况掌握在基层、问题解决在基层、矛盾化解在基层、工作推动在基层。

一方面，健全领导干部挂点联系基层制度。广东出台专门文件，健全领导干部挂点联系基层制度，规定省直各部门、各地级以上市党委和政府领导班子成员重点联系一个社区或村，每年至少到所联系的社区、村两次。挂点领导干部要切实掌握联系点的具体情况，对带有普遍性的问题提出工作意见，提供集体决策推动面上工作。对联系点群众遇到的问题和困难，要努力采取措施切实解决。工作时间，乡镇党政主要领导干部要坚守基层第一线。另一方面，建立调查研究联系群众制度。《中共广东省委关于做好新形势下群众工作的意见》对调查研究联系群众制度作了明确规定，要求全省各级领导干部注重了解人民群众的物质需求和精神需求，围绕热点难点问题，每年组织参与一至两个专题的调查研究，形成有情况、有分析、有对策的调研报告，为党委、政府决策提供重要依据。省委常委会每年围绕增进民生福祉等问题开展一次集体调研，并作出决策部署。各地各部门要组织干部进村入户、进车间、到田头、访院校，通过面对面"拉家常"和网上聊天等方式了解工人、农民和知识分子的工作生活情况。省级党员领导干部每年一个月以上、市县两级党员领导干部每年两个月以上时间到基层调查研究。时任广东省委书记的汪洋同志还要求下基层进行专项调研时，要做到"三不"：不准层层陪同、不做事先安排、不用记者随访报道，采取体验式、私访式、寻亲式和私谈式等各种方式开展调研。

三是建立化解社会矛盾维护社会稳定制度。针对近年来频发的群体性事件，广东及时建立完善矛盾排查调处机制和社会稳定风险评估机制，确保大多数社会矛盾纠纷化解在基层、消除在萌芽，有效防止各类社会矛盾纠纷演变为群体性事件或刑事犯罪案件，维护社会稳定，推进和谐广东建设。矛盾排查调处机制，是指对社会各领域、各层面、各群体发生的可能引发重大治安问题和群体性事件的具体矛盾纠纷进行排查和调处。首先广东于2006年发布了《广东省社会矛盾纠纷排查调处工作办法》，要求做到属地管理、各负其责、积极防范、依法调处和综合治理。属地管理，即各市、县（市、区）、镇（乡、街道）党委、政府负责领导、组织、实施本辖区内的社会矛盾纠纷排查调处工作。各负其责，就是各级党政部门按照"谁主管、谁负责"和归口调处的原则，对口排查调处本部门主管领域的矛盾纠纷；各机关、团体、企事业等部门和单位按照"谁主管、谁负责"，"谁经营、谁负责"的原则，负责排查调处本部门和单位内部的矛盾纠纷。积极防范，贯彻标本兼治、预防为主和立足于"抓早、抓小"的工作方针。依法调处，严格依照法律、法规、规章办事，坚持当调则调，该判则判，调判结合，解决问题。综合治理，充分运用法律、政策、经济、行政、教育等手段和综合措施，充分发挥人民调解、司法调解、行政调解和社会组织调解的积极作用，维护当事人的合法权益。其次是建立健全社会稳定风险评估机制。如何避免由于行政决策不当，而引发的社会矛盾纠纷？2011年广东出台《关于对重大事项进行社会稳定风险评估的实施意见》，要求对事关广大群众切身利益、容易引发社会矛盾的重要决策、重大改革和重大工程项目等重大事项，在制定、出台及实施前，要充分评估可能产生的风险因素。这对于全省从源头上预防和减少社会矛盾的发生，有效避免和妥善化解群体性事件，推进科学决策、民主决策、依法决策，保障经济社会又好又快发展具有深远意义。目前，广东省直部门已选取维稳任务较重、风险评估需求迫切的重点单位、重点区域和重点项目、重点业务开展试点示范工作，全面推进重大事项社会稳定风险评估工作。如肇庆选取市交通运输局、市城市综合管理局为试点单位。江门选取市中级法院、国土资源、环保、城乡规划等局作为第一批先行先试单位。河源、梅州、湛江、云浮等地则直接全面铺开。广东省水利厅把乐昌峡水利枢纽工程作为这次风险评估试点，对要搬迁的6000多移民安置问题进行风险评估。同时，广东还把开展风险评估工作纳入党政领导干部阶段考核、年终考核的重要内容，把考核结果作为领导干部晋级升职、评先受奖的重要依据之一。①

3. 畅通群众依法表达诉求的渠道

群众的利益诉求与反映诉求的渠道、手段单一的矛盾，是存积问题，导致严重后果的重要原因。故此，时任省委书记的汪洋同志曾以“通则不痛，痛则不通”、重在“治未病”的中医理论来说明，社会治理也重在预防和疏导。汪洋书记认为，畅通群众的意见表达渠道，对于化解社会矛盾，起着“四两拨千斤”的作用。就畅通群众依法表达诉求的举措而言，主要包括如下一些方面。

一是加强和创新群众信访工作。广东信访工作在党委政府的高度重视下，大胆创新。在维护群众权益、反映社情民意、促进社会和谐方面，取

① 参见《广东全面建立社会稳定风险评估制度》（2011年12月20日），人民网，http://politics.people.com.cn/GB/99014/16665772.html。

得了显著成绩，在实践中又积累了许多宝贵经验。根据广东省委十届八次全会关于建设网上信访大厅、方便群众反映诉求的决定和时任省委书记的汪洋同志有关做好网上信访工作的指示精神，由广东省信访局牵头，由南方网协助，利用现代信息技术，整合资源，优化功能，创建了集网上信访、手机信访、电话信访、视频信访四位一体的“广东网上信访大厅”。在省委常委、秘书长徐少华的亲自部署下，广东网上信访大厅于2011年9月26日正式运行。网友在互联网上输入“www.gdwsxf.gov.cn”或输入“广东网上信访”，即可查询并进入到网上信访大厅界面，界面采取模拟现实接访大厅的形式，通过卡通处理，既生动形象，又便捷高效。“广东网上信访大厅”共设置8个窗口，分别是网上信访投诉室、领导网上接访室、手机信访服务室、网上视频信访室、各市网上信访大厅、电话信访服务室、政策法规咨询室和公众服务室，是目前为止功能最完备的网上信访平台。为了正确引导建议类信访，广东省信访局专门在网上信访平台中设立了“人民建议征集”栏目，主动向网民征集议题，征求网民的意见建议，努力使网上信访在为民排忧解难的同时，更多更好地发挥了解群众愿望想法、汇聚群众智慧的作用；还设立了网上信访回音壁，将网上信访工作的情况向网民报告，力争让网民听到信访问题正在处理、得到解决的回音，看到网上信访工作不断采取新举措，取得新进展的结果。发达完善的网上信访，成为广东信访工作的宝贵经验之一。国务院副秘书长、国家信访局局长王学军表示，广东省信访工作“为全国各地提供了有益借鉴”。众多国内外新闻媒体也对广东网上信访大厅首创网上视频接访给予积极报道。除了中央电视台、新华社、凤凰网、《中国日报》、《南方日报》等媒体进行了采访报道外，英国《金融时报》称广东网上信访大厅是中国古老的请愿制度在21世纪的新版本，更为积极有效；美国之音网站称视频信访是一种很好的尝试。除此之外，广东还积极开展用群众工作统揽信访工作试点，探索有利于做好群众工作的职能设置和新机制。建立健全群众工作网络，乡镇（街道）建立群众工作站，村（居）委建立群众工作室，形成信访工作横向到部门、国有大中型企业和事业单位，纵向到村民小组（社区）的新格局，使信访工作成为维护群众合法权益的有效途径。

二是加强党代表和党员与基础群众的联系。党代表和党员来源于群众，是群众利益的代表者。广东探索创新党代表联系党员和群众的方式方法，拓宽党员和群众意见表达渠道。通过建立和推广党代表工作室、党代表接待日、走访居住地住户以及座谈会、电话、电邮等方式了解社情民意，听取意见建议。通过完善党员一对一帮扶、党员承诺等制度，组织党员重点围绕结对帮扶、扶贫济困、反映诉求等，密切联系群众，做好群众工作。

三是发挥人大代表和政协委员反映社情民意的作用。人大代表和政协委员也是连接党与群众沟通的桥梁。广东积极推行人大代表政协委员来信来访“直通车”办理制度，支持各级人大代表和政协委员采取多种方式联系群众，反映社情民意、协调关系、化解矛盾、理顺情绪，促进和谐。如惠州推出的“代表统一活动日”。2007年，惠州市人大常委会在全国首创性地将每年的8月8日设立为市人大“代表统一活动日”，该活动已成功开展了五年；2007年组织代表围绕惠州市经济社会发展的重大问题及热点难点问题开展专题视察和检查，2008年、2009年、2011年重点检查代表建议办理工作，2010年围绕《珠江三角洲地区改革发展规划纲要》的贯彻实施情况开展调研。该活动组织代表下基层、听民意，进一步畅通了民意诉求渠道，促进了民生热点问题的解决，从而推动了幸福惠州建设。如改造升级惠州东部山区交通要道、金龙大道改造以及广惠高速公路东江大桥辅桥匝道建设等问题，都在惠州市人大“代表统一活动日”活动的推动下，取得了实质性进展。[①]

四是发挥工青妇等群团组织的桥梁纽带作用。工会、共青团、妇联等组织，是党联系工人群众、青年群众和妇女群众的纽带。广东结合地方特色，创新发挥工青妇等群团组织的联系群众作用。工会以加强困难职工帮扶中心建设为重点，做好“金秋助学”、“工伤探视”、“家政服务”等工作，努力成为“职工之家”。共青团通过“两进三同”（走进基层、走进青年，与青年同劳动、同学习、同生活）方式，培育青年组织，动员广大青年投身于幸福广东建设。并把扎实推进志愿服务、希望工程等工作与深入开展“圆梦计划”、“青春情暖”等幸福广东系列活动结合起来，切实发挥组织、引导、服务青年和维护青少年合法权益的作用，使共青团成

① 参见《惠州多项民主政治建设工作品牌闪亮全省全国》（2011年11月8日），人民网，http://unn.people.com.cn/GB/178150/16177217.html。

为“青少年之家”。妇联通过开展对单亲特困母亲、农村留守妇女儿童等特殊困难群众的帮扶，把创先争优活动与开展“妇女增收致富支持行动”、“巾帼建功”、“文明家庭”、爱心父母大联盟等活动结合起来，使妇联成为“妇女之家”。

五是创新运用信息技术反映群众诉求。信息技术以其便捷、高效的特点，已成为反映群众诉求的重要手段。正如胡锦涛总书记2008年6月在人民网与网友在线交流时指出的：“我们强调以人为本、执政为民，因此想问题、作决策、办事情都要广泛听取人民群众意见，集中人民群众的智慧。通过互联网来了解民情、汇聚民智，也是一个重要的渠道。”广东利用信息技术普及化的优势，通过网络反映群众诉求。第一是在各地各部门构建“电子办事大厅”等网络平台，推进党务政务的网上信息公开，为广大群众提供网上政务服务，促进行政审批与群众办事“零距离”。第二是建立健全领导电子信箱系统，完善受理、转办、督办、反馈、评估、考核机制。推进领导干部与群众在线交流，就重大政策部署、重大公共事件和自然灾害等群众关心、关注的问题进行在线回答，解疑解惑。第三是在全省各地推广“广东民声热线”，建立“广东民声热线网”，解答网友咨询、接受投诉、反馈答复和听取建议。第四是建立健全网络发言人工作制度，在网上及时、主动、准确、充分公开本部门的相关决策、政策和服务信息。第五是推广建立网络民智收集、吸纳机制，组织开展网民网上建言献策活动和网民代表座谈会，广泛征求群众意见。

4. 加强党风廉政建设

作风问题和腐败问题是我们党当前仍然存在的突出问题，也是党脱离群众的直接原因。广东以落实党风廉政建设责任制为抓手，全面推进广东特色的开放、动态、创新的惩治和预防腐败体系建设。具体举措包括：

一是施行党风廉政建设第一责任人述责制度。为了落实党风廉政建设责任制，提高惩防体系建设各项工作执行力，广东于2010年出台《广东省党风廉政建设第一责任人述责暂行办法》，并在江门市新会区、珠海市、云浮市和湛江吴川市展开试点。党风廉政建设第一责任人，即地方党委或政府有关职能部门领导班子的“一把手”，定期向上级党风廉政建设领导小组报告执行责任制规定情况。述责分为书面和口头两种形式。书面述责每年一次，口头述责每届一次。述责人每年 3 月底前总结上一年度履行责任制工作情况，书面报上一级党风廉政建设领导小组。述责引入询问和答辩程序，突出述责的严肃性、实效性。口头述责程序按照自述、询问、答辩和讲评等程序进行。述责人自述后，党风廉政建设领导小组成员进行询问，述责人现场回答，最后由领导小组组长讲评，提出整改要求和努力方向。整改方案要在述责后15个工作日内报上级党风廉政建设领导小组，半年后报告整改结果。党廉办跟踪督办整改情况和移交问题的调查处理情况。述责工作材料由党廉办统一归档，作为考核领导班子和领导干部的重要依据。述责内容以惩防体系建设为重点，包括落实党风廉政建设责任制情况、推进惩防体系建设情况、作风建设情况，以及个人廉洁自律情况四项内容。落实责任制情况包括：领导班子对职责范围内的党风廉政建设负全面领导责任，班子正职履行第一责任人责任，定期研究分析、及时部署、认真落实党风廉政建设工作情况；依法依规领导、组织、支持执纪执法机关履行职责，坚决惩治腐败行为；对违反责任制规定的领导干部实行问责等情况。①

二是建立农村党风廉政信息公开平台。2007年年初，广东省肇庆市被中央纪委确定为全国农村基层党风廉政建设工作联系点后，为落实中央纪委的要求，研究探索在新形势下如何进一步推动农村基层党风廉政建设工作，肇庆市以德庆县为试点，率先建立了农村党风廉政建设信息公开平台。农村党风廉政建设信息公开平台，通俗地说，就是农民坐在家里"动一动手指"，就能在电视、固定电话、手机、互联网等多种载体上随时点播、查阅村委会的财务报表。信息平台公开的内容包括四大方面：农村财务、涉农收费项目、惠农政策以及农村重大事项。其中，农村财务作为村务公开的重点，所有收支必须逐项逐笔公布明细账目；涉农收费项目包括了国土、民生、民政、计生、林业等7个行政部门事业单位的18个收费项目；农村重大事项包括村集体所有的各种流动资产、固定资产的管理和处置，工程项目招投标等与村民利益相关的信息。

党风廉政建设信息公开平台开通后，村务公开更透明，村民监督更得力。村干部在有效的监督下，自觉依法依规依程序管理好村务财务，并接受村民的质询，真正做到强化村干部自身廉政建设，还村干部清白，让村

① 参见《广东省试行党风廉政建设第一责任人述责》，《中国纪检监察报》2012年2月1日。

民明白，还维护了村集体利益。

四、广东构建和谐党群关系的评价

新时期广东通过解决民生问题，完善体制机制、畅通诉求渠道、加强党风廉政建设，探索具有广东特色的创新举措，来回答新时期如何构建和谐党建关系的问题，为进一步推进党群关系建设积累了宝贵经验，具有重要的现实意义。主要反映在如下三个方面。

1. 增进了群众工作观念的转变

党群关系紧张，往往是因为一些领导干部缺乏群众观念，说到底是在思想上没有理清党与群众的正确关系，还存在一些思想误区。因此，要构建和谐党群关系，首先要转变错误的思想观念。

具体说来，一是破除“人民幸福是党和政府的恩赐”的思想。我们经常看到，不少地方官员总习惯将所办的“好事”、“实事”挂在嘴边，或作为政绩浓墨重彩地大书特书一番，欣然接受群众的感恩戴德甚至下跪道谢。而一旦有人提出批评，便责怪群众“端起碗吃肉，放下筷子骂娘”。这些人往往摆不正自己在人民面前的位置，把当地经济的发展、民生的改进、社会的进步都归功于自己领导有方、措施得力，将自己视为人民幸福的“救世主”。反过来，面对社会当中的问题，面对群众生活中的困难，面对许多不公平之事，又习惯于到处寻找客观原因，还免不了责怪人民群众胃口太大、觉悟太低、过于刁蛮，甚至气势汹汹地质问批评者是为民众说话还是为政府说话等等。如果政府习惯了公众的感激，所导致的后果只能是权利与义务的错位，政府极可能在这样的语境下忘记自己的本责，从而陷入到懒政惰政中去。在这种“行政恩赐”的魅影下，政府与群众的距离自然会越来越远，感情也会越来越淡。在这一点上，广东主政者有着清醒的认识。时任省委书记的汪洋同志指出：“人民群众是创造历史的主体，也是建设和享有幸福广东的主体。追求幸福，是人民的权利；造福人民，是党和政府的责任。我们必须破除人民幸福是党和政府恩赐的错误认识，切实维护并发挥好人民群众建设幸福广东的主动性和创造性，尊重人民首创，让人民群众大胆探索自己的幸福道路。”政府职责法定，把法定的职责做好了是本分，做得不够是失职，该做不做则应究责。也就是说，只要属于履行职责范围内的事，办好、办实是对政府相关部门最基本的要求，政府官员决不能抱着恩赐施舍的意识去为群众做事。所以，要构建和谐党群关系，必须要转变“人民幸福是党和政府的恩赐”的错误思想。

二是树立“思想政治工作是党的群众工作的生命线”的理念。思想政治工作是中国共产党的优良传统和政治优势。在长期的革命与建设实践中，党始终把进行思想政治工作，提高群众觉悟，作为党的全部工作的基层和重要内容。广东树立“思想政治工作是党的群众工作的生命线”的理念，把思想政治工作任务落实到企业、学校、农村和城市社区，以基层思想政治工作的创新，促进群众工作。企业以守法经营、职工爱岗敬业为重点，加强企业思想政治工作，促进劳动和谐关系。学校的思想政治工作围绕培养社会主义事业建设者和接班人的根本任务，开展适合青少年学生和知识分子的爱国主义、集体主义和思想道德等教育，促进校风、学风和师德建设，引导青少年健康成长。农村以群众喜闻乐见的形式，宣传党的路线、方针和政策，开展科学文化教育、移风易俗教育、民主法制教育，提高广大农民的文明素质和幸福感。城市社区以创建文明家庭、文明楼院、文明小区等为载体，积极探索思想政治工作的新途径、新方法，形成团结互助、平等友爱的新型人际关系。

2. 巩固了对群众工作的有效领导

加强对群众工作的领导，是构建和谐党群关系的组织前提和保证。广东通过组织领导、群众工作干部队伍建设，来加强群众工作的领导，确保群众工作有效开展。

一是组织领导得以加强。《中共广东省委关于做好新形势下群众工作的意见》规定，党委、政府主要负责人是党群工作的第一负责人，要求亲自抓、负总责，带头做好群众工作。这就把党群工作提到了极其重要的战略位置。各级党委、政府把做好新形势下群众工作作为一项基础性工作抓紧抓实，定期听取情况汇报，加强社会舆情分析研判，及时研究解决群众工作中的热点难点问题，增强做群众工作的预见性和主动性。各部门之间加强协调联动，建立健全信息通报制度，实现群众工作全覆盖。并在工作经费、人员编制等方面为基层做好群众工作创造条件，给予支持，做到有人管事、有钱办事、有场所议事，确保基础群众工作正常高效开展。

二是群众工作干部队伍建设得以加强。加强对群众工作干部队伍的培养选拔和实践锻炼，是全面提高基层群众工作整体水平的保证。广东加大对乡镇和村居干部的培训力度，三年轮训一次，普遍提高其政治素质和做群众工作的能力。通过基层蹲点、下派基层任职、“公推公选”镇（街道）党（工）委委员或书记、选聘大学生到村任职等形式，形成干部“从基层来、到群众中去”的培养选拔链，让年轻干部在做基层群众工作中锻炼成长，对德才兼备、实绩突出的及时提拔任用。同时，广东注重提高基层干部的政治地位和经济待遇，鼓励善于做群众工作的基层干部留在基层，将基层工作历练列入干部提拔考察的内容。结合换届工作，挑选群众拥护的“能人”充实基层领导班子，挖掘和宣传一批善于做群众工作的先进典型，开展“基层能人”、优秀镇村党组织书记评选活动。以此形成广东群众工作干部队伍建设的长效机制。

三是考核评议工作得以加强。把做好群众工作作为考核各级领导班子和领导干部的重要内容，是有效提高领导干部群众工作能力和水平的制度保障。广东首先把群众满意度指标纳入幸福广东评价体系，吸收基层群众参与对各地党政领导班子和领导干部的考核评议、民主测评，对县（市、区）、乡（镇）党委、政府的基层基础工作和服务群众的实际成效重点考核。其次，加强对群众工作纪律和各项制度措施的督促检查，将其纳入省委巡视工作的重要内容，巡视结果实行备案管理，与领导班子评价和干部奖惩任用挂钩。再次，建立健全群众工作奖惩问责制度，对工作成绩突出的给予奖励；对因工作处置不当酿成较大事端、造成严重后果的有关领导和直接责任人追究责任。

3. 提高了群众工作的能力

随着广东进入经济转轨和社会转型期，社会利益结构发生重大变化，人民内部矛盾，尤其是社会各阶层围绕物质利益问题引发的矛盾和冲突越来越凸显。整合利益关系，妥善处理人民群众的内部矛盾，提高党和政府的利益协调能力，是构建和谐党群关系的重要条件。

一方面，坚持依法行政，保护人民群众的合法权益。法律本身具有调节人民内部利益矛盾的功能。为此，广东从调节利益矛盾着眼，不断完善相关法律法规，形成以利益调节为基础的法律调控机制。首先，贯彻国务院《全面推进依法行政实施纲要》，形成广东党委统揽全局，政府发挥主体作用，人大、政协监督支持，各方面协同推进的依法行政工作格局，实现法治政府建设与经济社会发展的良性互动。其次，践行依法行政，保证决策的科学化、民主化、法制化。如广州市政府在处理番禺垃圾焚烧厂选址引发的风波时，因势利导，出台《重大民生决策公众征询工作规定》，开展垃圾处理问政于民活动。广州市委率先在全国出台新规程——《中共广州市委政治协商规程（试行）》，明确重大政策须先经政治协商。这项十易其稿的政协新政，被专家称为“可望为全局性的政治文明变革”。再次，建立农村维稳律师团，维护农民的合法权益。湛江财政每年拨140万元经费保障成立农村维稳律师团，坚持以人为本，服务基层，服务大局，加强对农民的法制宣传教育，提高农民的法制意识；深入开展法律服务和法律援助活动，依法反映农民诉求，依法调解农村纠纷，维护农民权益，维护农村稳定。

另一方面，调整完善党的政策，积极化解社会矛盾。中国共产党在整个国家和社会生活中居于领导地位，党的每一项决策的制定和执行，都同人民群众的利益息息相关。因此，广东高度重视政策在解决群众利益矛盾和冲突中的重要作用。首先，以发展作为执政兴国的第一要务，大力发展生产力，提高经济总量，立足于把“蛋糕”做大，以满足人民群众不断增长的物质利益需求。其次，坚持公平原则把“蛋糕”切好，以保证全体人民共享发展的成果。以建设幸福广东为目标，充分发挥利益整合功能，加大利益整合的力度，调整利益分配关系。以“照顾大多数”为标准，善于从政策取向上充分体现大多数劳动群众的利益。同时，认真分析政策对社会各阶层的利益影响，合理分担改革成本，对社会弱势群体给予一定的政策倾向，找准最大多数人的共同利益与不同阶层具体利益的结合点。把不同利益和意见整合为公共政策，通过利益整合，使各个利益主体公正合理地分享社会利益。再次，改善民生，保障人民的切身利益。优先发展教育，扩大就业发展战略，深化收入分配制度改革，建立覆盖城乡居民的社会保障体系，完善基本医疗卫生制度，加强社会管理，维护社会安定团结，使全体人民群众学有所教、劳有所得、病有所医、老有所养、住有所居，从而营造广东党群和谐发展环境。

党群关系是世界各国政党都密切关注的问题。中国共产党密切联系群众的历史经验和苏联共产党脱离群众导致失败的历史教训告诉我们，建立党与群众的血肉联系，关系着人心向背和党的形象，关系着党的执政合法性，也关系着建设中国特色社会主义事业能否成功。广东作为改革开放中首先富裕起来的经济大省，也率先面临社会矛盾积聚、党群关系紧张的问题和困境。为了缓解矛盾，构建和谐党群关系，广东敢闯敢试，创新推出一系列举措，积累了群众工作的成功经验，为进一步推进和谐党群关系建设奠定了坚实的基础。

第六章 “两新”组织党的建设

改革开放以来，“两新”组织蓬勃发展，已成为社会组织结构的重要组成部分。作为广东经济和社会发展的一支重要力量，“两新”组织在促进广东地区经济社会全面、协调、可持续发展中，发挥着不可替代的作用。截至2012年7月，全省非公企业达28.4万多家，为广东贡献了七成左右的生产总值、出口贸易额以及近六成的就业岗位；各领域社会组织2.3万多家，大批行业协会、商会和基金会活跃于广东经济社会建设的各个方面。目前“两新”组织的数量还在不断增加，规模不断扩大，涉足的领域不断拓展，从业人员的数量不断增多，组织机构活力不断显现。时任广东省委书记的汪洋同志在2012年广东省“两新”组织党建工作推进会上强调：“两新”组织是增强党的阶级基础、扩大党的群众基础、提高党的社会影响力的“主战场”，党组织独特的优势和作用则是“两新”组织健康发展的“安全阀”。[①]简而言之，“两新”组织的建设是党建工作的新领域、新课题，是加强党的建设的一项重要而紧迫的任务。广东省委对加强“两新”组织党建工作十分重视，全省各地市在省委的领导下，对“两新”组织党建工作进行了积极有效的探索，切实解决了“两新”组织党建工作面临的新问题，逐步研究和把握“两新”组织党建工作规律，不断提升“两新”组织党建工作水平，有力地加强了广东“两新”组织党的建设。

① 参见《汪洋在广东省“两新”组织党建工作推进会上作重要讲话》，《南方日报》2012年7月19日。

一、“两新”组织党建的概念及其政策发展

1. “两新”组织内涵

“两新”组织是新经济组织和新社会组织的简称。根据国家统计局统计分类规定，新经济组织主要涵盖了私营企业、外商投资企业、港澳台商投资企业、股份合作企业、民营科技企业、个体工商户、混合所有制经济组织等各类非国有集体独资的经济组织。新社会组织则是社会团体和民办非企业单位的统称。按我国《社会团体登记管理条例》规定，社会团体是由中国公民自愿组成，为组织实现成员共同意愿，按照其章程开展活动的非营利性社会组织，包括学术性社团、行业性社团、专业性社团和联合性社团等。按我国《民办非企业单位登记管理暂行条例》规定，民办非企业单位是由企业事业单位、社会团体和其他社会力量以及公民个人利用非国有资产举办的，从事非营利性社会服务活动的社会组织。[①]发达的市场经济体制是公民社会兴起的内在动力。改革中的企业精英与具有相同利益和价值取向的人们形成的利益组织逐渐崛起，开始诉诸实现自己的利益诉求。“两新”组织作为沟通政府与社会的中介，发挥着推动经济发展，承担社会服务，推动公民社会发展的重要作用。随着改革开放的深入和经济社会的不断发展，新经济组织和新社会组织的从业人员不断增加，成为社会中最具活力的元素之一，也成为基层党的建设开拓发展的新生长点。研究和把握“两新”组织党建工作规律，加强“两新”组织党的建设，是一项十分重要而紧迫的任务。

2. “两新”组织党建及其政策发展

“两新”组织党建是基层党建的重要方面。随着我国经济社会转型不断加快，基层党建工作已经由原有的农村党建、国企党建和机关党建传统三大领域衍生拓展出与原领域相互关联并彼此独立的社区党建、新经济组织党建和新社会组织党建这三大新领域。显然，采用原有的“单位党建”的传统教育管理模式已经难以胜任社会发展的新需求。而“两新”组织的良性发展，对推动经济发展，促进社会和谐，具有重要的作用。研究“两

① 参见奚洁人主编：《科学发展观百科辞典》，上海辞书出版社2007年版，第82页。

新”组织党的建设的一般规律，提高党的渗透力与影响力，围绕“推动发展、服务员工、凝聚人心、培养人才、促进和谐”，探索如何在这些组织中加强党的建设，加强“两新”组织流动党员管理，以充分发挥党的战斗堡垒作用和先锋模范作用，是党迫切需要解决的重大课题。

从政策发源和沿革来看，1994年党的十四届四中全会通过《中共中央关于加强党的建设几个重大问题的决定》（以下简称《决定》），首次提出“新社会组织”的名称。针对各种新建立的经济组织和社会组织日益增多的情况，要从实际工作出发，在它们中间建立党组织，开展党的活动，改进基层党组织的工作；1998年中共中央组织部、民政部联合发出《关于在社会团体中建立党组织有关问题的通知》，明确了在新社会组织中建立党组织的条件以及党组织应该开展的主要内容；2002年党的十六大首次把非公有制经济组织中的党组织职责任务写入党章；党的十七大报告提出要“推进新经济组织、新社会组织党建工作，扩大党的工作覆盖面，发挥基层组织凝聚人心、推动发展、促进和谐的作用”的四大任务。同时，在2009 年召开的党的十七届四中全会中，将十七大对非公有制企业党组织职责任务的规定（在2007 年 10 月党的十七大通过的党章第三十二条中，对非公有制企业党组织的职责任务作了六条规定）拓展为对“两新”组织党组织职责任务的六条规定。即非公有制经济组织、新社会组织中的党组织要围绕贯彻党的方针政策、引导和监督遵守国家法律法规、团结凝聚职工群众、维护各方合法权益、促进健康发展等职能，探索发挥作用的途径和方法。《决定》中更明确提出“实现党组织和党的工作全社会覆盖，做到哪里有群众哪里就有党的工作，哪里有党员哪里就有党组织，哪里有党组织哪里就有健全的组织生活和党组织作用的充分发挥”。

二、广东“两新”组织党建的背景与意义

1. 广东“两新”组织党建的背景和条件

一直以来，广东是全国拥有新经济组织基础最深厚和新社会组织数量最多的省份之一，“两新”建设起步较早，拥有丰富的“两新”党建历史经验。1979年，广州就创全国之先，打破国有经济一统天下的局面，发展集体、个体、私营、中外合资等多种商业形式，允许工业公司创办供销公

司和自销产品，让10万农民大军进城开办商店，逐步形成多种经济成分、多渠道、多形式的商品交流体制。[①]从1985年开始，广州就已经每两年召开外商投资企业党建会议和工作联席会议的制度，并拥有党建学会提交党建报告，分析“两新”组织党建工作存在问题，总结“两新”组织党建实践经验，为政府决策提供参考。1994年开始，广东各地陆续颁布指导私营企业党建工作的意见通知，如广州的《关于加强私营企业党建工作的意见（试行）》等。广东民政、劳动、司法等部门也密切配合，就加强所属民办非企业单位（社会组织）党建工作下发文件，在全国较早探索民办非企业单位党建工作。在此阶段，广东“两新”组织党建按照“谁主管、谁审批、谁管理”、“慎重发展、严格审批、规范程序”[②]的原则，管理和发展党员，发展出了“五羊—本田模式”、“广州开发区模式”[③]等一批“两新”组织党建创新案例，受到中组部肯定。

从2009年开始，广东各地陆续筹备成立各地市社会组织工作委员会、非公经济组织工作委员会，负责指导区域内的“两新”组织党建工作。为更好地履行工作职责，进一步加强全省“两新”组织党建工作，经省委同意，成立中共广东省非公有制经济组织和社会组织工作委员会（以下简称省“两新”组织党工委），省“两新”组织党工委办公室与省委组织部组织处合署办公。通过建章立制，广东逐步完善“两新”组织工作机制，创新“两新”组织党建工作活动载体，加大基层党组织负责人培训力度，积极寻找党组织发挥作用的多种形式。

在党的十七大提出落实党建责任制，特别是在中央《决定》颁布后，广东省各级党委贯彻落实中央精神、结合广东“两新”组织发展的实际，制定了不少加强“两新”组织党建工作的制度文件。如《中共广东省非公有制经济组织和社会组织工作委员会工作制度（暂行）》、《中共广东省非公有制经济组织和社会组织工作委员会委员单位职责》、《关于进一步加强社会组织党建工作的意见》、《广东省新社会组织参加第三批深入学习实践科学发展观活动的实施方案》、《关于贯彻落实中共中央〈关于加

① 参见廖惠霞等：《广州改革开放20年大事纪实》，《探求》1999年第2期。

② 尹德慈：《加强民办非企业单位党的建设刻不容缓——对广州市民办非企业单位党组织建设的调查》，《广东行政学院学报》2001年第6期。

③ 王晓玲：《广州改革开放30年》，广东人民出版社2008年版，第146~147页。

强和改进新形势下党的建设若干重大问题的决定〉的实施意见》等，提出党组织要在“两新”组织中充分发挥政治核心、推动发展、服务员工、凝聚人心、培养人才以及促进和谐等的作用。时任广东省委书记的汪洋同志强调，“两新”组织党建工作还需要通过突破旧模式、旧套路，按照围绕中心、服务大局、拓宽领域、强化功能的要求，在组织设置、活动方式、工作方法上去求活、求变、求实，使“两新”组织党建工作真正为单位所需要、为业主所支持、为职工所拥护、为党员所欢迎，把“两新”组织的党组织构筑成坚持社会主义市场经济改革方向，加快转型升级、建设幸福广东的坚强堡垒。[1]

2. 加强“两新”组织党建工作的重要意义

一是“两新”组织党建工作具有重要性。首先，大力探索推进“两新”组织党建工作，建立“两新”组织与“两新”组织员工的利益表达协调机制，有利于协调组织内利益关系、化解党群矛盾、减少和避免冲突。其次，加强“两新”组织党建工作，有利于发挥党组织密切联系群众的优势，做好群众工作，提高员工的积极性和创造性，满足和维护广大员工的合法利益，服务“两新”组织发展和社会进步，促进和谐社会建设。最后，通过党的影响力来吸引“两新”组织，把“两新”组织党建纳入到基层党建的范围内，将党的执政权威“嵌入”“两新”组织之中，实现党在“两新”组织的政治社会化，有利于增进企业与社会组织对党的理性认知，使得党和“两新”组织之间形成一种“共振效应”，增强民众对党的价值认同与制度认同，从而提高党执政的合法性，巩固执政基础。

二是“两新”组织党建工作具有必要性。“两新”组织是我国多种经济成分和多种社会经济组织的重要组成部分。随着改革开放的深入和我国社会主义市场经济体制的不断完善，“两新”组织不断壮大，广东作为改革开放的前沿阵地，“两新”组织数量多、领域广，在发展地方经济、扩大就业、满足群众需求、承担社会责任等方面发挥日益重要的作用。“两新”组织的党建工作，不仅关系到广东“两新”组织自身的健康发展，而且影响到广东经济社会持续协调发展乃至整个地区社会的稳定。在当前社

① 参见《汪洋在广东省“两新”组织党建工作推进会上作重要讲话》，《南方日报》2012年7月19日。

会出现多元格局下，不断加强“两新”组织的党建工作，能有效提高党的社会影响，确保“两新”组织健康发展。

三是“两新”组织党建工作具有现实性。一方面，加强“两新”组织党建工作，发挥党组织的先锋模范作用，创新社会管理，有利于促进党建工作与“两新”组织的和谐发展，发挥“两新”组织在社会管理新格局中的积极作用。另一方面，加强“两新”组织的党建工作，促进“两新”组织的发展是建设经济强省、文化大省、法治社会、和谐广东和实现幸福广东发展目标的重要组成部分。

广东各级党员干部要适应市场经济体制改革和社会结构日趋多样化的新形势，增强做好新时期广东“两新”组织党建工作的责任感和使命感，努力把“两新”组织的党组织建设成为坚持社会主义市场经济改革方向、切实抓好推进新型城市化发展“党建创新”工程。积极贯彻落实时任省委书记的汪洋同志在全省“两新”组织党建工作推进会上的重要讲话精神，进一步推进广东“两新”组织的党建工作，扩大党的工作覆盖面，巩固党的执政基础，加强党的执政能力建设，推动社会发展，促进幸福广东建设。

三、广东“两新”组织党建的主要举措和现实成效

改革开放以来，广东省始终坚持解放思想，实事求是，在支持和保障“两新”组织健康有序发展中加大党建工作力度，完善思路，理顺体系，改进方法，逐步探索出广东特色的“两新”组织党建工作模式，促进了广东科学发展。

1. 广增覆盖的党建工作思路

“两新”组织量大面广，类型多样，各具特色。加强“两新”组织党建工作，首要任务是扩大党组织和党的工作覆盖面。在“两新”组织中成立党组织，开展党建工作，发挥党组织和党员的作用，是“两新”组织党建的基本前提，也是党的领导的基本实现形式。广东省委一直以来十分重视“两新”组织党建工作，坚持哪里有群众哪里就有党的工作，哪里有党员哪里就有党组织，哪里有党组织哪里就有党健全的组织生活和党组织作用的发挥的工作原则，扩大广东“两新”组织党组织的覆盖面，在实际工作中取得了很好的效果。

从20世纪90年代起，广东就已经开始从体制上统一对民办非企业单位的登记管理，加强民办非企业单位党建工作。依据条例规定：个体、私营或是承包原国有、集体党组织不能随意取消，隶属和领导关系要加以理顺。这一阶段根据各地《关于加强私营企业党建工作的意见（试行）》，对所有“两新”组织，凡具备条件的，都抓紧建立党组织，对新成立的“两新”组织，按照“谁主管、谁组建”的原则，同步建立党组织。从2008年开始，社会组织登记管理按照“三纳入”规定，加强党组织组建工作。党的十七大后，广东按照贯彻中共中央《关于加强和改进新形势下党的建设若干重大问题的决定》，着力扩大规模以下非公有制经济组织党组织覆盖面，实现应建尽建。

2012年，针对广东非公有制经济组织党组织组建率仍为12.9%，与广东经济社会发展所处的重要地位和发挥的重要作用不相适应的情况，省委积极开展落实中央关于基层组织建设年的部署，从4月初到7月底，集中力量、限定时间、明确目标，展开了抓“两新”组织党的组织和工作覆盖的“百日攻坚行动”，实现了三大历史性跨越。各级“两新”组织党建工作机构日益健全，广东全省15万非公有制企业党组织覆盖率达到52.8%，全省1.4万多家社会组织的党组织覆盖率达到60.6%。“两新”组织党的工作总体覆盖率已达99.7%，基本实现了全覆盖。目前，省级“两新”组织党工委已经成立，21个地级以上市建立“两新”组织党建工作机构，并于53个县（市、区）成立了相应工作机构。[①]

2. 多种模式的党组织设置方式

“两新”组织管理体制多样化，从业人员结构复杂，组织自身变动快，党的力量相对薄弱，按照传统的国企等党组织设置方式，往往难以实现党的工作的有效开展。近年来，广东对“两新”党组织设置模式进行大胆创新，有力推进了基层党的建设。归纳起来主要有以下几种党组织设置方式。

一是单建式。即对有三名以上正式党员，具备建党条件的，原则上都要单独建立党的组织。目前广州市单独建立党组织的非公企业就有1847

① 参见邓圩，梁秀梅：《广东“两新”组织党建基本实现全覆盖　机构健全保障有力》（2012年7月18日），人民网，http://gd.people.com.cn/n/2012/0718/c123932-17256849.html。

家。

二是联建式。即对党员人数较少，不具备建立党组织条件的，按照“行业相近，地域相邻”的原则，由两个或两个以上的“两新”组织单位来联合组建党支部。

三是派入式。即是由上级党组织向没有党员的“两新”组织派驻政治指导员，由指导员来宣传党的路线方针政策，为建立党组织创造条件。党组织建立之后，政治指导员撤出。目前广东共有六万多名党建指导员工作在党建一线。

四是挂靠式。即是依托民政、工商、商会、企业家联谊会、人才市场等或行业协会等有关团体成立党组织，对本系统“两新”组织中的党员进行管理，对不具备党组织条件的，建立共青团、工会等组织，通过积极培养入党积极分子，来为单组组建党组织做好准备，使得党的工作覆盖到“两新”组织的每一个角落；也可依托区（县）、镇（街）、开发区、社区等地域基层党组织，对所在区域内的“两新” 组织中的党员进行管理的区域性党组织。如广州市的越秀、荔湾、海珠等区积极探索建立区域性“两新”党委，管理区域内“两新”党建工作。依托社区（村）建立联合党组织，在茶叶、花卉、服装、鞋业等专业市场建立专业市场党组织。在大型商厦和较大社区居民楼建立楼宇党组织。实现党建工作全覆盖。

五是产业式。如广东平远的产业链党建设置模式①，则是以特色产业为纽带，依托地方农业产业优势，创建“产业党小组”模式，走出了一条“围绕产业建组织，建好组织促发展”的党建新路子。目前，平远县先后建立了脐橙党小组、南药党小组、油茶党小组、个体经商党小组等“产业党小组”18个，并注重推荐选拔懂经营、有技术、善营销等类型能人担任“产业党小组”负责人。这种形式创新，有力发挥了党小组堡垒作用。在经济产业链上组建党小组，把党小组的设置和活动延伸到经济产业链中，创造性地将党员积极性的发挥与农村产业结构调整紧密结合，提升了产业发展水平，涌现出了一批“脐橙书记”、“南药书记”、“蔬菜书记”等，实现基层党建和经济发展双赢。

---

① 参见万世成：《广东平远：创新党小组设置模式　加强产业链党建工作》（2010年9月28日），中国共产党新闻网，http://dangjian.people.com.cn/GB/12846611.html。

六是属资式。根据广东外商企业较多和一些社会组织接受较多国际基金捐助的实际情况，本着“谁出资、谁负责”的原则，采用属资式的“两新”组织中党组织的设置模式，即由出资方党组织负责。一般情况下，对中外合资或合作企业党的工作，明确由中方投资单位党组织负责；如果中方有多个投资方，一般由主要投资单位党组织负责。对于经济实力雄厚的行业协会、基金会、民办学校、民办医院等民办事业单位，其党的工作可以由出资方党组织负责。同时根据各单位实际，还采用改建型或者临时型的组建模式，等等。

总之，本着“围绕中心，服务大局”的理念，扎实做好基层党建工作，凝聚党员，发挥党的先锋模范作用，广东不拘泥于“两新”组织党组织设置的固定模式，既坚持“一把钥匙开一把锁”的方式组建党组织，又坚持“党建服务经济发展”的理念创建党组织，锐意创新、积极实践，真正做到为单位所需要、为业主所支持、为职工所拥护、为党员所欢迎，开创广东党建发展新水平。

3. 参谋助手的作用发挥机制

组建党组织，扩大党组织的覆盖的目的在于有效开展党建工作。但由于“两新”组织有着自己的业务定位和发展目标，党组织需要在“两新”组织中找准定位，才能有所作为，体现价值。广东省注重使“两新”组织党组织建得起、站得住，积极创新形式，强化措施引导，扩大党的影响，发挥党员的先锋模范作用，发挥党组织的思想政治优势，发挥教育人、凝聚人、激励人的功能，取得了较好的效果，受到企业、组织和员工的认知和认可。

首先，做好定位，找好目标，发挥参谋助手作用。如广东广铝集团党支部积极实践“服务、促进、引导”的功能理念，开展多种形式的党建研讨活动，开展党建理论交流和实践活动，虚心学习借鉴兄弟单位党建工作和党建研究工作的好做法、好经验，把党建的着力点放在支持和促进企业生产和经济发展上，有效推动员工工作效能提升。

其次，发挥党组织的教育引导作用，协助“两新”组织找准发展方向，促进组织员工队伍素质提升。广州荔湾区针对非公企业员工特点，建立党建论坛、党建联席会议、党建学会，打造“八牵手”共建、“5161”、“民情”茶座、“周末16点学堂”、“民情日记”和“商圈党建”等党建品牌。[①]其中“周末16点学堂”定时、定点、突出特色，利用周六下午4点后的时间，组织党员通过社区论坛和党建QQ群等形式，把非公企业党员纳入到社区党员学习教育中去，把社区党员活动室建到非公企业办公大楼上，与社区党员一起学习，共同提高。商圈党建，努力打造学习型商圈党组织，争当学习型商圈党员。“两新”组织党组织通过利用多种教育手段在员工中开展职业道德修养、心理素质、法律法规、服务安全规章等方面的教育与培训，促进员工整体素质的提高。

最后，发挥党组织的和谐先锋模范作用。及时通过党组织的各项实践活动的开展、促进企业（社会组织）自身发展提高的同时，切实履行社会责任，积极投身到地方扶贫、灾害救助等各种公益性事业上来。如广州民营医院在学习实践科学发展观活动中多次组织义诊和健康咨询活动，为困难群众免费送医送药，积极参加创卫活动，在四川汶川、青海玉树等抗震救灾的工程中，不少民营医疗机构的党组织、党员积极捐款、奉献爱心，仅广州复大医院一个单位就捐款950万元，体现了民营医院的社会责任感。[②]

4. **不断创新的党建活动载体**

党建活动载体是党组织在“两新”组织中开展活动的所采用的相互适应的组织形式、活动方式、党组织活动内容及工作目标的统一体，是推动党建工作的有效手段和重要途径。党组织通过这一统一体，实现对“两新”组织党建资源的整合，对工作有效影响和指导，实现党组织团结带领广大党员，动员组织各方面力量，促进组织更好发展。创新和运用活动载体加强党与“两新”组织成员的联系。首先要求发挥党支部、党小组、党政联席会等各类组织承担起组织、协调、沟通等职能，密切各部门之间的联系，谋求资源共享、活动共创、共同发展，使党组织在本单位各种组织中处于领导核心地位，发挥领导核心作用。其次要在坚持协商一致的前提下，发挥各自的优势和特长，提高党组织建设水平，充分发挥其战斗堡垒作用。

---

① 参见荔湾区委组织部组织科：《根深叶茂硕果丰　幸福路上党旗红》（2012年1月30日），荔湾党建网，http://www.lw.gov.cn/lwzzb_index/zwgk/djdt/201201/t20120130_147341.html。

② 参见广州市卫生局党建学会：《广州市卫生系统民营卫生机构党建工作调研报告》，2010年8月。

在广东“两新”组织党建载体创新上，各级党组织按照“为企业（社会组织）所需要、为职工所拥护、为党员所欢迎”[①]的原则，按照“业余、小型、灵活、实效”的要求，不断创新活动形式。一是与“两新”组织业务工作相结合。做到了解企业（社会组织）需求，为组织发展开展特色活动、献计献策。如2012年4月份，广州市第八专题调研小组广州高新区开展创新服务载体专题调研，深化对以企业为主体的技术创新体系的认识，对高新区在创业环境、吸引人才、推进科技金融服务等方面的探索和做法有了更好的认识[②]，为后续活动开展奠定基础。日资电装（南沙）有限公司党支部始终坚持实践特色，在“党员责任区”、“党员先锋岗”活动中，围绕提高效能，始终坚持突出实践特色，创新组织生活会，鼓励党员为企业发展献计献策，开展“一个党员一面旗”、党员“献一策、带一徒、攻一关”等活动，激活了企业的内部活力，帮助企业渡过金融危机难关[③]，受到企业好评。二是与企业（组织）文化相结合。广东蓝月亮公司一直以来努力构建“先进、信赖、群策群力”的企业精神，公司党组织将活动开展与企业精神紧密结合，提出“党员行动宣言”，创造了积极的企业文化，起到了凝聚人心、鼓舞公司士气的作用，受到资方与企业员工一致好评。三是与“两新”组织所处社区相结合。一方面要积极为非公党员参政议政创造平台，推动他们担任党代表、人大代表、政协委员。另一方面在社区互动的过程中，不仅可以与社区本身的党组织互动联谊，有效吸引和管理流动党员，促进党员自身发展，还能树立党组织在社区的良好形象。汕头龙湖金霞街道对社区党员先后提出了“三联一建”、“三带一树”和“四个围绕”的要求。[④]党员联系群众、树立社区党员新形象，引导党员自觉遵守党的纪律，履行党员义务，服务社区群众，提高党员参与社区党建工作的自觉性和积极性，增强为社区两个文明建设服务的本领。四是与人的发展相结合。同时，广东“两新”组织相继开展党员义工

① 中共广州市委组织部组织处：《2010组织工作调研文集》，第274页。

② 参见广州市市科信局：《市新型城市化发展第八专题调研小组开展创新服务载体专题调研》，广州政府官网，http://www.gz.gov.cn/publicfiles/business/htmlfiles/gzsijg/gzdt/201204/916808.html。

③ 参见《克服“六难”“四不”　实现“应建尽建”》，《南方日报》2011年1月6日。

④ 参见《龙湖金霞街道“四个创新”构建社区党建新格局》，《汕头日报》2003年9月24日。

中队、商业文化沙龙、外来工艺术团等创新活动，组织各类跨小区、跨楼宇、跨企业的“红色影院”、先锋论坛、问题活动、义工超市、知识讲座等，让他们感受到党组织的人文关怀。同时为设立企业（社会组织）党建专题网页、论坛、博客、党支部QQ群等为流动党员提供党内关怀、政策服务、学习交流凝聚人心。

5. 依托企业（组织）的活动创建方式

依托企业（组织）资源发挥党的执政优势，开展卓有成效的党建主题活动，是“两新”组织党组织凝聚党员群众、发挥先锋模范作用的重要途径。在大多数“两新”党员及支部成员都不能进入企业的核心层，参与企业决策的情况下，如何发挥党组织的政治优势是一个严峻的考验。广东一些地方的成功经验就在于把企业资源和党组织的政治资源结合起来，使党组织的政治优势在利用企业的资源中得到充分展示，并形成“党委搭台，支部唱戏”的活动创建方式。

一是构建党组织与企业工作岗位相兼容的工作架构，把党的工作部门挂靠到与企业工作性质相近，人员编制较相符合的机构中，形成系统化的党务工作网络，五羊—本田公司把党委组织部设在企业管理部，使党务政工机构与公司管理干部的职能部门、生产经营管理机构相兼容，使公司党委意图得到顺利贯彻的同时，强化了公司的行政工作。

二是以生产岗位为平台，发挥党员先锋模范作用，五羊—本田公司开展“一位党员一面旗帜”的活动，强化党员的岗位奉献意识，展示共产党员不怕艰苦的党性本色。开展“党员公布栏”活动，公布党员的姓名、职务、照片及格言，自觉接受公司员工的监督，使共产党员成为公司发展的“脊梁”。设立党员责任区，实现党员责任区“一责两包”（“一责”就是积极分管班组（部门）思想政治工作的责任，“两包”就是包责任区内积极分子的培养和后进员工的转变）。[①]

三是维护员工的合法权益，带头做企业的支持者和推动者，广宁县加强“两新”组织党员队伍建设，支持辖区内各“两新”组织党支部开展维护职工合法权益的活动，普及《劳动法》、《工会法》、《妇女儿童权益

① 参见李萍，王丽荣主编：《党建工程的排头兵——广东党的建设30年》，广东人民出版社2008年版，第211页。

保护法》等政策法规，旗帜鲜明地反对破坏员工合法权益的行为。鼎丰公司打包车间过去承包给一家小公司管理，工人都是临时工，没有一天休息时间，劳动强度大，而且工资也比较低。几名党员向公司党委反映这些工人的意见和愿望后，公司党委便向企业经营者建议将打包车间收回，去掉中间承包商，提高工人待遇。公司经营者经过调查核实后，收回该车间的承包权，将这些工人作为“契约工”纳入公司管理，他们的工资收入由原来的500元/月增加到900元/月左右，还给他们办理了养老保险，让公司职工真真切切地感受到了党组织的关怀和温暖。①

四是按照“三个不变，三个结合”、“有所为，有所不为”的原则，确定“两新”组织党建活动主题，开展实践活动。只有紧密结合企业生产经营，企业管理发展的实际，党建活动才具有生机和活力。同时还应将党的活动与贯彻中央及上级党委的有关部署结合起来，与工会、共青团工作结合起来，相互依托，“两新”组织党建工作才能具备不竭动力，广州南方人才市场开展“党委搭台、支部唱戏”的党建主题实践活动，以“时间紧、内容精、方式活、效率高”②的原则精心策划一系列丰富多彩的活动，大大增强了党组织的吸引力。竞宇房产按揭代理公司党支部将党组织的纪律、诚信、团队意识与企业文化相结合，确保党建活动严肃性、规范性的同时，增加灵活性，在企业和员工之间起到“润滑剂”的作用，成为广州房地产中介组织党建工作排头兵。③

6. 依托群团的党建工作模式

该模式是在上级党委的统一领导和指导下，以“两新”组织党组织为核心，以工会、共青团委为依托，以党、工、青一体化为载体，通过引导、监督，发挥党领导群众团体组织的作用，起到凝聚人心，促进党的建设和群众团结共同发展的模式。“党建带团建是党加强对共青团工作领导的一条基本经验。省委历来高度重视共青团和青年工作，始终把团的建设纳入党的建设总体格局，坚持从思想、组织、干部、作风和制度等方面积

① 参见李萍，王丽荣主编：《党建工程的排头兵——广东党的建设30年》，广东人民出版社2008年版，第212页。

② 参见尹德慈编：《广州党建研究报告》，广东经济出版社2010年版，第16页。

③ 参见广州市房屋交易监管中心党支部：《广州房地产中介企业党建工作调研报告》，2010年8月。

极探索基层党建带团建的有效途径，在这方面取得明显成效。”[①]

首先在党建覆盖方面，对已建立工会、共青团或者妇联组织的企业（社会组织），依托群团组织的建设促进党建工作；对还不是党员的工会主席、妇委会主任、共青团书记积极培养，吸收入党，创造条件实现党群工作一体化；对党员少或没有党员的企业，通过结对帮带建立党支部，积极发展职工中的先进分子入党。

其次，广东在“依托群团、党群一体”的党建工作模式上，坚持“三个带动”。所谓三个带动，一是坚持四项带动，二是坚持组织带动，三是坚持工作带动。深圳光明新区探索建立党群服务中心，基层党建与群建的崭新载体和重要平台，党群服务中心在党组织的领导下，将工会、共青团、妇联等群团组织的工作触角延伸到了社区服务的每个角落。中心将建立健全长效管理机制，选聘一些懂党建、政治素质高、党性观念强的干部到中心工作，并配备专职管理人员，负责中心日常管理工作。每年开展一次“满意中心”评选活动，着重考核党群服务中心的服务功能发挥、服务对象满意度等，并将评比结果作为每年“七一”期间全区先进基层党组织评选的重要依据。[②]

广东“依托群团、党群一体”的党建工作模式起到了良好的社会效果。广州黄埔开发区和萝岗区通过开展“党工团一体化”，创新非公党建方式方法，成果实现了“党建带工建、工建促党建、党工共建”，有力促进了非公企业的和谐科学发展。一方面强化了群众组织在维护员工合法权益方面的作用，由于在组织上由党组织负责人兼任工会负责人，使得党群工作步调一致；另一方面还可以做好对企业员工的服务引导工作，加强与“两新”组织业主的沟通协调工作。

7. 灵活多样的教育管理方法

“两新”组织党员文化程度较高，流动性较大，思维较活跃。广东“两新”组织党组织针对这种特点，采取灵活多样的教育管理方法，服务关爱党员，受到党员的欢迎。

---

①《关于贯彻落实中共中央组织部、共青团中央〈关于加强新形势下基层党建带团建工作意见〉的实施意见》（2011年9月30日），广东共青团官网，http://www.gdcyl.org/Article/ShowArticle.asp? ArticleID=118220。

② 参见《党群服务中心：开辟党群共建一体化新路径》，《南方日报》2011年6月23日。

一是解决了流动党员归属感偏低的问题。首先，在基层建立健全党员管理服务中心、镇（街）党员服务站、社区党员之家等平台为企业党员提供组织关系转接、代理承办服务，同时接受党员救助、党务政策咨询等服务。其次，开展党员“三优先，三关怀”制度。优先介绍就业，优先进行职业培训，优先给予创业指导、政治关怀、人文关怀、事业关怀。再次，推行全接纳制度。对愿意转入党组织关系的党员，愿意参加区域内党的活动的流动党员施行全接纳。如广东省各地市建立白领党员党建论坛，为他们提供一个交流平台。广州市注册会计师行业协会发现近年来各单位零星党员不断增多，他们虽然名义上编制在各基层党组织内，但实际上却长期游离于党组织之外，不过组织生活，不参加党员活动，没有履行党员义务，个别甚至欠缴党费，作为党员管理的一个死角，零星党员管理长期以来缺乏有效管理。协会提出化整为零，集中管理、直接选派责任到人，统一规范，明确目标，寓教于乐，加强教育，加强监督，明确职责等措施，在实践中尝试改善零星党员管理，取得一定的效果。2011年涌现出如立信羊城会计师事务所党支部、广信会计师事务所党支部、正珠会计师事务所党支部等五家基层事务所支部获评先进基层党组织。

二是转变了“两新”组织领导人对党的认识，为“两新”组织党建注入动力。“两新”组织领导人对组织的发展具有决定性的影响，这在非公有制企业表现得最为明显。因此抓非公有制企业主的思想政治工作，消除一些业主的担心和顾虑，使非公有制企业主真心诚意支持党建工作，才能真实实现使非公有制企业党建工作由“要我建”向“我要建”转变。广东各级党委十分重视此项工作，对“两新”组织做了有益探索。如广州荔湾区就通过定期召开“企业发展恳谈会”，了解企业所需，征求企业的意见和建议。同时，各级党委部门大力宣传当前国家关于“两新”组织颁布的政策法规，对非公企业主开展学习新《公司法》第19条[①]，积极探索“两新”组织党建与企业经营发展共进共赢的途径。白云区江高镇认为破解非公企业党建工作的关键之一是企业主是否关心党建工作，由此，一方面，镇党委建立领导联系挂钩企业的工作制度，以座谈会或者到企业访谈的形

① 新《公司法》第19条规定：“在公司中，根据中国共产党章程的规定，设立中国共产党组织，开展党的活动。公司应当为党组织的活动提供必要的条件。”

式与企业主交心沟通，听取意见，宣传介绍企业党建的意义和党建促企业发展的实际案例，并向上级提名政治表现突出的企业主为人大代表候选人和政协委员，目前企业主已有10名区人大代表、20名区政协委员，同时加强对企业的服务，解决企业经营、就医、子女上学等问题，让企业主和员工感受到党和政府的温暖与关怀。另一方面，组织专门力量进厂帮助企业建立党组织，协助企业建立“三会一课”、民主评议等制度，确保企业党建工作的规范开展。最后江高镇把非公经济组织党建工作经费纳入本单位财政年度预算，并将部分留存党费划拨给非公企业作为活动经费的补充，在党员人数较多的企业实现了有党组织活动室，有规范化的党建工作制度，有电教设备，有活动经费，有“两歌一旗一词”，有效保证了党组织活动的正常开展。通过对“样板”典型企业的示范宣传，园区内大部分企业如欧派、广铝等都已经基本建立党组织，开展“党员示范岗”、“党员责任区”等主题实践活动，白云电器党总支每月还能出版一期电子党报，使得非公企业党建工作迈向了一个新的台阶。[①]

三是破解了“两新”组织党员人数偏少的难题。“两新”组织，特别是规模较小的新社会组织和企业，往往党员人数少，难以建立党组织并有效开展活动，外部输送党员成本高，且难以配合组织实际，开展工作具有难度。因此，大力挖掘这些组织中的有效人才，使之往党组织靠拢，提高党组织对“两新”组织的影响力，具有重要意义。广东省在“两新”组织党员发展上，根据实际情况，通过破除体制机制障碍，创新党员联系员制度，采用内部造血与外部输血相结合，通过培养、推荐、输送等途径，壮大非公有制企业党员数量。同时，为了提高党组织的影响力。积极吸引政治素质好的企业年轻业务骨干、文化程度较高车间班组等管理人员加入到党组织中来。强化了内部造血功能，为党组织的建立和发展打牢基础。广州越秀黄花岗科技园针对园区内高学历、高职称、高层次人才聚集的特点，在园区内实施“双培工程”，即把人才培养成党员，把党员培养成人才，实现了优秀人才最大限度地聚集在党内，党组织发现人才、管理人才、关爱人才、成就人才得以在非公企业中体现。南沙区大力实施“双培

---

① 参见中共广州市委组织部、中共广州市委创先争优活动领导小组办公室编：《广州基层组织工作创新项目100例》，2010年。

双推”工程，将发展党员的重点放在生产经营管理者、科技骨干和一线优秀青年上，并把优秀党务工作者推荐到经营管理层，增强了党组织的凝聚力。

8. 强化保障的领导管理体制

在探索“两新”组织党建工作中，需要通过建章立制、制定政策、推动立法，才能加强党建工作的有效性。

一是建立健全规章制度，强化责任保障。党中央高度重视“两新”组织的党建工作，特别是在十七届四中全会之后，颁布实施了有关完善“两新”组织党建的管理意见，初步建立起一套“两新”组织管理规章制度。如省委组织部出台的《关于进一步加强社会组织党建工作的意见》开篇就指出：社会组织党建要“理顺管理体制，明确社会组织党建工作的责任主体”。而在广州市委颁布实施的《关于建立健全党委（党组）抓基层党建工作责任制的实施意见》中，就将党委（党组）书记明确为基层党建工作第一责任人，对本地本部门基层党建工作总负责。实现了领导重视，有人负责。市、区（县级市）则建立党建工作领导小组，以强化对非公有制企业的领导责任。在管理上，明确了不同性质的企业施行特定的隶属管理体制。针对“三资”企业党建工作采用“谁兴办企业，谁考虑组建党组织”的以资产为纽带的党建责任制，对包括个体工商户在内的私营企业，采用属地管理的原则，归所在街道管理。对规模特别大的企业则划归区（县级市）直接管理，逐步形成了“以块为主，以条为辅，条块结合，分层管理”的管理体制。这些措施具有很强的针对性和指导性，全面保障了“两新”党建工作的顺利进行。

二是创新“两新”组织党建工作制度，提高工作实效。近年来，广东各级“两新”组织党建工作机构日益健全。首先，初步建立“两新”组织党建工作联席会议制度。如广州市就建议由各区（县级市）的组织部、统战部、工商联牵头，定期或不定期召集教育、司法、财政、人力资源和社会保障、工商、妇联、团委以及镇（街）党（工）委等主要负责同志参加的联席会议，报告党组织组建和活动的开展情况，共同协商、研究和解决问题，形成了上下联动、左右协调、相互支持、齐抓共管的格局。其次，建立非公有制企业党建工作指导员制度。建立一批专职镇（街）党建工作指导员队伍，指导帮助非公有制企业开展党建工作，协调解决工作中存在的问题。广东省委组织部主抓骨干力量，党组织书记和党建工作指导员队伍建设有新突破，到2012年8月止，确定了六万多名党建工作指导员，已累计培训党务工作者一万多人次。各区（县级市）设立非公企业党建联络员，收集掌握并及时汇报辖区党建工作情况。如珠海市早在2005年就开始选派党建指导员或党群工作联络员进企挂点的成功做法，深入做好企业主、党员和员工的工作，确保按质按量按时完成“两个有”任务90%的达标率。[①]部分县市已经全额完成任务，广东清新县共为137家“两新”组织派驻党建工作指导员137名，实现了全派驻，扎实推进了清新县党组织与“两新”党员管理工作的有效衔接。广东已成立省“两新”组织党工委，21个地级以上市全部成立“两新”组织党建工作机构，53个县（市、区）成立了相应工作机构。充分发挥行业、系统抓党建的优势，完善了省社会组织、律师和注册会计师党委，并着手成立省非公企业、注册评估师等党委，条块结合、齐抓共管，工作局面日臻完善。

三是建立健全党建专项经费保障制度。一方面，充分利用各种资源，加强党组织阵地建设，破解党建活动场所限制的问题。广东各地政府相继出台政策鼓励各镇（街）加强阵地建设，整合各类社会资源，为“两新”组织开展党组织活动提供免费场地。如广州市番禺区为街道党员活动中心建设品均给予3万~5万元补贴，从2007年开始，三年投入710万元新建26 000多平方米场地，确立了175个活动场所，并将《共产党员活动证》使用范围扩大到所有“两新”组织的党员，让他们就近、便利开展党组织活动，享受丰富的活动资源，感受党组织给予的关怀和温暖。另一方面，将区（县级市）两新党组织等领域的基层党建工作经费纳入年度财政预算，同时建立特殊项目的专项经费由市财政负责，并由各区（县级市）配套解决。实行非公有制企业党员缴纳党费全额返还，并将市、区（县级市）两级党委的留存党费及时下拨作为非公企业党组织活动专项经费，以确保党组织活动无后顾之忧。其中由省财政对粤东、西北等财经相对困难地市，按每名在职党员每年300元的标准补贴活动经费，按每人每月2000元的标准为全职党组织书记发放津贴，对新建的“两新”组织党组织拨付3000元启动经费。各地方县市区也制定相应鼓励政策，创新投入机制，为党组织

① 参见《珠海召开新经济组织党建工作联席会议》，《珠江晚报》2005年3月22日。

活动开展提供经费保障。如广东清新县共有“两新”组织137家，在严密组织开展“两新”组织党组织覆盖“百日攻坚行动”中，做到提前部署，行动迅速，为全县35名“两新”组织党务书记每人每月定额发放党务工作津贴200元，实现了由财政补贴新经济组织和新社会组织党务书记工作津贴的新举措，在全市基层党组织中率先拉开了“两新”党组织党务津贴机制探索工作的序幕。①县委通过财政支持、党费下拨、企业支持等多种途径，积极筹集“两新”组织党建工作经费，大力帮助“两新”组织党组织解决“起步难”的问题，对每个新组建的“两新”组织党组织支持解决组建经费2000元，并对“两新”组织党员上缴的党费实行全额返还。②

四是在广东有地方立法权的广州、深圳、珠海和汕头等四个城市探索制定“两新”组织党组织的地方性法规。现已起草非公经济组织党建促进条例。其中，珠海市已启动社会组织直接登记管理办法和私营企业权益保护条例的修订工作，将以“嵌入式”立法的方式，把相关内容加进法规之中。汕头市在充分调研和听取意见的基础上，起草了非公有制经济组织党的建设促进条例。③广州、深圳的地方立法工作也在紧锣密鼓的进行中。

四、广东加强“两新”组织党建工作的主要困难

尽管广东省在推进“两新”组织党建方面开展了大量工作，取得了明显成效，培育了一批“两新”组织党建典型，创新了“两新”组织党建模式，形成了具有广东特色的实践做法与基本经验。但是，随着广东经济社会的不断发展，广东“两新”组织数量急剧增加，近年来新社会组织更是发展迅猛，导致不同组织党员队伍差异性增大，“两新”组织党建面临的新情况、新问题不断涌现，党组织的基础作用还有待进一步夯实。当前，广东“两新”组织党建主要面临以下困难。

---

① 参见《清新率先落实“两新”组织党务书记津贴机制》，《清远日报》2012年6月18日。

② 参见《广东两新组织经费实现突破全职书记每月津贴两千》，《人民日报》2012年7月20日。

③ 赖少芬：《广东建立“两新”组织党建工作经费保障机制》（2012年7月18日），人民网，http://politics.people.com.cn/n/2012/0718/c70731-18546620.html。

1. 如何在扩大党组织覆盖面的同时有效开展工作

扩大组织覆盖面是“两新”组织党建工作的基础，也是有效开展党组织工作的前提，是发挥党组织战斗堡垒作用的重要保障。截至2012年8月，经过基层组织建设年的部署与“百日攻坚行动”的开展，“两新”组织党的工作总体覆盖率已达99.7%，基本实现了全覆盖。[①]但是相对于广东省注册登记的“两新”组织整理数量而言，不仅继续扩大党的组织有效覆盖存在较大困难，同时，由于种种原因，就已经建立的部分党组织，仍然无法有效开展工作。

一方面，内源性动力缺乏。广东一些旧家族式企业，不具规模，受市场影响巨大的小规模作坊式企业和受境外基金资助的社会组织业主在组建党组织方面意识有待提高。据广州汽车工业集团的一份调查显示，近1/2的调查企业党员认为不能有效参与企业决策[②]，即表示企业内源性动力不足。同时，广东存在大量规模以下的非公经济组织与社会组织，这些组织是广东经济活力的源泉，但也为党组织的建立带来巨大困难。如广州荔湾区，根据荔湾党建学会2010年的调查，规模以下的“两新”组织党组织覆盖率仅为0.2%[③]，部分家族式企业党建困难度更高。经过两年努力，情况稍有改善，但两者发展仍然十分不平衡。如何加强和改进规模以下的“两新”组织党组织覆盖率是迫切需要解决的现实问题。另一方面，新建的党组织缺乏既热心党建又熟悉业务的党组织负责人。由于大量的新建党组织需要高素质复合型的党员领导干部，大规模干部能力培训又无法兼顾小企业或小组织具体业务，这也为“两新”组织党组织进行高效党建工作带来困难。

2. 如何在党员频繁流动的过程中有效加强管理和教育

加强党员的教育和管理是扎实做好党员队伍建设的重要手段。党的十七届三中全会指出，要加强和改进流动党员管理，建立健全城乡一体党

---

① 赖少芬：《广东建立“两新”组织党建工作经费保障机制》（2012年7月18日），人民网，http://politics.people.com.cn/n/2012/0718/c70731-18546620.html。

② 参见广州汽车工业集团有限公司课题组：《关于新形势下党组织设置问题研究的调研报告》，2010年8月。

③ 参见荔湾区党建学会：《以“保姆式”服务为非公企业开启党建“绿道网”》，2010年8月。

员动态管理机制。但是，由于“两新”组织员工本身就存在跳槽等巨大的流动性，相应带来“两新”组织党员队伍流动性大、稳定性差的特点。而这就为有效加强流动党员管理和教育带来巨大困难。

目前，广东“两新”组织流动党员存量大，2010年全省就已经有新社会组织23 261个，新社会组织从业人员65.6万多人，其中党员61 561名，占总数的9.3%，党员流动量大。[①]广州市实名制登记的外来务工人员达368.46万人，其中党员6689名。2012年，仅河源市高新区掌握到的流动党员就有200 多人。[②]出现没有转组织关系的流动党员是由多种原因造成的。有的是由于某些利益因素，自身不愿意从流出地转出，有的担心工作问题，是否转入需要看老板脸色行事。也有的担心广东地区党费收费高而不转，小部分党性意识不高而不愿意转党组织。加上部分“两新”组织开展的活动形式和内容单一，对流动党员吸引力下降。这些流动党员无法正常参与正式组织所在地的活动。长期以来，党组织对这部分党员的权益关心不够，而他们本身又处于流动状态，心理上缺乏稳定感，又长期得不到组织的关怀和帮助，难以提高流动党员的归属感和向心力。

3. 如何在不影响“两新”组织主要业务工作的前提下提高党员地位和引导力

加强“两新”组织党组织组建工作不仅需要得到上级党委的大力支持和有效引导，还需要得到“两新”组织内部支持，特别是企业主的支持。近年来，广东非公企业（组织）党建氛围浓厚，但是由于党建工作需要投入额外的人力、物力、财力，而效果往往需要一段时间，并不能立竿见影。广东各级地方政府和企业组织在这方面做了一定的探索，取得了部分效果。一些地方提出推荐热心党建的有能力的业主加入政协等队伍，提高业主的政治地位，争取业主支持。广东立白集团党委邀请公司总裁不定期参加党员民主生活会，让其熟悉党建，支持党建。广东鹤山雅图仕印刷有限公司党委则利用宣传栏、内部网络发布党建工作信息，主动向公司高层汇报工作设想以及党组织的动态。尽量利用业余时间组织党内活动，在活动前注意及时知会党员所在部门的主管，尊重他们的意见，争取他们对党

① 参见李玉姝：《加强新社会组织党建工作调研报告》，广东省民政厅官网，http://zwgk.gd.gov.cn/006940175/201110/t20111012_285889.html? keywords。

② 参见《加强流动党员管理　解决流动党员困难》，《河源晚报》2011年7月7日。

员参与活动的支持，避免与学习、工作发生冲突。

但是，在目前整个泛珠三角地区竞争激烈，中小型非公有制企业和新兴的靠项目存活的社会组织存在周期越来越短的情况下，部分业主对党建工作认识不到位，出现“只要依法经营、照章纳税，建不建党组织不仅无关紧要，而且还会加重企业（组织）负担”的错误想法较为普遍。即使是面对上级党委部门的引导，也只是口头支持，并未给予人力、物力方面的倾斜。因此，如何在既不影响“两新”组织主要业务工作，又能够提高党员地位和引导力成为制约当前“两新”组织党组织发展的重要问题。

五、广东“两新”组织党建工作展望

当前，广东“两新”组织党建工作已经取得巨大成绩。但党的建设整体仍然滞后于“两新”组织自身的发展。开展活动难、参与决策难、发挥作用难已成为目前广东“两新”组织党建工作中的普遍性问题。只有充分调动“两新”组织中党组织和党员的积极性，展现党的生机和活力，党才能在“两新”组织中团结群众，凝聚民心，并将生产一线、关键岗位的各类优秀人才培养吸收到党员队伍中，影响和增强党的经济基础、扩大党的群众工作、占领“两新”组织这一新的阵地。总体来讲，广东“两新”组织党建工作仍需要在以下几个方面着力。

1. 着力提升“两新”党组织发展质量

如前所述，“两新”组织的发展受到众多因素的影响，市场经济、政府体制改革、民众参与意识等都在一定程度上影响“两新”组织自身的发展。因此，党与其建立联系并在其中开展党建工作不是一蹴而就的，“运动式”地提高覆盖，起不到实际作用。党组织的建立需要更加注重“质量”。不考虑制约背景，盲目夸大党建的主观能动作用，把党建当作“两新”组织发展的药方，势必引起社会对党的误解，反而造成对党建工作的损害，最终影响党建工作的有效开展。这就要求我们根据“两新”组织性质来开展党建工作。不同的企业和新社会组织的行业区分、组织类型复杂多样即使是同一类组织内每一个单位也不一样，社区社工组织基于社区居民多样化利益需求建立的复杂性更为突出，因此，采用统一部署的党建管理实际上是行不通的。明确性质、活动方式和成员组成等基本信息是开展“两新”组织党建工作的基本前提，这就要求党组织在开展党建工作之前，就对企业、组织的基本情况有详细的了解，从而提高党建工作的科学性与有效性。党组织的发展需要由“量”转“质”，建立党组织与“两新”组织的紧密联系。

2. 着力提高“两新”组织对党组织的认同度

党组织能否得到“两新”组织及其内部成员的认同，是“两新”组织党建的成败的关键因素。这要求我们：一要处理好党建工作目标和“两新”组织自身发展目标的关系，处理好基层党组织和“两新”组织利益关系。二要明确党建工作与“两新”组织业务工作边界。党组织可以号召党员积极参加“两新”组织的活动，并对其开展活动提出建议，予以监督，制止不合法的组织行为，但不能混淆党建活动与业务活动，更不能以党建活动取代业务工作，否则就会使“两新”组织对建立党组织或开展党建活动望而却步，确保组织对自己的业务活动有自主选择的权利。三要确保党建活动能对企业生存发展起到推动作用。如2009年、2010年春节期间，广东各级“两新”组织党组织发挥了组织优势，协助企业应对了国际金融危机，其主要做法和经验值得借鉴。首先，通过政策宣讲队、形势报告会等及时宣传中央、省委关于应对金融危机的一系列政策措施，坚定了大家克服困难的信心。其次，架起政府与企业主和企业员工沟通的桥梁，反映企业要求和职工呼声。再次，引导企业树立“关爱职工就是关爱企业，留住职工就是留住企业”的理念，使企业最大限度做到苦难时刻不裁员。最后，稳定双方情绪。发动党员业主带头做到不欠薪、不裁人；劝解党员管理人员不闹事、不退场。顺利帮助企业渡过难关，实现了生产经营弯道超越。如广州市越秀、天河等区向辖区内企业党员发放《倡议书》，鼓励大家坚定信心、同舟共济、共渡难关。番禺在金融危机发生期间，开展“化危为机”系列活动。广大党组织想企业之所想，急企业之所急，通过发挥自己的政治优势和组织优势，为企业克服困难发挥了不可替代的作用。

3. 着力打造广东“两新”组织党建品牌

“两新”组织党建不能陷入年年创新但却不能坚持开展的恶性循环当中，应着眼于将优势活动品牌化。品牌活动的开展，有三个基本维度：一是要突出活动主题。各部门党建活动形式可以多种多样，内容可以丰富多彩，但是所有的活动都必须始终坚持为“两新”组织服务。二是要注重系统性。“两新”组织党建工作是一项系统工程。每项活动载体的运行，都有一个产生、发展、完善、提高的过程。因此，在设计时，必须运用系统的方法、递进的方法，在运行过程中，不断加以改进和完善。三是要注重实效性。一方面，要通过活动调动党员参与党组织活动的积极性、主动性，充分发挥“两新”组织党组织战斗堡垒作用和党员的先锋模范作用，进一步带领和带动员工参与本单位或组织建设。另一方面，要通过活动使单位内的全体成员得到实惠，享受实实在在的服务。广州市浪奇实业股份有限公司开展完成了“品牌支部，党员品牌”工程建设。企业党委从扩大先进性教育成果出发，探索党建工作融入围绕公司生产经营的具体目标，创立“一部一牌”、“一员一牌”。“一部一牌”指一个支部一个品牌策略，如洗衣粉生产部提出打造“精英团队，专业制造”品牌；“一员一牌”指一名党员一个品牌策略，如技术中心党支部党员刘保提出的“认真钻研，优化配方”的主题，带领团队努力工作，争创成本最低、质量保证的目标。浪奇的创新实践，使党的工作更好地融入到企业的生产经营中来，党员和党支部在企业的生产经营中起到战斗堡垒作用，有效促进了企业科学健康发展。

4. *着力创建“两新”组织建设长效机制*

实践证明，及时将“两新”组织党的建设中的一些成功做法和新鲜经验转化成为制度，形成党员“长期受教育、永葆先进性”的长效机制，为“两新”组织党的建设提供系统的理论指导，具有十分重要的现实意义。我们可以尝试在以下几个方面进行努力。一要健全党员管理机制。特别是针对“两新”组织的党员在产业和地区之间转移流动性强、流动范围广、流动方式多样的特殊情况，不断探索“两新”组织流动党员管理的新办法和新途径。坚持管理与教育并重，管理与服务相结合，增强教育效果。二要健全工作机制。统一协调，将党务工作与群众工作有机结合起来，实现优势互补、共建互促。三要健全保障机制，加强基层一线党务工作队伍建设。除了按照财政划拨一点，党费返还一点，还可以争取业主支持一点，从社会各方面筹措一点，解决活动经费缺乏的问题。四要健全考核机制。要把“两新”组织党建工作按“责任制”纳入各级党组织年度考核内容，强化领导责任；同时，对成绩突出的党务工作者和党员，给予一定的物质奖励，激发他们干事创业的积极性；及时考核和推荐表现突出的员工入党，壮大党组织，增强党的活力，根据地区实际，推荐热心和支持党的工作的业主到各级人大、政协和社会团体任职，引导他们积极参政议政，在全社会营造支持“两新”组织党建工作的良好氛围。

总之，改革开放以来，广东“两新”组织党的建设以马克思主义党建原则为指导方针，结合广东实际，紧紧围绕党的工作中心，紧贴“两新”组织经营活动，从思想、政治、组织、制度、作风等多方面开展工作，既一步一个脚印，扎扎实实，又勇于探索，大胆创新，促使各个基层党组织发挥了战斗堡垒作用，广大党员发挥了先锋模范作用，保证了党的各项任务的完成。相信在总结广东党的建设工作经验和不足的情况下，广东“两新”组织的发展将会呈现出生机勃勃的发展活力，为广东经济社会全面发展，推动广东改革开放伟大事业再添新鲜力量！

第七章　反腐倡廉建设的新举措

党的思想建设、组织建设、作风建设、制度建设、反腐倡廉建设是有机统一的。反腐倡廉建设是党的建设的一个重要内容，它与党的建设的其他四个方面内容是相互促进、相互联系、不可分割的。胡锦涛同志在党的十七大报告中指出："中国共产党的性质和宗旨，决定了党同各种消极腐败现象是水火不容的。坚决惩治和有效预防腐败，关系人心向背和党的生死存亡，是党必须始终抓好的重大政治任务。全党同志一定要充分认识反腐败斗争的长期性、复杂性、艰巨性，把反腐倡廉建设放在更加突出的位置，旗帜鲜明地反对腐败。"[①]总书记在这里通过强调"重大政治任务"、"放在更加突出的位置"，进一步阐明了反腐倡廉建设在党的建设中的重要地位。《中共广东省委关于贯彻〈中共中央关于加强和改进新形势下党的建设若干重大问题的决定〉的实施意见》也强调指出："坚持以惩治和预防腐败体系建设为重点，从加强廉洁从政教育和领导干部廉洁自律，加大惩治腐败力度，强化对'一把手'的监督，提高反腐倡廉法制化水平。"[②]毋庸置疑，新形势下，我们要构建和谐广东和幸福广东，必须充分认识反腐倡廉建设在党的建设中的地位与重要意义，切实抓好反腐倡廉建设。

---

① 胡锦涛：《高举中国特色社会主义伟大旗帜　为夺取全面建设小康社会新胜利而奋斗——在中国共产党第十七次全国代表大会上的报告》，人民出版社2007年版，第55页。

②《中共广东省委关于贯彻〈中共中央关于加强和改进新形势下党的建设若干重大问题的决定〉的实施意见解读》，《南方日报》2010年1月19日。

一、广东反腐倡廉建设的提出与意义

1. “反腐倡廉”概念考辨

“反腐倡廉”这一提法在中央有关重要文件或报告中已出现多年。早在2000年12月，江泽民同志在中纪委第五次全体会议上所作的《推动党风廉政建设和反腐败斗争的深入开展》报告就这样明确表述。在报告中，他强调“不解决好反腐倡廉的问题，改革、发展、稳定就没有坚强的政治保证，党和政府就会严重脱离群众，就有亡党亡国的危险”；“反腐倡廉工作要逐步实现制度化、法制化”等。[①]虽然“反腐倡廉”已成为人们常用的一种提法，但由于原来更多的是表述为党的作风建设和反腐败斗争或党风廉政建设和反腐败斗争，而不是直接表述为反腐倡廉，所以，人们对于什么叫反腐倡廉并没有作出科学的解释或界定，就是现行的权威工具书如《辞海》、《中国大百科全书》、《现代汉语词典》等，也无法从中得到查证，导致人们对反腐倡廉概念的理解出现简单化或泛化的现象。因此，要科学解释和界定“反腐倡廉”的概念，就必须对题中应有之义的“腐”和“廉”作出准确的理解和把握。

首先，“腐”顾名思义就是腐败的意思，而“腐败”从不同的角度看，具有不同的解释。在生物学意义上，它指腐烂、发霉、变质。如：流水不腐、鱼肉腐败等。在政治学意义上，学术界的看法主要有四种：其一，指公共权力的滥用；其二，指社会不良现象；其三，指某种社会制度的腐朽没落；其四，指前三种意思兼而有之。本文谈论的“腐败”作为“反腐倡廉”概念中的一个特定涵义，很显然它只能指公共权力的滥用，它是一个具有特定含义的政治术语。正如杨春洗教授所界定的：“腐败是指执政党组织和国家机关及其工作人员，包括受其委托从事公务的组织和人员，为满足私欲、谋取私利或局部利益而实施的严重违背纪律和法律，侵犯人民利益并造成恶劣政治影响的蜕化变质行为。”[②]因此，在理解“腐败”概念时，要注意把握它的三个重要构成要素：一是腐败的主体，

① 《江泽民文选》第3卷，人民出版社2006年版，第147页。

② 楚文凯：《腐败概念的泛化和界定》，《中国监察》2005年第8期。

即与公共权力相联系的政府、组织和个人；二是腐败的行为，即以公共权力被滥用为特征的社会行为；三是腐败的客体（后果），即受到损害的国家和人民的利益。这三个构成要素密切联系、不可分割，构成了腐败的基本内涵。

其次，“廉”具有廉政、廉洁、廉耻等意思，但人们在理解“廉”的含义时，往往互不区分，混同使用，导致对“反腐倡廉”概念的理解不够准确和科学。我们需要为此辨清：其一，“廉政”主要是指为官清廉、廉明公正，不贪污，不行贿受贿，不以权谋私。在“反腐倡廉”概念中，“廉”有它特有的涵义，与“腐”相对而言，其“廉政”的主体是相对掌握公共权力的国家公职人员而言。其二，“廉洁”主要是指为人清廉、正直、不铺张浪费等。其“廉洁”的主体不仅涵盖了掌握公共权力的国家公职人员，而且还涵盖了掌握一定社会权力的非国家公职人员，如工厂门卫、学校食堂职工等。其三，“廉耻”主要是指廉洁的操守和羞耻的感觉。而操守意指人的行为和品德。因此，通过分析和比较，可以得出廉耻的外延比廉洁所表达的意思要广，而廉洁的外延又比廉政所表达的意思要广。换句话说，只有掌握公共权力的国家公职人员运用权力做了不廉的行为，才可以被称作“不廉政”，而掌握一定社会权力的非国家公职人员运用权力做了不廉的行为，由于它与“公权”无关，只能被称作不廉洁，而不能被称作不廉政。当然，在“反腐倡廉”建设这一特定词语中，“廉”字虽然都包含了以上三种不同词义，但更加侧重的是“廉政”这一层意义。

结合上述分析，我们可以给“反腐倡廉”概念下这样的定义：所谓反腐倡廉，是指在中国共产党的领导下，通过纪检、监察、检察等国家职能机关反对腐败、要求廉政，确保政府、组织和个人做到清正廉明，不贪污，不行贿受贿，不以权谋私。为此，要求中国共产党必须经常开展思想道德教育，通过各级组织严格执行廉政制度，并加强组织和群众的检查、监察和监督，不断深入开展反腐败斗争，以达到廉政和廉洁的目的。

2.“反腐倡廉”建设的提出

“中国共产党是中国工人阶级的先锋队，以全心全意为人民服务为唯一宗旨。我们党是代表人民执掌政权，党的全部活动都是为了保护和实现广大人民群众的利益。”[①]党的先进性决定了它和腐败绝不相容，中国共产党从建党之初就重视反腐败问题。1926年8月4日，中共中央扩大会议向全党发出了《坚决清洗贪污腐败分子》的通告，向全党明确提出了反腐败的任务：“在这个革命潮流仍在高涨的时候，许多投机腐败的坏分子，均会跑到革命的队伍中来，一个革命的党若是容留这些分子在内，必定会使他的党陷于腐化，不但不能执行革命的工作，且将为群众所厌弃。所以应该很坚决地清洗这些不良分子，和这些不良倾向作斗争，才能巩固我们的营垒，才能树立党在群众中的威望。”[②]这是中国共产党发布的第一个反腐败文件，是共产党在发现了党内有腐败苗头时就坚决加以打击的力证。

随着党的事业的发展，特别是随着党成为执政党，腐败的风险也在加大，因而党中央及党的领导人也更为注重反腐败工作。改革开放以来至党的十七大，在提到反腐败时，往往用的是“反腐败斗争”、“反腐倡廉工作”等词语，党的十七大报告在部署反腐倡廉工作时，创造性地提出了“反腐倡廉建设”这一新概念，并将反腐倡廉建设同党的思想建设、组织建设、作风建设、制度建设并列为党的建设的重要组成部分，提出“以完善惩治和预防腐败体系为重点加强反腐倡廉建设”、“把反腐倡廉建设放在更加突出的位置”。从“反腐倡廉工作”，到“反腐倡廉建设”，虽然只是“工作”与“建设”两个字的差别，但其含义是很深刻的、意义是深远的。第一，这一新概念强调了反腐败斗争的长期性、复杂性、艰巨性。正因为这一斗争的长期性、复杂性、艰巨性，所以它不是一项一般意义上的工作，而是一项需要付出巨大努力、需要长期坚持不懈的“建设”。第二，这一新概念强调了“反腐”与“倡廉”的协调、配合与相互促进。“反腐”与“倡廉”这两项工作是有机统一的，不能割裂开来。第三，这一新概念强调和提升了反腐倡廉的战略地位，显示其在国家建设与经济建设、政治建设、文化建设、社会建设及在党的建设中与思想建设、组织建设、作风建设等各方面建设的辩证关系与重要地位。第四，这一新概念强调了反腐倡廉工作的制度化。“建设”非一般的“工作”，更需要法制化、制度化。第五，这一新概念强调了反腐倡廉工作的常态化与系统化。

① 中央文献研究室编：《江泽民论有中国特色社会主义（专题摘编）》，中央文献出版社2002年版，第426页。

② 转引自邓频声等著：《中国特色反腐倡廉道路研究》，时事出版社2011年版，第35页。

“建设”非一般的临时性“工作”，需要长期努力，需要经常化，需要科学规划、统筹安排。这一词语的变化，体现了党对反腐倡廉认识的进一步深化和战略部署的进一步提升。[①]

3.“反腐倡廉建设”意义探问

毋庸置疑，“反腐倡廉建设”作为党的建设的一项核心内容，影响着广东经济发展和社会和谐的大局，对于保障广东改革开放以来所取得的重大成果和进一步深化改革从而构建和谐幸福广东都具有至关重要的意义。

首先，加强反腐倡廉建设是增强党执政的合法性基础的需要。

合法性是政治学的一个专门术语，政治统治的合法性就是社会成员对于政治统治的承认，就是社会成员对于政治统治正当性的认可。政治学意义的合法性与日常用语中的“合乎法律规定”的“合法性”是有重大差别的：前者是意识和心理内化的结果，后者是强制力的结果。[②]合法性是政治统治必须注意解决的重要问题。著名学者哈贝马斯指出：“任何一种政治系统，如果它不抓合法性，那么，它就不可能永久地保持住群众（对它所持有的）忠诚心。这也就是说，就无法永久地保持住它的成员们紧紧地跟随它前进。”[③]在注重法治与人权保障的现代社会，在公民权利意识大大觉醒的现代社会，合法性问题是维护政治统治与政治秩序所必须高度关注的重大政治问题。对于执政党而言，也必须高度重视增强党执政的合法性，增强合法性是执政党更长久、更稳固地维持执政地位的需要。政党政治的发展史早已说明，任何一个政党，如果得不到人们的拥护、支持，这个政党必然不能长久地维持其政治影响力，必然迟早退出历史舞台。对于执政党而言，之所以能够上台执政、能够成为执政党，根本原因在于民众的拥护与支持；它要继续维持执政地位，也必须得到民众的支持、认同。一个有着强大合法性的执政党，也必然是一个在民众中有着巨大权威、能够得到民众支持与拥护的政党，从而执政地位将十分稳固。合法性的增强，也是提高执政党应对各种风险和危机的能力的需要。在这个意义上，时任省委书记的汪洋同志指出：廉政问题是一个关系领导干部的政治生命，关系一个政党、一个政权生死存亡的重大问题。毋庸置疑，腐败严重

① 转引自邓频声等著：《中国特色反腐倡廉道路研究》，时事出版社2011年版，第35~36页。

② 参见王浦劬：《政治学基础》，北京大学出版社1995年版，第163页。

③ ［德］哈贝马斯：《重建历史唯物主义》，社会科学文献出版社2000年版，第264页。

侵蚀、危害执政党的合法性基础，这主要可从以下几个方面加以分析。

第一，腐败的滋生、蔓延会腐化党的队伍。一些党员干部利用手中所拥有的人民所赋予的权力，为自己谋取私利，这尽管是个人的腐化堕落，但一个个党员干部的腐化堕落，在总体上却腐化了党的队伍，损害了党的队伍的纯洁性。从广东的情况来看，据统计，2003—2009年七年间，广东省纪委、省监察厅查处违法违纪案件30 429件，给予党纪政纪处分31 221人，其中44 246名党员干部涉及违纪问题。[①]尽管受党纪处分并非都是因为腐败，但从现实来看，腐败无疑是党员干部受党纪处分的一个重要原因。这些数据说明了腐败对党员干部和公务员队伍的侵蚀，已经到了比较严重的程度，严厉惩治腐败以纯洁党的队伍紧迫且重要。

第二，腐败的滋生、蔓延严重损害党的形象。中国共产党是工人阶级的先锋队，是由工人阶级中的先进分子组成的，全心全意为人民服务是党的宗旨。从本质上讲，中国共产党是建立在先进性基础上的纯洁的政党，中国共产党领导和执政的人民政府是廉政的政府。因此，任何腐败蜕化行为都是与党的先进性、政府的廉洁性不相容的。因此，腐败的滋生、蔓延特别是它对党员干部队伍的侵蚀，必然会极大地损害党的形象，玷污党的先进性和党所领导的人民政府的廉洁性。尽管党员干部队伍和公务员队伍在总体上是健康的、纯洁的，但滥用权力以权谋私的党员干部与公务员却以其腐化堕落而在人们心目中对党和政府的形象带来了重大损害。人们是通过与具体的党员干部、公务员接触来感受、形成对党和政府的印象的，因此，一个受贿的党员干部的贿赂与腐化行为尽管是个人行为，却在与其打交道的人们心中，一定程度上代表了党和政府的形象。正因为如此，腐败的滋生、蔓延将极大损害党和政府的形象，在一定程度上影响到人民群众对党的事业的忠诚和支持。

第三，腐败的滋生、蔓延在一定程度上使执政党脱离群众。腐败的实质，在一定意义上来说是对人民群众根本利益的漠视、侵害和掠夺。一个社会的资源总量是一定的，在资源分配中腐败分子以权谋私获取了超过正常数额的资源，那么人民群众获得的份额就要相应减少，这种侵害人民利

① 参见《感悟广东纪委的“开门反腐”》（2010年6月26日），人民网，http://news.163.com/10/0628/21/6AA0VG990O0146BC.html。

益的行为必然会损害人民群众对执政党的支持。同时，腐败分子通过非法手段获得了政治、经济、社会地位的上升，他们高高在上，对群众漠不关心、花言巧语、愚弄欺骗，甚至威胁恐吓、颐指气使，这些都将损害执政党与人民群众的血肉联系，使执政党脱离群众。

其次，加强反腐倡廉建设是提高党的执政能力的需要。

中国共产党是我们国家的领导力量和执政力量，是中国现代化建设事业的领导核心，是国家大政方针的主要决策者，中国共产党的领导水平和执政水平，直接决定着社会主义物质文明、精神文明和政治文明建设的进度及其成就。正如江泽民同志所指出的："办好中国的事情，关键取决于我们党"，"关键取决于党，不仅取决于党的正确的理论路线方针政策，也取决于各级党组织贯彻落实党的路线方针政策的能力和水平，也就是说，取决于我们党的领导水平和执政能力"。[①]党的十六届四中全会通过的《中共中央关于加强党的执政能力建设的决定》，概括了五个方面的执政能力：驾驭社会主义市场经济的能力、发展社会主义民主政治的能力、建设社会主义先进文化的能力、构建社会主义和谐社会的能力、应对国际局势和处理国际事务的能力。无论从哪个角度看，腐败的滋生、蔓延，都会对党的执政能力构成重大威胁。关于腐败对我党执政地位的影响，邓小平同志早在1982年4月就有明确论述："我们自从实行对外开放和对内搞活经济两个方面的政策以来，不过一两年时间，就有相当多的干部被腐蚀了。卷进经济犯罪活动的人不是小量的，而是大量的。犯罪的情况不是过去'三反'、'五反'那个时候能比的"；"现在大案子很多，性质都很恶劣"；"这股风来势很猛。如果我们党不严重注意，不坚决刹住这股风，那末，我们的党和国家确实要发生会不会'改变面貌'的问题。这不是危言耸听"。[②]党中央由此一再重申，执政党的党风问题是关系党的生死存亡的问题。汪洋同志也多次强调："领导干部能否遵纪守法，能否廉洁自律，不仅关系到个人的人格和形象，更关系到一个地区党组织和政府的公信力和凝聚力，还关系到一个地方的社会风气和发展环境。从某种程度上讲，纪律问题决定了一个领导干部的领导力，决定了一级党委政府的

① 中央文献研究室编：《江泽民论有中国特色社会主义（专题摘编）》，中央文献出版社2002年版，第599页。

②《邓小平文选》第2卷，人民出版社1994年版，第402~403页。

战斗力，决定了一个地区发展的软实力。”[1]全国和广东改革开放以来所揭露出来的腐败问题，确实令人担忧。如果我们掉以轻心，放松警惕，势必葬送我们的党，葬送我们的人民政权，葬送我们在改革开放中取得的巨大成就。

二、广东反腐倡廉建设的现实成就

自中共中央颁布《建立健全教育、制度、监督并重的惩治和预防腐败体系实施纲要》（以下简称《实施纲要》）后，广东省各级党委、政府和纪检监察机关按照“标本兼治、综合治理、惩防并举、注重预防”的方针，认真贯彻落实。时任省委书记的汪洋同志，省委副书记、省长黄华华，省委常委、省纪委书记朱明国等领导多次作出指示，要求扎实做好构建惩防体系工作。为此，广东省委成立贯彻落实《实施纲要》工作领导小组，由省纪委书记担任组长，制定出台《广东省建立健全教育、制度、监督并重的惩治和预防腐败体系实施意见》（以下简称《实施意见》），在2007年底形成了具有广东特色的惩治和预防腐败体系基本框架的目标任务，并将113项任务分解到具体单位。全省各市各单位普遍成立由市委书记（党组书记）或纪委书记（纪检组长）任组长的贯彻落实《实施纲要》工作领导小组及其办公室。各地级以上市和县（区）全部制定出台贯彻落实中央《实施纲要》及省委《实施意见》的具体意见或办法。至2011年6月，各项任务已基本完成，反腐倡廉建设方向更加明确，思路更加清晰，措施更加有力，成效更加明显，逐步走出一条适应社会主义市场经济发展要求、具有广东特色的反腐倡廉建设路子。据国家统计局2011年对广东的调查显示，77.6%的受访对象对反腐败斗争成效满意，83.3%对深入开展反腐败有信心，分别比2007年提高22.8和21.1个百分点。回顾反腐倡廉建设的工作情况，广东主要在以下几个方面取得了重要进展和成效。[2]

---

①《全省第七期领导干部党纪政纪法纪教育培训班结业》，《南方日报》2008年7月21日。

② 关于这一系列成绩，广东省纪委在省十一大党代会工作报告中有详细归纳，本节参照这一归纳，详见《不断提高反腐倡廉建设水平　为加快转型升级建设幸福广东提供坚强保证——中共广东省第十届纪律检查委员会向省第十一次党代表大会的工作报告》，《南方日报》2012年6月5日。

1. 坚持整体推进，反腐倡廉齐抓共管良好局面不断巩固

广东省委始终把反腐倡廉建设摆在突出位置，对反腐倡廉重大决策部署、重要案件查处实施坚强有力的领导。省委、省政府主要领导带头严格执行党风廉政建设责任制，带头检查责任制落实情况，带头为党员领导干部作廉政报告。各级党委坚持把反腐倡廉建设与经济社会发展同部署、同落实、同检查、同考核，反腐败领导体制和工作机制进一步健全完善。各级纪检机关积极协助党委抓好反腐倡廉任务分工和检查考核，在全国率先开展党风廉政建设责任制第一责任人述责活动，对违反责任制规定的领导干部给予责任追究。以打造具有广东特色的纪检工作品牌为目标，全面推进教育、监督、办案、纠风、改革创新与制度建设各项工作，强化监督检查，全面完成省委惩防体系《中共广东省委贯彻落实〈建立健全惩治和预防腐败体系2008—2012年工作规划〉实施办法》提出的155项任务，提前一年建成具有广东特色的开放、动态、创新的惩防体系基本框架。举办“纪委开放日”和“监察开放日”活动，健全新闻和网络发言人等制度，定期向人大和政协常委会及其机关通报反腐倡廉情况，加强和改进反腐倡廉新闻宣传工作，提高了反腐倡廉工作透明度，全社会参与反腐倡廉建设的渠道进一步拓宽。

2. 加强监督检查，服务改革发展稳定大局作用充分发挥

广东各地区各部门坚持自觉服从和服务于党委政府中心任务，加强对党的政治纪律执行情况的监督检查，保证了政令畅通。各级党委围绕促进加快转变经济发展方式和落实《珠江三角洲地区改革发展规划纲要》，重点督促抓好了“三促进一保持”、“双转移”、“腾笼换鸟”等重大政策措施的贯彻落实。认真开展了对换届工作的监督检查，严肃换届纪律，维护了风清气正的换届环境。加强了对支援地震灾区恢复重建、援藏援疆、“扶贫双到”和“廉洁办亚运”、“廉洁办大运”以及港珠澳大桥等重大建设项目廉洁情况的监督检查，探索建立了重大活动、重要项目保廉机制。会同有关部门开展对节能减排、环境保护等政策措施的监督检查，严肃查处了“9·21”信宜紫金矿业有限公司溃坝等重大安全责任事件。以提高执行力为重点加强作风建设，开展会风监督，建立机关作风和效能明察暗访长效机制，发现和纠正了一批问题，查处了一批违纪违法案件，有力促进了科学发展观的贯彻落实，维护了改革发展的稳定大局。

3. 注重教育防范，党员领导干部廉洁自律意识明显增强

广东省连续20年每年突出一个主题开展纪律教育学习月活动，连续10年举办党政主要领导干部党纪政纪法纪教育培训班，举办了地级以上市纪委书记、组织部长、法院院长、检察院检察长、公安局长反腐倡廉教育培训班和权力集中部门、资金密集领域领导干部廉政教育培训班，党性党风党纪教育不断深入。选择廉洁从政先进典型和重大反面典型案例拍摄教育专题片，强化正面引导，加强警示教育。积极开展"南粤清风"廉政文化系列创建活动，出台加强廉政文化建设意见；孙中山故居纪念馆、韩文公祠入选全国首批廉政教育基地；廉政文化进机关、进社区、进学校、进农村、进企业、进家庭活动深入开展；反腐倡廉宣传教育的辐射力、渗透力进一步增强。加强《廉政准则》的学习和贯彻，突出解决领导干部违规收受红包礼金、有价证券、支付凭证和利用职权谋取不正当利益等问题，领导干部廉洁从政行为得到进一步规范。

4. 强化监督制约，党员领导干部权力运行更加规范

广东一直坚持用制度规范和约束权力，使权力在阳光下行使。省委围绕党内监督十项重大制度建立了一批配套制度和实施办法，反腐倡廉制度体系得到进一步完善。加强对领导干部特别是"一把手"监督，规定党政正职不直接分管人财物，推行重大决策票决制。在全国率先出台对配偶子女移居国（境）外领导干部的监管规定，各级领导干部按规定自觉报告了个人有关事项。深化经济责任审计，对118名县（市、区）党政正职实施了同步审计，大力推进"村官"审计。推进党内询问和质询工作，党内罢免和撤换、县委权力公开透明运行等试点工作稳步推进。2007—2011年期间，各级纪委负责人同下级党政主要负责人谈话近5万人次，任前廉政谈话22 304人次，诫勉谈话1893人次。开展述职述廉92 030人次，函询1851人次。[①]加大巡视工作力度，对地级以上市、县（市、区）、省属高校和国有企业开展18批206次巡视工作，重视巡视成果在查办案件、干部考核选拔、领导班子建设等方面的运用。深入推进党务、政务、厂务、村务公开和公共事业单位办事公开，促进权力运行公开透明。

---

① 参见李萍，王丽荣主编：《党建工程的排头兵——广东党的建设30年》，广东人民出版社2008年版，第288页。

5. 深化改革创新，源头治理腐败向纵深推进

广东省坚持把预防腐败工作融入各项改革政策措施之中，积极学习借鉴国（境）外廉政建设有益经验，推进重点领域和关键环节改革不断取得突破。会同有关部门，积极深化行政审批、干部人事、财政管理和要素市场等领域的改革，省本级行政审批事项精简比达53.8%，督促建立省及地级以上市财务核算信息集中监管系统和实时在线财政预算监督系统，推动工程建设招投标和土地、矿产使用权招标拍卖挂牌出让等制度改革二次创新。注重运用现代科学技术推进反腐倡廉建设，建成综合型电子纪检监察平台并入选建国60周年成就展，其中行政审批电子监察系统实现省市县三级联网，农村党风廉政建设信息公开平台延伸至1381个镇街2万多个村。预防腐败信息系统建设顺利推进，建成覆盖全省的网上举报统一平台和涉腐舆情自动搜索系统。加强廉政风险防控，排查廉政风险点，出台相关监管措施，廉政风险防控体系建设不断推进。试点开展廉洁城市建设，推进行业协会、市场中介组织和非公有制企业廉洁和诚信建设，社会领域防治腐败工作深入开展。省和部分地市成立预防腐败机构，加强对预防腐败工作的组织、指导和协调。

6. 严肃查办案件，惩治腐败综合效应显著增强

广东各级党委充分发挥反腐败协调领导小组作用，形成了查办案件工作整体合力。党的十七大以来，全省纪检机关受理信访举报321 429件次，立案22 594件，给予党纪政纪处分22 291人，其中厅级干部151人，处级干部1043人，百万元以上大案936件，挽回直接经济损失32.84亿元。深入开展治理商业贿赂，查办案件3885件，涉案金额20.27亿元。配合中央纪委查处了陈绍基、许宗衡等大案要案，重点查处了叶树养、罗荫国、杨光亮、吴日晶等严重违纪违法案件。同时，注重维护党员干部的合法权益，通过信访核查等方式为一大批党员干部澄清了是非。制定出台处理实名举报、保护举报人和证人、错案及执纪过错责任追究等办案制度，规范办案工作点建设，保证了依纪依法、安全文明办案。加强基层纪检机关装备建设，加大对欠发达地区和派驻机构办案经费的支持力度，形成了运转有效的办案保障机制。省反腐倡廉教育基地、纪检监察办案工作保障基地等建设进展顺利。针对案件暴露的问题，健全制度，堵塞漏洞，充分发挥查办案件治本功能。

7. 坚决纠风肃纪，群众反映强烈的一些突出问题得到有效解决

广东向来重视对强农惠农富农政策落实情况的监督检查，自2007年起至2011年，广东检查清理资金项目156个，涉及金额284亿元。清理“小金库”1006个，涉及金额5.38亿元。纠正社会保障基金、住房公积金、扶贫和救灾资金违纪违规金额6839万元。会同有关部门，对征地拆迁、住房保障、土地管理、食品药品安全等方面存在的突出问题，开展专项治理，维护了人民群众的合法权益。在全国率先推行药品“阳光采购”、“阳光用药”、“阳光物流”工作，纠正医药购销和医疗服务中的不正之风取得新进展。清理整顿各类评比达标表彰活动项目，撤销率达87.4%。治理教育乱收费、公路“三乱”等工作继续深入推进。坚持办好政风行风热线，解决了一批群众反映强烈的突出问题。着力推进基层党风廉政建设，规范农村干部廉洁履职行为，推进建立村务监督机构，加强农村集体资金、资产和资源管理，国有企业、高等学校、公用事业单位党风廉政建设得到加强。推动便民服务体系建设，行政服务中心或办证大厅建设进一步规范，部分地区延伸到镇、村一级。

8. 狠抓队伍建设，纪检干部履职能力得到全面提升

广东各级党委和政府部门深入开展科学发展观和“做党的忠诚卫士、当群众的贴心人”的主题实践活动，努力提高纪检机关敢于、善于组织协调反腐败、查处大案要案、秉公执纪、改革创新、解决群众反映突出问题的能力，做到忠诚敏锐、攻坚克难、刚直不阿、敢为人先、勤政为民，树立纪检干部可亲、可信、可敬的良好形象。深化干部人事制度改革，推进全省纪检系统干部公推比选和竞争选拔，基本完成对市县两级纪委班子成员和省纪委机关干部以及镇街纪（工）委书记的培训工作。党的十七大以来，全省纪检系统共交流轮岗干部8160人次，纪检干部队伍活力进一步增强。纪检机构改革深入推进，省直派驻（出）机构从15个增加到34个，地级以上市纪委全部完成派驻机构统一管理，县（市、区）纪委派驻机构统一管理改革基本完成。

三、广东反腐倡廉建设的创新举措

党的十七大报告明确指出，确保权力正确行使，必须让权力在阳光下运行。对权力主体、权力运行的各个环节、有关政策和法律，以及与人民群众利益相关的重大事件都要及时向人民群众通报。历届广东省委都坚持认为：让权力在阳光下运行，让人民群众参与对公共权力的监督是确保公共权力为公众服务的重要前提。为此，广东省在以下几个方面创新廉政建设方式，以保障反腐倡廉工作的顺利运行和成效。

1. 建立和完善领导干部巡视制度①

中共广东省委于2004年1月决定建立巡视机构，并将开展巡视工作作为一项政治任务来抓。2007年制定出台《对省管党政领导班子和领导干部实行“一年一巡视，一年一评议，一年一谈话”制度试行办法》，旨在健全事前监督机制，发挥“廉政保洁”作用，切实加强对省管领导班子和领导干部的有效监督。其具体内容如下：

“一年一巡视”，即每年对地级以上市和省直重点部门巡视一次。巡视地级以上市的时间一般为一个月左右，省直单位一般为半个月左右。将省委巡视组由现在的5个增加到13个，新增巡视组正副组长常设，工作人员在省直机关抽调。每年定期轮换。

“一年一评议”，即主要了解领导班子和领导干部履行职责情况及领导干部德才表现。评议工作由省纪委、省委组织部具体组织实施，各地各单位党委（党组）协助，既可结合党委全委（扩大）会进行，也可单独组织。评议地级以上市党委、政府领导班子和领导干部时，评议人员应包括同级党委、人大、政府、政协领导班子成员，纪委副书记，党委、政府工作部门主要负责人，县（市、区）党委、政府主要负责人以及其他需要参加的人员；评议省委、省政府工作部门及省法院、省检察院、省总工会、团省委、省妇联领导班子和领导干部时，评议人员应包括评议对象所在单位全体机关干部，所属下级单位中层以上干部以及其他需要参加的人员。

---

① 参见李萍，王丽荣主编：《党建工程的排头兵——广东党的建设30年》，广东人民出版社2008年版，第286~287页。

还可通过适当方式吸纳来自基层的党代会代表、人大代表和政协委员。评议内容：一是贯彻落实科学发展观，执行党的路线方针政策和上级决策、决定及工作部署情况；二是履行职能，完成工作目标的情况；三是坚持民主集中制，实行民主科学决策，维护班子团结以及处理和协调各方面关系的情况；四是在干部选拔任用工作中执行党和国家有关规定的情况；五是执行党的群众路线，实现、维护、发展人民群众的根本利益，解决民生和损害群众利益问题，构建社会主义和谐社会的情况；六是依法行政，履行党风廉政建设责任制和遵守廉洁从政的规定的情况。每项目的评议意见分为好、较好、一般、较差等四个档次。

"一年一谈话"，即在巡视和评议的基础上，有针对性地开展谈话，通报巡视、评议的有关情况；听取意见和建议；进一步了解核实有关情况和问题；肯定成绩，指出存在的问题，提出希望和要求。班子正职由省领导同志负责谈话，副职一般由班子正职负责谈话；各地级以上市党委、政府领导班子及其他成员也可由省领导同志进行谈话。根据工作需要，并受省委委托，省纪委、省委组织部负责人和省委巡视组正、副组长可与谈话对象进行谈话。谈话一般个别进行，必要时进行集体谈话。谈话结束后，谈话人填写统一制式的《领导干部谈话情况登记表》。广东省先后制定了《关于党员领导干部述职述廉实施办法》、《各级党委讨论决定重大事项议事规则》、《关于对党员领导干部进行界面谈话和函询的实施细则》、《关于领导干部述职述廉的实施办法》等制度。自党的十七大以来，全省共对党员领导干部进行诫勉谈话1675人次，函询574人次，述职述廉51 023人次。

"一年一巡视，一年一评议，一年一谈话"工作在省委统一领导下，由省纪委、省委组织部负责组织实施。巡视、评议、谈话结果，送省纪委、省委组织部备案，作为领导班子调整和领导干部选拔任用、培养教育、奖励惩戒的重要参考依据。据统计，仅2007年度广东省委巡视组、巡视办共完成对5个省直机关和13个地级以上市的巡视，巡视期间开展个别谈话3259人次，召开座谈会140个，发放征求意见5086份，处理信访2355次，实地考察504次，发现个别领导干部的违纪行为线索，解决群众突出反映的问题17件，对13个地级以上市党政班子和199名领导进行了民主评议，充分发挥了巡视监督作用。

2. 重点加强对"一把手"的监督

《中国共产党党内监督条例（试行）》第三条指出："党内监督的重点对象是党的各级领导机关和领导干部，特别是各级领导班子的主要负责人。"这是对党内监督历史经验和教训的高度总结所得出的正确结论。各级领导班子主要负责人就是俗称的"一把手"。党内监督是对党政部门、企事业单位等我国现行组织单位中的主要领导干部，特别是主要党员领导干部进行的一种监督管理。由于"一把手"在很大程度上影响着一个地区经济社会发展进程，影响着一个地区党风、社会风气乃至整个干部队伍建设的水平，所以"一把手"必然和必须成为监督对象的重点。孔子说过："政者，正也。子帅以正，孰敢不正。"政就是正，"一把手"带头走正道，谁还敢不走正道。实践证明，只有对"一把手"进行强有力的监督，才能使党内民主监督走向正常化道路。广东省纪委第三次全体会议专门提出对"一把手"的监督问题，提出从筑牢基础、健全制度、严明记录、抓好外围四个方面加强监督，切实改变对"一把手"监督不到位的现象。概而言之，广东各级党组织加强对"一把手"的监督重点抓好了以下三个环节：

"一查"，即对"一把手"的权力经常进行检查。检查权是监督权力的基本构成要素之一。它是指监督主体对监督对象行使的权力进行调查、检查，是为更好地行使知情权等权力所采取的带有强制性和约束力的手段和方式。对"一把手"的监督，主要是强调对使用权力的监督；强调对"一把手"的监督，其重点也在加强对"一把手"权力范围、权力标准、权力运作程序的监督。广东省主要采取把对"一把手"的上级监督与下级监督有效地结合起来，特别是强调上级纪检机关对下级"一把手"的监督以及巡视制度。"巡视"的实质主要是针对"一把手"的监督。广东新增35个行政编制，组建5个巡视组，对所有的市及重点的厅局开展巡视，重点检查党政"一把手"的廉洁自律情况。领导干部的家属、子女，能干什么职业、不能干什么职业都有明确规定，这些都是检查的内容。积极应对网络热议的"裸官"问题，完善对配偶子女均已出国（境）定居的公职人员的管理制度。

"二控"，即对重大事项决策权的运行过程实施有效监控。重大事项决策主要包括重大问题的决策、重要干部任免、重要建设项目安排和大额度资金使用等问题。重大事项决策正确与否，对一个地区、一个单位的建设和改革有着至关重要的作用。因此，必须对重大事项的决策权进行监控，有效预防“一把手”花钱“一支笔”、用人“一口说”、决策“一手拍”的不正常现象的出现。广东省委在重大事情上采取的是议事制度。注重发扬党内民主，健全规范党委班子的议事制度，形成一把手只有一票的权力，改变其对大小事都有绝对否决权的不正常现象。广东省先后制定《党政领导干部任期经济责任审计实施办法（试行）》、《广东省国有企业及国有控股企业领导人员任期经济责任审计实施办法（试行）》，建立经济责任审计工作联席会议制度，每年召开1~2次经济责任审计工作联席会议。2007年印发《广东省省本级经济责任审计对象分类管理办法》，进一步规范领导干部经济责任审计工作，全省党员干部填写《落实〈中共中央纪委关于严格禁止利用职务上的便利谋取不正当利益的若干规定〉情况登记表》，自觉接受组织监督。

“三防”，即建立起“一把手”防范的预警机制。在中国现阶段监督机制中，比较注意到事后的监督，对事前监督重视不够。但恰恰是事前监督，可以有效地预防对党和人民的事业造成的损失。多年来，广东各级党组织一直坚持了“一把手”的述职述廉制度，要求“一把手”要向干部群众述廉述职。上级机关对主要领导的考评，不仅要看GDP，还要评价该单位党的建设情况；要看“一把手”在群众中的公认程度，还要看他身边的工作人员、家庭成员的表现情况。“一把手”在一个单位、地方工作不能超过五年，关于秘书的职位也有若干规定。一贯具有超前意识的广东，在对“一把手”实施监督方面，再次走到了全国的前列。

3. 率先建立信访督查专员制度

信访工作是影响广东社会经济发展的一项重要工作，为了从制度层面整合优化信访工作资源，广东信访工作重心逐渐从日常办信接访转移到加强督查督办推动“事要解决”上。2004年1月7日，省委常委会议讨论通过有关决定，在全国率先建立起信访督查专员制度。[①]之后，省委组织部会同省信访局制定《省直机关新任副厅级领导干部担任省信访督查专员暂行办法》，规定省委、省人大、省政府、省政协工作部门和省纪委、省法

① 参见《广东联合督查机制破解民生信访难题》，《人民日报》2008年2月29日。

院、省检察院等单位新任的副厅级领导干部，要分期分批到省信访局担任省信访督查专员，每批10人左右，具体人员由省委组织部确定，工作安排和日常管理由省信访局负责。不仅如此，省委、省政府又为省信访局增设4个副厅级专职信访督察员专员职位，短期督查和专职督查相结合，优化信息督查专员队伍结构，有效提升了督查工作的专业化水平。随后，全省市县镇三级也参照省里的做法，结合当地实际建立健全信访督查专员制度，在全省形成党委政府统一领导、信访部门组织实施、上下对口、协调联动、各部门共同参与的信访督查专员制度体系。省信访督查专员的职责是代表省委、省政府处理群众来信，接待群众来访，协调处理信访案件，督导调研信访工作并提出对策建议。各级信访督查专员代表同级党委、政府履行督查职能。

信访督查专员妥善解决了一大批信访突出问题。从2004年至2008年3月，共组织省级信访督察专员16批155人，累计办理群众来信5508件，接待集体访885批次，劝返个体访1.4万多人次，召开协调会1836场，下基层办调研3336天，督办案件4500多宗，包案处理信访案件737宗，督办案件办结率为85%，包案处理信访案件率超过90%，把中央有关“事要解决”的要求落到实处。①信访督查专员制度的建立健全，被社会各界誉为“信访工作史上的新政”，中央信访联席会议领导同志对广东创造的经验多次给予肯定，国家信访局向全国推广“广东模式”。

4. 举办“纪委开放日”活动，施行“开门反腐”②

2010年6月25日上午，广东举办首个“纪委开放日”活动，这不仅是广东纪委的第一次，也是全国省级纪委第一次举办这样的活动。来自全省各界别的50名代表受邀走进省纪委大楼，探个究竟。省委常委、省纪委书记朱明国将亲自接待。自2010年开始，此举将成定制，每年都将举办至少一次，并逐步向社会开放。这一举措是受香港廉政公署一月一次的“公众开放日”的启发，旨在增进广大党员干部和人民群众对纪检监察工作，特别是对举报、投诉等程序的了解、认知和熟悉，逐步消除对纪检监察机关的神秘感、陌生感和距离感，进而增进对纪检监察机关工作的认同感、同

① 参见《广东改革开放纪事（1978—2008）（上）》，南方日报出版社2008年版，第410页。

② 参见《从“纪委开放日”看纪委工作机制的变革》，《南方日报》2010年6月25日。

理心和支持配合。纪委通过“开门反腐”能进一步强化全民反腐的信心和决心。据统计，自2007年以来，全省各级纪检监察机关共受理群众信访举报33万件次，接待群众来访1.8万批次，筛选案件线索68 684条，直接查办信访举报案件36 995件次，发信访函询书和约谈领导干部12 432人次，其中转立案19 609件，给予党政纪处分3861人，移送司法机关处理541人，直接收缴违纪违法金额2.1亿元，挽回经济损失约7.7亿元，为45 259名党员干部澄清了是非，保护了党员干部的积极性。在查处腐败案件的案源中，大约80%来自人民群众的举报和揭发。省纪委将公务出国（境）、公务购车、公款接待费用纳入全省综合型电子监察系统实时监督，2010年以来，全省党政干部因公出国人数同比压减18.3%，公务购车费用同比压减15.6%，公务接待费用同比压减23.5%。2012年4月，“广东纪检监察手机短信举报平台”的开通，是我省纪检监察机关进一步畅通信访举报渠道的又一创新性举措。“广东纪检监察手机短信举报平台”由广东省纪委、监察厅统一规划，统一建设，覆盖到县级以上纪检监察机关，并设置了严密的信息安全保密措施，以保证群众举报信息的安全。人民群众可以通过编辑短信的方式向各级纪检监察机关举报。至此，广东省已形成了集来信、来访、12388电话举报、网络举报、手机短信举报以及涉腐网络舆情搜索于一体的“5+1”全方位、立体化的信访举报受理渠道网。通过“开门反腐”，社会各界对纪检监察工作有了更深的了解和理解，社会各界进一步在工作中加强了对纪检监察工作的帮助、监督和支持，相信随着党务政务公开工作的进一步推进，社会对纪检监察工作的关心和支持将会达到新的高度。

5. 创新反腐倡廉教育[①]

可以说，警示教育是广东反腐倡廉建设的又一大亮点。2009年11月18日下午，继学习中央纪委《关于陈绍基、王华元、黄松有等严重违纪违法案件的通报》，并深刻剖析发生在省高院系统和韶关市的系列腐败案之后，广东省第八期领导干部党纪政纪法纪教育培训班的304名学员——来自全省各地级以上市委书记、市长，各县（市、区）委书记，省直厅局

① 参见《广东走出陈绍基王华元案阴影　一把手以身示范教育》，《南方日报》2010年1月6日。

“一把手”，省属高校的党委书记、大型国企的董事长集中前往广州番禺监狱接受警示教育。惠州市委原常委、市公安局原局长吴华立现身说法，监狱里的贪官泪滴撼动着每一位受教育者的心。这种形式是“三纪班”举办八年来的第一次。之后，广东各级纪检监察机关摒弃剖析本地区本单位的案件是“自我抹黑”、“自揭伤疤”的观念，以“抓铁有痕”的态度，深入发掘案件资源，剖析腐败分子违纪违法的深层原因，利用身边事警示教育身边人。省纪委摄制警示教育专题片《畸变》，向党员干部展示韶关市原市委常委、市公安局局长叶树养的蜕变轨迹。省委、省人大、省政府、省政协等领导班子成员集中观看，带头接受警示教育。全省各地各单位组织观看警示教育专题片9500多场；开放警示教育基地，接待党员干部参观达13万多人次。广东将教育、制度、监督、惩处多种要素有机融合整体推进，使教育变软为硬、化虚为实见成效。其主要经验可概括为：第一，教育与监督联动。明察暗访，将摄像机的针孔瞄准行政执法、窗口单位进行作风建设情况督查，问题一旦发现，问责没商量。拓宽监督空间，创新监督形式。2010年，省直首批15个厅局设立网络发言人，被视为“网络问政”的新举措，在全国引起强烈反响。省纪委还将社会舆情纳入反腐视野，在全国范围内率先开通了省市县三级纪检监察机关网上举报业务。第二，教育与完善制度结合。2010年11月27日，省纪委与中国监察学会联合主办首届“广东廉政论坛”，广泛借鉴吸收社会各界反腐倡廉研究成果，助推制度创新。省纪检监察机关先后出台《广东省工程建设领域突出问题专项治理工作实施方案》、《关于加强党政正职监督的暂行规定》等制度措施共计210余项。“立”与“行”并重，通过提高执行力促进现有规章制度的落实。第三，教育与惩处并行。省高院系统利用近年来发生的违纪违法案件特别是“11·13”案件，开展“廉政警示教育年”活动，警示队伍，消除各级法院领导班子、领导干部在抓党风廉政建设上的认识误区和行动偏差。全系统以支部为单位，组织专题生活会，引导干警进行廉政作风自查，明确整改方向，并书面向党保证、向人民承诺、让家庭放心，“查处一宗，教育一片”。夯实教育基础后，广东反腐倡廉建设呈现出新的喜人景象。国家统计局2009年对广东的问卷调查结果显示：71.75%的干部群众认为党政领导干部认真重视党风廉政建设和反腐败斗争；84%的干部群众认为全省消极腐败问题得到较好遏制，分别比2007年提高10%

和11%；72.75%的干部群众对我省扩大内需、促进经济增长政策执行情况感到比较满意。

6. 建立首个农村党风廉政信息平台[①]

针对农村党风廉政建设存在的问题，自2007年4月起，肇庆市德庆县由县纪委牵头，将现代信息技术引入村务公开，在全国率先建立开通农村党风廉政建设信息公开平台，民众可以利用电视视频、手机短信、互联网站、114电话查询等公开村务财务，使群众足不出户或身在他乡能知村务事。当年6月6日，该县在悦城镇举行信息公开平台启动仪式。德庆县建立“纪委牵头，部门配合，强力推动，全程监管”工作机制，着力抓好五方面工作：一是加大宣传力度，排除公开障碍。通过召开层级会议、举办骨干培训班、组织宣讲团巡回演讲，利用电视宣传、送电影下乡时播放宣传短片、在农村派发廉政信息公开平台年画、张贴宣传喷画、警示牌等开展宣传，使农村干部群众正确认识建立信息公开平台的重要性。二是继续实行村账镇管，规范公开项目。全县175个村委会、1742个村小组全部上交财务资料，实现“村（组）账镇代理”。按广东省要求统一财务收支项目报表。三是整合各方资源、丰富公开形式。将原由镇经管站负责的村账镇代理权，移交给信息网络较完善的镇财政结算中心；投入110万元建立信息公开平台，投资50万元开放一套信息公开软件，实行互联网、电视视频点播、手机短信、电信114询问台等多种形式公开。四是采取强势推动，确保公开顺畅。成立由公检法司、纪委、监察、审计部门人员组成的工作组，对群众投诉财务有问题的25个村（组）进行清账，清理出有问题的村（组）9个，处置违规资金26万元，为20多名村干部澄清了是非；县纪委牵头建立村务公开联席会议制度，每月召集农业、民政、财政、科技信息等部门，研究解决问题。五是实施全程监管，保障公开实效。全程监管信息公开过程：月初，村委报账员整理本村上月的收支凭证和财务送审表，村民主理财小组成员审查签名，镇驻村干部审阅把关，报镇农经站干部审核，镇财政所人员打印报表后，由财政所分管领导复审签名，再报县农业局审查，同意后送县信息中心处理，分送互联网、广播电视、移动通信和

① 参见《广东改革开放纪事（1978—2008）（上）》，南方日报出版社2008年版，第420~421页。

电信部门进行公开。之后，县、镇纪委对一些村务大额开支或异常开支进行抽查；通过手机短信，每月将财务村务公开情况发送给村所聘请的财务村务监督员，进行监督并提出意见；公开县、镇纪委举报电话，接受投诉。德庆县创新村务财务公开的形式和加强农村党风廉政建设的做法，得到中央、省、市领导的肯定。省和市政府先后在德庆县召开全省、全市村务公开民主管理制度创新经验交流会，会上推广德庆县的做法，中央电视台、中央人民广播电台、新华社、《法制日报》、《人民日报》、《中国纪检监察报》等媒体作报道。

除了上述创造性的举措外，广东还在干部人事制度改革、行政审批制度改革、创建各级财政动态监控机制等方面不断努力探索，完善和加强了一系列廉政建设体系。按照广东省委的要求，2012年，具有广东特色的惩防体系将初步建成。广东省委副书记朱明国接受记者采访时表示，具有广东特色的惩防体系建设进展顺利，2011年，全省惩防腐败体系建设155项任务已完成48项，取得重大进展104项，占98%；改革创新成效明显，一些关键环节、重要领域反腐倡廉工作的改革创新取得重大进展。①

四、广东反腐倡廉建设的形势与展望

2010年1月20日，时任广东省委书记的汪洋同志出席广东省纪委十届四次全会并作重要讲话，在讲话中他充分肯定了近年来广东反腐倡廉建设取得的成绩。同时他强调，广东必须以改革创新为动力，以建立健全各项制度为重点，着力构建内容科学、程序严密、配套完备、有效管用的反腐倡廉制度体系，切实提高制度执行力、增强制度实效性，努力提升反腐倡廉建设科学化水平，为广东经济社会又好又快发展营造良好政治环境。这要求我们在取得现有成绩的基础上，认清形势，坚定信心，为进一步推进广东反腐倡廉建设努力。

1. 广东反腐倡廉建设的发展形势②

---

① 参见《打造广东特色惩防腐败体系——专访中共广东省委副书记、省纪委书记朱明国》，《南方日报》2011年3月。

② 参见《不断提高反腐倡廉建设水平　为加快转型升级建设幸福广东提供坚强保证——中共广东省第十届纪律检查委员会向省第十一次党代表大会的工作报告》，《南方日报》6月5日。

毋庸置疑，广东反腐倡廉建设总体上呈现全面发展、深入推进的良好态势，具备许多有利条件：省委的高度重视和坚强领导，为深入推进反腐倡廉建设提供了政治保证；社会主义制度的逐步完善，从根本上为消除腐败奠定了制度基础；改革开放三十多年来的发展成果，为深入推进反腐倡廉建设提供了物质基础；人民群众的大力支持和广泛参与，为深入推进反腐倡廉建设提供了强大动力。然而，我们也要清醒地看到，当前我国正处于发展关键期、改革攻坚期、矛盾凸显期，经济体制深刻变革、社会结构深刻变动、利益格局深刻调整、思想观念深刻变化，相关体制机制还不够完善，滋生腐败的土壤和条件仍然存在，反腐倡廉成效明显和问题突出并存、防治力度加大和腐败现象易发多发并存、群众对反腐败的期望值不断上升和腐败现象短期内难以根治并存的总体态势没有改变，反腐败斗争形势依然严峻，任务依然艰巨。

目前，广东正处在经济社会全面转型和改革开放全面深化的节点上，呈现一系列新的阶段性特征，反腐倡廉建设面临许多新情况新问题，纪检机关推进反腐倡廉建设、维护党的纯洁性、保障促进科学发展的任务更加艰巨繁重。广东市场经济体制改革起步早，社会开放程度高，党员干部面临市场经济和外部环境的考验更加严峻，对强化监督管理、提高拒腐防变能力提出了更高要求；广东工业化和城镇化进程较快，社会矛盾和利益纠纷易发多发早发，对广大干部的作风建设以及社会管理能力、群众工作能力等提出了更高要求；广东改革进入“深水区”，改革的难度加大、风险增多，一些关键领域体制机制制度改革还不到位，对加强“制度防腐”工作，确保权力行使、项目建设、资金运用和干部成长安全提出了更高要求；广东民主法治进程加快，人民群众的诉求从维护经济利益为主向更多地要求知情权、参与权转变，对保障人民群众的物质利益和民主权利、维护社会公平正义提出了更高要求；广东经济社会发展不平衡，不同地区腐败问题发生的领域、特点及其表现形式有所不同，对区别对待、分类指导，进一步增强党风廉政建设和反腐败工作的针对性、有效性提出了更高要求。此外，反腐倡廉工作中还存在一些薄弱环节：一些地方和部门党风廉政建设责任制落实不够到位；对领导干部特别是党政“一把手”还缺乏有效的监督制约；农村基层党风廉政建设还有待进一步加强；反腐倡廉制度还不够完善，执行力还需进一步提升；纪检干部队伍素质和能力还不完全适应新形势新任务的要求。

2. 广东反腐倡廉建设的展望

今后五年是我省加快转型升级、建设幸福广东，率先全面建成小康社会的关键五年。全省必须紧紧围绕“坚持社会主义市场经济的改革方向，加快转型升级、建设幸福广东”，深化改革创新，大力推进以完善惩治和预防腐败体系为重点的反腐倡廉建设，大力推进以保持党同人民群众血肉联系为重点的作风建设，大力推进保持党的纯洁性的各项工作的落实，着力解决反腐倡廉建设中群众反映强烈的突出问题，为确保完成省第十一次党代会确定的各项目标任务提供坚强保证。通过努力，着力实现具有广东特色开放、动态、创新的惩防腐败体系进一步完善，与社会主义市场经济体制相适应的反腐倡廉制度体系进一步健全，对权力运行的监督制约进一步强化，腐败现象易发多发的势头得到进一步遏制，人民群众对反腐倡廉建设的满意度进一步提升，努力争当全国反腐倡廉建设排头兵的目标。我们的任务应该包括以下几个方面：①

一是严明党的纪律，坚决维护党的团结统一。党的纪律是党的各级组织和全体党员必须遵守的行为规则，它是按照党要管党、从严治党的原则，根据革命、建设和改革的进程和实现党的路线方针政策的需要而确立的种种原则、规章制度、条例和决定的总和。党组织和党员违反党章和其他党内法规，违反国家法律、法规，违反党和国家政策、社会主义道德，危害党、国家和人民利益的行为，都要受到党纪的追究。各级党员领导干部要坚定政治立场和政治方向，增强政治敏锐性和政治鉴别力，严格执行党的政治纪律、组织人事纪律、经济工作纪律、群众工作纪律，强化宗旨意识、执政意识、大局意识、忧患意识、责任意识，做到在大是大非面前头脑清醒，在大风大浪面前立场坚定，在关键时刻经得起考验，自觉同党中央在思想上政治上行动上保持高度一致。要严格执行民主集中制，坚决防止个人凌驾于党组织之上，坚决防止个人独断专行；切实增强宗旨意识，始终坚持“两个务必”，大力弘扬求真务实作风，牢固树立正确政绩观，坚决反对形式主义、官僚主义、享乐主义。广大党员领导干部要带头

---

① 参见《不断提高反腐倡廉建设水平　为加快转型升级建设幸福广东提供坚强保证——中共广东省第十届纪律检查委员会向省第十一次党代表大会的工作报告》，《南方日报》6月5日。

廉洁自律、率先垂范，管好亲属和身边工作人员。各级纪检机关要加强对党员领导干部遵守党的纪律特别是政治纪律执行情况的监督检查，严肃查处违反党的纪律的行为。

二是强化监督检查，确保加快转型升级、建设幸福广东重大决策部署落实。广东要切实加强对科学发展观贯彻落实情况的监督检查，紧紧围绕科学发展这个主题和加快转变经济发展方式这条主线，加强对“加快转型升级、建设幸福广东”各项决策部署落实情况的监督检查，突出抓好加强和改善宏观调控、加快经济结构调整、“双转移”、环境保护、节能减排、保障改善民生等政策落实和港珠澳大桥等重大项目建设情况的监督检查。继续开展“扶贫双到”、援藏援疆政策落实情况的监督检查，确保援建资金安全和项目的顺利实施。建立健全对中央和省重大决策部署执行情况定期检查和专项督查制度，把发现问题与解决问题、加强监督与促进工作有机结合起来，坚决纠正有令不行、有禁不止的行为。

三是坚持从严治党，严厉惩治腐败。继续加大查办案件工作力度，重点查办发生在领导机关和领导干部中滥用职权、贪污贿赂、腐化堕落、失职渎职案件，严重损害群众利益的案件以及欺行霸市、制假售假、商业贿赂等严重扰乱市场秩序案件背后的腐败问题，重大群体性事件及重大事故背后的腐败案件等。加大对行贿行为人的惩治力度，加大基层办案力度，认真解决发生在群众身边的腐败问题。加强和改进信访举报、案件监督管理、案件审理工作，进一步规范受理举报或申诉的程序和时限，对重要案件线索实行统一管理。认真落实保护举报人和证人办法，对突破重大案件有功的实名举报人实行奖励。完善办案保障机制，坚持人员配备、经费保障、资源调配等向办案一线倾斜。加强反腐败国际交流与合作。注重发挥查办案件的治本功能。

四是加大预防力度，提升廉政教育效果。在坚决惩治腐败的同时，更加注重治本，更加注重预防，更加注重制度建设，不断完善具有广东特色开放、动态、创新的惩防体系，进一步强化惩防体系建设的系统性、科学性和前瞻性，逐步实现“四个转变”，即由侧重遏制向惩防并举、重在建设转变，由侧重事后查处向事前预警防控转变，由侧重监督约束干部向监督约束与保护激励干部相结合转变，由侧重设置“高压线”向注重营造干事创业“安全区”转变，增强预防腐败的实效。进一步提升反腐倡廉教育效果。开展以党的优良传统为主要内容的党风教育，密切党群干群关系；开展以廉洁从政为主要内容的反腐倡廉教育，筑牢拒腐防变思想防线；开展以勤奋敬业为主要内容的岗位职业道德教育，培育开拓进取、勇于担当的实干精神。继续开展纪律教育学习月活动，坚持办好党政主要领导干部党纪政纪法纪教育培训班，开展权力运行高风险部门和岗位廉政教育培训班。加强反腐倡廉新闻舆论宣传，重视对网络等新兴媒体的运用和引导，掌握宣传工作主动权。弘扬“厚于德、诚于信、敏于行”的新时期广东精神，深入推进廉洁文化建设，实施廉洁文化精品工程，加强廉政教育基地建设，营造廉荣贪耻的社会氛围。全面推进廉洁城市建设，建设清廉法治、和谐幸福的美好家园。

五是深化改革创新，健全完善反腐倡廉体制机制。坚持社会主义市场经济导向，不断深化各项改革。深化行政管理体制改革，以行政审批制度改革为“龙头”，进一步转变政府职能。加快建设省级集中审批服务平台，市县本级非行政许可审批事项力争做到“零审批、零收费”。推进公共资源配置市场化改革，加快建立健全统一规范的招投标和公共资源交易市场，不断强化市场配置资源的基础性作用。继续推进财政管理体制改革，加强对公共财政资金和公共资源的审计，以公开透明促进管理规范，进一步深化和完善政府投资体制改革，加快推进省市县（市、区）财政性投资非经营性建设项目实施代建制。继续推进预防腐败信息系统和电子监察系统建设，提升反腐倡廉科技含量。进一步完善反腐倡廉法规制度体系。以防止利益冲突为切入点，完善党员领导干部报告个人重大事项制度，探索实行党员领导干部家庭财产党内申报制度，健全公职人员任职、地域、公务等利益回避制度，落实并完善领导干部离职后从业限制规定。规范公务活动和公务接待消费，继续推进公务用车制度改革。

六是切实维护群众利益，着力增进人民群众福祉。加强领导机关和领导干部作风建设，督促落实领导干部联系群众制度，健全党委和政府主导的维护群众权益机制。继续深入开展机关作风暗访，纠正党员干部脱离群众、弄虚作假、作风霸道等行为。坚决纠正损害群众利益的不正之风。继续深入治理征地拆迁、住房保障、土地管理、食品药品安全、环境保护、安全生产等方面的突出问题。加强对社会保障基金、住房公积金、扶贫和救灾救济资金、强农惠农富农资金和政府专项资金管理使用情况的监督。

加强对民生领域投入的专项审计。深入推进工程建设领域突出问题专项治理。继续对庆典、研讨会、论坛过多过滥问题开展专项治理。加强政风行风建设，继续开展民主评议，办好政风行风热线。深入推进农村基层党风廉政建设。强化农村集体资金、资产和资源管理，推广“阳光村务”，完善农村基层民主监督，严肃纠正和查处损害群众利益的行为，维护农村和谐稳定。

七是加强组织领导，进一步形成反腐倡廉强大合力。坚持党要管党、从严治党，各级党委要进一步落实党风廉政建设责任制，不断巩固和发展全党动手抓反腐倡廉建设的良好局面。党委主要领导要带头落实“一岗双责”，认真履行好第一责任人的责任，做到对反腐倡廉重大工作亲自部署、重要问题亲自研究、重点环节亲自协调、重要案件亲自督办。党委其他领导成员要按照分工抓好职责范围内反腐倡廉各项工作。要采取有效措施，切实提高党风廉政建设责任制的执行力。进一步强化责任分工、责任考核和责任追究，健全地方和部门党员领导干部考核落实责任制情况的制度，推行下级党委主要领导向上级纪委全会述职述德述廉制度，综合运用纪律处分和组织处理手段，加大对违反责任制问题的追究力度，以坚强的决心、有力的举措、严明的纪律确保反腐倡廉各项工作任务的全面落实。

八是适应形势要求，全面加强纪检队伍自身建设。纪检机关和纪检干部在反腐倡廉建设中肩负重要使命。要认真履行党章赋予的职责，自觉践行社会主义核心价值观，努力建设一支忠诚可靠、服务人民、刚直不阿、秉公执纪、廉洁高效的纪检队伍。要进一步加强各级纪检机关领导班子建设，整合纪检内设机构和人员力量，增强工作合力。要注重分类指导，加强对基层尤其是欠发达地区基层纪检工作的支持。要坚持讲党性重品行，加强队伍思想政治建设，坚定政治立场，做党的纪律的忠诚捍卫者。要坚持讲素质重能力，加强队伍能力建设，继续加大干部教育培训力度，不断提升服务科学发展的能力、维护社会稳定的能力、有效防治腐败的能力、解决群众反映强烈突出问题的能力。要坚持讲作风重落实，加强队伍作风建设，始终坚持以人为本、执纪为民，密切联系群众，站稳群众立场，回应群众关切。要坚持讲纪律重形象，加强队伍纪律建设，加强对纪检机关内部信访举报处置权、案件检查权、定性量纪权、执法纠风权、干部任用权、资金资产支配权的规范与监督，严守纪律，率先垂范，做党的忠诚卫士，当群众的贴心人。

总之，我们要紧密团结在以胡锦涛同志为总书记的党中央周围，高举中国特色社会主义伟大旗帜，以邓小平理论和“三个代表”重要思想为指导，深入贯彻落实科学发展观，锐意进取、开拓创新、真抓实干，努力开创党风廉政建设和反腐败斗争新局面，为迎接党的十八大的胜利召开和实现广东省第十一次党代会提出的各项目标任务作出新的更大贡献！

第八章　广东党的建设展望

2012年5月9日，时任中共广东省委书记的汪洋同志在中共广东省第十一次代表大会上特别强调，全面加强和改进党的建设是办好广东事情的根本保证。为适应新形势新任务的需要，广东党的建设必须直面挑战，改革创新，体现从严管党治党的要求。展望广东未来发展，不断提高党建科学化水平显得尤为关键。没有广东党的思想建设、组织建设、作风建设、反腐倡廉建设和制度建设的创新发展，就无法切实当好推动科学发展、促进社会和谐的排头兵。因此，谋划广东党的建设的未来发展，必须着力探索并推进如下几个方面问题的解决。

一、化解思想懈怠的危险，推进党的思想建设科学化

坚持把思想理论建设放在首位，提高全党马克思主义水平，是党执政理国的基本经验。党的十七届四中全会强调，要始终以思想理论建设为根本建设，坚持党的思想路线，解放思想、实事求是、与时俱进，坚持真理、修正错误，不断推进马克思主义中国化、时代化、大众化，坚持以马克思列宁主义、毛泽东思想、邓小平理论和“三个代表”重要思想为指导，深入贯彻落实科学发展观，提高运用科学理论改造主观世界和客观世界的能力，使党的理论和实践始终体现时代性、把握规律性、富于创造性。[①]简单地说，就是要提高党的思想建设科学化水平，用发展着的马克思主义指导实践。这既是我们党作为马克思主义执政党加强自身建设的基本经验总结，也是化解当前党所面临的精神懈怠的危险的具体对策。

① 参见《中共中央关于加强和改进新形势下党的建设若干重大问题的决定》，《人民日报》2009年9月28日。

新时期，广东在党的理论武装和思想建设方面取得了一定成绩，但党员干部中也还存在不少思想问题。具体表现为一些党员、干部不学习、不读书，忙于应酬；一些党员干部忽视理论学习、学用脱节，理想信念不坚定等。根据相关调查问卷显示，广东党员对政治理论学习很感兴趣的只占43.5%，而超过一半的党员态度是一般。[①]为此，在广东庆祝中国共产党成立90周年大会上，时任省委书记的汪洋同志特别强调："我们要清醒地看到，一些党员干部的宗旨意识正在淡化。有的信仰缺失，组织观念淡薄，党的优良传统和作风尽失；有的'官本位'思想严重，高高在上，甚至认为人民群众的幸福生活是执政党创造的，忘记了人民群众才是历史前进的动力；有的为做官而做事，乐于搞'政绩工程'、'面子工程'，不惜损害人民群众的长远利益；有的把经济增长当作唯一目的，重物轻人，忽视了增长的资源环境代价，忽视了社会的公平正义，忽视了社会建设。"[②]上述问题，集中反映了广东省党的建设过程中所面临的精神懈怠的危险，主要表现就是少数党员干部的理想信念发生动摇。此次会议上，汪洋特别指出，广东的党员干部一定要做一个"幸福生活的创造者"、"解放思想、改革创新的开拓者"。而且强调广大党员一定要具有崇高的信念和追求，能够全面理解和准确把握幸福的内涵，把群众的利益放在个人利益前面，在为人民群众带来幸福的过程中感受自己的幸福。同时，还要求广大党员干部要克服自满思想，要树立世界眼光，要以改革创新推动广东转型升级，更好地为人民群众谋取幸福。

其实，早在过去几年中，中共广东省委就根据中央指示精神，按照"科学理论武装、具有世界眼光、善于把握规律、富有创新精神"的要求，把建设马克思主义学习型政党作为广东党的思想建设的重大战略任务常抓不懈。就其主要举措而言，主要是通过创新学习方法，开辟学习论坛，不断健全理论中心组学习制度；通过创新主题教育，加强党性锻炼，不断提高领导干部的素质能力；通过联系思想实际，深入解放思想，牢固树立科学发展理念，夯实党执政的思想基础。上述举措取得了积极效果，但正如时任省委书记的汪洋同志所说，尽管成就令人欣喜，我们没有任何

① 参见《一份提升我省党建科学化水平的重要文件》，《南方日报》2010年1月19日。

② 汪洋：《在广东省庆祝中国共产党成立90周年大会上的讲话》，《南方日报》2011年6月30日。

理由骄傲自满，必须时刻保持清醒头脑，增强忧患意识。

2011年7月1日，胡锦涛总书记在纪念建党90周年大会上指出，在新的历史条件下提高党的建设科学化水平要秉承四个“必须坚持”。其中，第一个就是“必须坚持解放思想、实事求是、与时俱进，大力推进马克思主义中国化时代化大众化，提高全党思想政治水平”[①]。这就为进一步深化广东党的建设，推动广东党的思想建设科学化，明确了目标、方向与任务。为此，中共广东省委特别出台了《中共广东省委关于贯彻〈中共中央关于加强和改进新形势下党的建设若干重大问题的决定〉的实施意见》（以下简称《实施意见》），特别强调通过创建学习型党组织，大力加强党的思想理论建设。一方面，强调要坚持用中国特色社会主义理论体系武装党员干部。主要对策是开展省、市、县三级党委中心组定期举办学习论坛或讨论会，推进科学理论进教材、进课堂、进头脑，深入开展社会主义核心价值体系学习教育，扎实推进社会主义文化建设。另一方面，强调要广泛开展读书活动，提高党员干部学习能力。在全省基层党组织和党员干部中开展“创建学习型组织、争当学习标兵”活动，并加强对读书活动的督查，把理论素养、学习能力作为选拔任用领导干部的重要依据。[②]由此，《实施意见》的发布为广东省进一步提高党的建设科学化水平创设了“着力点”，也为广东省当好推动科学发展、促进社会和谐的排头兵奠定了思想基础。2012年6月28日，时任省委书记的汪洋同志在广东省庆祝中国共产党成立91周年大会上进一步指出，切实提高广东党的建设科学化水平，一定“要坚持武装思想、坚定信念，从思想、政治上加强党的先进性和纯洁性建设。加强党性修养和党性锻炼，切实做到讲政治、顾大局、守纪律，坚守共产党人的精神家园，带头学习践行新时期‘厚于德、诚于信、敏于行’的广东精神”[③]。

与此同时，我们必须清晰地认识到，推进广东党的思想建设科学化不可能一蹴而就，更不是一日之功。一方面，推进党的思想建设科学化必须实现党在理论上的成熟。因为，党的理论成熟是政治上坚实的基础，理

① 胡锦涛：《在庆祝中国共产党成立90周年大会上的讲话》，《人民日报》2011年7月2日。

② 参见《一份提升我省党建科学化水平的重要文件》，《南方日报》2010年1月19日。

③《汪洋强调切实提高党的建设科学化水平》，《南方日报》2012年6月29日。

论上的与时俱进是行动上锐意进取的前提，这样才能促成全党思想上的统一、步调上的一致。因此，必须坚持把马克思主义作为立党立国的根本指导思想，坚持不懈地推进马克思主义的中国化、时代化、大众化，推进党走向理论自觉。另一方面，推进党的思想建设科学化必须实现党在理论上的创新。实践发展永无止境，认识真理永无止境，理论创新更是永无止境。因此，必须紧密结合世情、国情、省情，大力推进理论创新，在实践中检验真理、发展真理，用发展着的马克思主义指导新的实践。再一方面，推进党的思想建设科学化必须实现党在理论上的武装。加强党的理论武装是党加强自身建设的一条重要经验。我们必须按照建设马克思主义学习型政党的要求，用中国特色社会主义理论体系武装全党，全体党员和干部要真正做到学以立德、学以增智、学以创业。唯有如此，方能为继续推进广东科学发展奠定坚实思想基础。

二、化解能力不足的危险，推进党的组织建设科学化

党的基层组织是党全部工作和战斗力的基础，是落实党的路线方针政策和各项工作任务的战斗堡垒，发挥着推动发展、服务群众、凝聚人心、促进和谐的积极作用。推进党的组织建设科学化，要着眼于巩固党的执政基础，坚持党的组织路线，适应科学执政、民主执政、依法执政的要求，用科学的制度、机制和方法，全面推进领导班子建设、干部队伍建设、人才队伍建设、党的基层组织建设和党员队伍建设。[①]因此可以说，推进党的组织建设科学化，是应对和化解党的能力不足的危险的具体对策，实质意义上也就是在党的组织建设中实现选人、用人、培养人的科学化。

党的十七大以来，中共广东省委坚持德才兼备、以德为先的选人、用人标准，以围绕贯彻落实科学发展观为出发点，坚持民主、公开、竞争、择优的方式，大力培养选拔具有科学发展理念和能力的优秀干部，为广东经济社会发展提供了坚强的组织保证。但还存在一些亟待解决的问题。一方面，一些地方和部门习惯于按传统发展模式选人用人，选拔考核干部的

① 参见高永中：《提高党的建设科学化水平研究报告》（2012年2月26日），中国组工网，http://www.qgzgw.com/html/2012/03_0226/395_7.html。

理念、办法不适应科学发展的要求；另一方面，一些领导班子整体作用发挥不够，推动科学发展、处理复杂问题能力不强；再一方面，一些地方和部门对干部的管理失之于宽、失之于软。与此同时，全省基层党建工作始终坚持服务党的工作大局，但基层党组织的管理手段和创新能力与经济社会发展的要求不完全适应的问题仍然突出，一些基层党组织战斗堡垒作用和党员先锋模范作用还不够明显。[①]因此，时任省委书记的汪洋同志在庆祝建党90周年大会上，特别提醒全省党员干部要清醒地看到，广东一些地方党的基层组织软弱涣散和干部队伍建设的问题仍然存在。从其集中表现来看，一是班子不健全，运转乏力，工作脱节；二是领导班子内部不团结，难以形成工作合力；三是有的干部缺乏带领群众奔康致富的本领；四是有的干部法制观念和依法行政能力不强。[②]上述问题，较为典型地反映了党的组织建设中出现了能力不足的危险，集中表现在少数党员干部的能力素质难以适应科学发展的要求，这是制约充分发挥党的基层党组织战斗堡垒作用的关键因素。不仅如此，随着中国特色社会主义建设实践的深入，还出现了党的组织和工作覆盖面滞后于“两新”组织的迅猛发展，流动党员教育管理工作办法不多、措施不力，以及党的舆情引导、分析和处理机制还不健全，党应对网上舆情危机的能力和提升网络话语权的水平低下等崭新问题，都成为新时期影响党的组织建设科学化的重要因素。

为此，中共广东省委根据中央文件精神，发布的《实施意见》立足通过注重使用贯彻落实科学发展观态度坚决又有能力的干部、规范干部选拔任用初始提名、加大竞争性选拔干部的力度、坚持和完善从基层一线选拔干部制度、从严管理干部、吸引和培养一大批创新创业人才和高技能人才等创新举措，大力加强领导班子和干部队伍建设，锻造高素质干部队伍。同时，还着力通过加大非公有制经济组织和社会组织建立党组织的力度、提高党的组织生活质量、建立党内荣誉证书授予制度、结合“规划到户责任到人”扶贫开发工作构建城乡统筹基层党建新格局、建立稳定规范的基层组织工作经费保障制度等党建创新亮点，大力加强基层组织建设，夯实党的基层基础。可以说，《实施意见》的发布，为广东党的组织建设创设

① 参见《一份提升我省党建科学化水平的重要文件》，《南方日报》2010年1月19日。

② 汪洋：《在广东省庆祝中国共产党成立90周年大会上的讲话》，《南方日报》2011年6月30日。

了现实路径和具体对策。但我们也必须清醒地认识到，随着世情、国情、党情、省情的深刻变化，推进党的组织建设科学化的进程既不是一帆风顺，也不是一劳永逸的。所以，在刚刚结束的中共广东省第十一次党代会上，时任省委书记的汪洋同志特别强调，要不断“提高管党治党水平，必须选贤任能、固本强基”。要进一步深化干部制度改革，全面加强市、县领导班子建设，坚持重心下移，全面推进党的基层组织建设。坚持党员发展标准，及时处置不合格党员，为团结带领全省人民加快转型升级、建设幸福广东铸造核心力量。①

所以，从具体路径上考察，在新的历史条件下提高广东党的组织建设科学化水平，就是要遵循胡锦涛总书记在纪念建党90周年大会上提出的“必须坚持五湖四海、任人唯贤，坚持德才兼备、以德为先用人标准，把各方面优秀人才集聚到党和国家事业中来”的根本原则。也就是要坚持任人唯贤、广纳人才，以事业感召、培养、造就人才，不断增加新鲜血液，始终保持党的蓬勃活力。②这是对党的组织建设历史经验的理性总结。具体说来，一是从指导原则上看，要不断提高党的执政能力和领导水平，保证党始终与时代发展同步伐，始终具有蓬勃生机和旺盛活力，始终引领中国经济社会发展进步。二是从组织建党方略上看，要创造性地继承和发展“支部建在连上”的思想精髓，强化基层党组织推动发展、服务群众、凝聚人心、促进和谐的战斗堡垒作用，努力建设一支牢记宗旨、心系群众的党员队伍。三是从对策建议上看，要进一步深化干部人事制度改革，加强和改进党的基层组织建设，重点在提高选人用人公信度上求实效，重点在抓基层打基础上求实效。四是从检验标准上看，要坚持以执政能力建设和先进性建设为主线，考察期是否实现了党的科学执政、民主执政、依法执政，党的创造力、凝聚力、战斗力不断提高。③做到选人、用人、培养人的科学化，既是当前党的组织建设的重要内容，也是党应对内外部环境考

① 参见《广东省第十一次党代会隆重开幕》，《南方日报》2012年5月10日。

② 参见胡锦涛：《在庆祝中国共产党成立90周年大会上的讲话》，《人民日报》2011年7月2日。

③ 参见高永中：《提高党的建设科学化水平研究报告》（2012年2月26日），中国组工网，http://www.qgzgw.com/html/2012/03_0226/395_7.html。

验的重要保障。

三、化解脱离群众的危险，推进党的作风建设科学化

党的作风体现着党的宗旨，关系党的形象和人心向背，关系党和国家的生死存亡。党的十七届四中全会强调，我们要坚持全心全意为人民服务的根本宗旨，是坚持以人为本，贯彻马克思主义群众观点和党的群众路线，实现好、维护好、发展好最广大人民的根本利益，做到权为民所用、情为民所系、利为民所谋，不断增强党的阶级基础、扩大党的群众基础，使党始终得到人民群众支持和拥护。我们党最大政治优势是密切联系群众，党执政后的最大危险是脱离群众。新时期，不断推进党的作风建设科学化，就是要化解党脱离群众的危险。因为，在长期执政的条件下，尤其是在改革开放和发展社会主义市场经济的过程中，党的作风方面的问题、脱离人民群众的问题、消极腐败现象滋长和蔓延的问题，会比以往任何时候都更加突出地表现出来。这就更加急迫地要求我们不断推进党的作风建设科学化，坚持立党为公、执政为民，保持党同人民群众的血肉联系。

随着改革开放的深入，广东面临着经济体制、利益格局、社会结构和思想观点等多层因素的深刻变化，党的作风建设也面临着一系列新情况和新挑战。新时期，广东围绕“加快转型升级、建设幸福广东”这一核心任务，坚持“问政于民、问需于民、问计于民”等举措，有效推进了党的作风建设的新发展，但还存在着一些较为突出的问题。一方面，一些党员领导干部作风浮夸，脱离基层，脱离群众，抓落实不力；另一方面，广东省内一些地方、单位形式主义严重，文山会海问题比较突出，党员干部办事推诿、扯皮、拖拉，对此群众反映强烈。为此，时任省委书记的汪洋同志也在庆祝建党90周年大会上特别提醒全省党员干部，要清醒地看到“一些党员干部艰苦奋斗的作风正在弱化。有的党员干部滋生了养尊处优、贪图安逸的思想，艰苦奋斗的精神和意志有所衰退；有的得过且过，不求有功，但求无过，过‘平安日子’做‘太平官’；有的作风不正，官僚主义、形式主义问题比较突出，到基层调研，习惯于蜻蜓点水、走马观花，把走访变成了‘走秀’，不深入了解群众疾苦；有的责任心不强，工作回

避矛盾，缺乏迎难而上的勇气，推诿拖拉，甚至弄虚作假，等等”[①]。这些问题，集中反映了少数党员干部宗旨意识日渐淡薄，艰苦奋斗作风正在弱化，联系服务群众的本领不足，协调利益关系能力低下等现实问题。可以想见，在面临社会群体阶层多元化、社会意识多样化、社会价值差异化的冲突，在面对利益矛盾日渐凸显、群体性事件不断增多、对抗程度不断增强的社会形势时，广东党的作风建设将面临日益严峻的挑战。

如何破解广东党的作风建设难题，党的十七届四中全会明确指示，要通过大兴密切联系群众之风、求真务实之风、艰苦奋斗之风、批评和自我批评之风，以坚强党性保证党的作风建设。这是新时期推进党的作风建设科学化的重要指针。中共广东省委在具体实施《中共中央关于加强和改进新形势下党的建设若干重大问题的决定》的过程中，特别强调领导干部是党的作风建设的关键，是密切联系群众的重点。为此，《实施意见》特别规定广东党政领导干部每年下基层调研、接待群众来访的时间，分别不少于2个月、3个月、4个月。同时，还提出要建立健全工作责任制，营造求真务实良好氛围的新要求新举措。主要包括：一是严格执行领导干部公务活动有关规定，严格控制发文和会议的数量、规模、支出，进一步减少文山会海。二是健全机关作风暗访长效机制，建立省、市、县、乡镇四级联网的综合电子监察系统，加强作风建设情况的监督。三是加强科学发展观落实情况的监督检查，坚决制止劳民伤财的“形象工程”和沽名钓誉的“政绩工程”。四是强化纪律保障，对作风浮夸、敷衍塞责引发重大事件或造成重大损失，以及弄虚作假、虚报浮夸的，坚决追究责任。[②]这些举措是当前广东省委推进党的作风建设的重要抓手。

新时期，继续推进广东党的作风建设科学化，按照胡锦涛总书记在纪念建党90周年大会上对党的建设未来走向的科学谋划，就是“必须坚持以人为本、执政为民理念，牢固树立马克思主义群众观点、自觉贯彻党的群众路线，始终保持党同人民群众的血肉联系”[③]。这一总体设计的关键是

---

① 汪洋：《在广东省庆祝中国共产党成立90周年大会上的讲话》，《南方日报》2011年6月30日。

② 参见《一份提升我省党建科学化水平的重要文件》，《南方日报》2010年1月19日。

③ 胡锦涛：《在庆祝中国共产党成立90周年大会上的讲话》，《人民日报》2011年7月2日。

要实现党的群众观点、群众工作的科学化。因此，谋划广东党建未来发展，推进广东党的作风建设科学化，一是坚持充分相信和依靠全党同志和广大人民群众的指导原则。注重发挥各级党组织和广大党员群众的积极性、创造性，把方方面面的智慧和力量凝聚到推进党的建设科学化中来；把实现好、维护好、发展好最广大人民的根本利益体现到党的建设的全过程，使党的建设让全党满意、让人民满意。二是坚持着眼于保持党同人民群众的血肉联系的努力方向。注重解决党的思想作风、学风、工作作风、领导作风、干部生活作风方面的突出问题，坚持马克思主义价值观和群众观，牢固树立立党为公、执政为民的执政理念；坚持求真务实的科学态度，按客观规律办事，察实情、出实招、求实效；坚持马克思主义认识论和方法论，坚持科学的思想方法、领导方法和工作方法，防止和克服片面性、绝对化，实现党的作风建设科学化。三是坚持是否密切了党同人民群众的血肉联系，党的阶级基础得到切实增强，党的群众基础不断扩大的检验标准。四是坚持真诚倾听群众呼声，真实反映群众愿望，真情关心群众疾苦，多为群众办好事、办实事，做到权为民所用、情为民所系、利为民所谋的作风建党方略。五是坚持重点在联系组织服务群众上求实效的对策举措。既要注意把党员培养成新时期群众意见领袖，又要重视对民间组织的掌控和领导，还要通过创新党的群众工作体制、培训各级干部群众工作能力，开拓党的作风建设新局面。①

四、化解消极腐败的危险，推进反腐倡廉建设科学化

坚决反对腐败，是保持马克思主义政党的先进性和纯洁性，是建构和维护党的执政合法性必须始终抓好的重大政治任务。党的十七届四中全会提出，必须充分认识反腐败斗争的长期性、复杂性、艰巨性，把反腐倡廉建设放在更加突出的位置，坚持标本兼治、综合治理、惩防并举、注重预防的方针，严格执行党风廉政建设责任制，在坚决惩治腐败的同时加大教育、监督、改革、制度创新力度，更有效地预防腐败，不断取得反腐败斗

① 参见高永中：《提高党的建设科学化水平研究报告》（2012年2月26日），中国组工网，http://www.qgzgw.com/html/2012/03_0226/395_7.html。

争新成效。新时期，党面临着发展市场经济的考验，市场经济的逐利本性和市场经济活动中的寻租行为，导致腐败机会增多，能否经受这一考验，关系党的生死存亡。因此，深入推进惩治和预防腐败体系建设的科学化，是化解消极腐败危险的针对性对策。

胡锦涛总书记曾经指出，在和平建设时期，如果说有什么东西对党造成致命伤害的话，腐败就是最突出的一个。改革开放三十多年来，广东坚持“一手抓改革开放，一手抓惩治腐败”，积极营造“南粤清风”，取得了显著的成效。2009年广东重拳出击，全国乃至全世界的反腐目光多次聚焦于此。时任广东省政协主席的陈绍基、时任深圳市市长的许宗衡相继落马，韶关市委原常委、政法委原书记、市公安局原局长叶树养受贿案，法院系统“11·13”系列腐败案，新广国际重大经济损失案等一批大案陆续被查出。上述成绩的背后也折射出广东反腐形势严峻，反腐工作任重道远。就其主要问题和不足，时任省委书记的汪洋同志提醒全省党员干部必须对此有清醒认识，因为“广东一些党员领导干部腐败现象仍然突出。目前，违法违纪案件在一些地方和部门仍呈易发多发态势，极少数中高级干部严重违纪违法问题影响恶劣，损害群众利益的不正之风还比较严重”[①]。上述问题是造成党的形象受损、党的执政地位动摇的重要因素。就目前而言，广东省惩治和预防腐败的重点是领导干部，关键是解决“一把手”监督难的问题，这是制约广东反腐败斗争深入开展的瓶颈所在。为此，时任省委书记的汪洋同志提出，广东党员干部一定“要做一个遵纪守法、维护社会公平正义的模范”。既要遵纪守法、维护社会公平正义，更要廉洁自律，加强党性修养。每一个党员都要自觉加强党性修养，牢固树立纪律观念，要始终坚持把人民利益放在高于一切的位置，不以权谋私，不贪赃枉法，不奢侈浪费，不任人唯亲，在各自的工作岗位上艰苦奋斗，实践立党为公、执政为民的要求，并以自身的模范行为带动影响群众，在全社会形成良好的道德风尚。

在纪念建党90周年大会上，胡锦涛总书记提出“必须坚持标本兼治、综合治理、惩防并举、注重预防的方针，深入开展党风廉政建设和反腐败

---

① 汪洋：《在广东省庆祝中国共产党成立90周年大会上的讲话》，《南方日报》2011年6月30日。

斗争，始终保持马克思主义政党的先进性和纯洁性”[①]，并以此作为推进党的建设科学化的重要举措之一，这也是新时期深入开展反腐败斗争总体设计和重要路径指南。早在十七届四中全会上，中央就提出通过加强廉洁从政教育和领导干部廉洁自律、加大查办违纪违法案件工作力度、健全权力运行制约和监督机制、推进反腐倡廉制度创新等四项举措，来化解党所面临的消极腐败的危险。联系广东实际，广东省委提出通过着力建构和完善惩防腐败体系，提升反腐倡廉建设的科学化水平。最为引人关注的举措包括：针对网络上热议的“裸官”问题，完善对配偶子女均已出国（境）定居的公职人员的管理制度；实行领导干部定期报告廉洁自律情况制度；按照事前的权力制约、事中的权力监督、事后的权力问责，以“五个硬招”强化对“一把手”监督等。[②]上述举措，既有针对性，又有广东特色，是新时期提高广东管党治党水平的有益探索。

为进一步规划反腐倡廉工作，2012年5月9日，时任省委书记的汪洋同志在中共广东省第十一次代表大会上特别强调，一要积极探索市场经济条件下反腐倡廉建设的规律，注重治本，注重预防，注重制度建设，推进反腐倡廉体制机制创新，加强“制度防腐”工作。二要严格落实党风廉政建设责任制，不断完善具有广东特色的开放、动态、创新的惩治和预防腐败体系。三是要积极开展廉洁从政教育，注意用鲜活的反腐案例教育党员领导干部，弘扬“南粤清风”廉洁文化。四是要加强廉政风险防控，着力强化党内监督，充分发挥党外监督、专门机构监督、群众监督和舆论监督的作用。五是要切实加强对党员领导干部尤其是“一把手”的监督，严格执行诫勉谈话、函询、巡视和领导干部报告个人有关事项等制度，加强领导干部和国有企业领导人员的经济责任审计，进行领导干部个人财产申报试点。六是要严肃查办违纪违法案件，既要注重对重要领域、重点环节腐败行为的查处，又要解决好发生在群众身边的腐败问题。对腐败分子，不论是什么人，不论职务有多高，都要依据党纪国法予以严惩，决不姑息。[③]

① 胡锦涛：《在庆祝中国共产党成立90周年大会上的讲话》，《人民日报》2011年7月2日。

② 参见《一份提升我省党建科学化水平的重要文件》，《南方日报》2010年1月19日。

③ 参见《坚持社会主义市场经济的改革方向　加快转型升级　建设幸福广东——汪洋在中国共产党广东省第十一次代表大会上的报告》（2012年5月9日），南方网，http://news.southcn.com/g/2012-05/16/content_45408550.htm。

与此同时，为深入开展新形势下的反腐败斗争，必须重点在解决人民群众反映最强烈、意见最集中的问题上求实效。一是坚决遏制一些领域的消极腐败现象和不正之风，开展建筑、交通、公款消费、公务用车等领域的专项治理。二是下决心解决党员领导干部廉洁自律方面存在的突出问题。健全官员财产申报和社会管理建立制度，加快实施对配偶子女均移居国外的公务员进行登记管理，加强对"裸官"因私出国、因公出国实施特殊管理措施。三是着力解决发生在群众身边的腐败问题。比如征地拆迁、住房保障、食品药品安全、环境保护、安全生产等问题，以及教育、医疗卫生等领域的腐败。①

五、化解制度缺陷与不足，推进党的制度建设科学化

实现党和国家的长治久安，必须依靠制度的保障。推进党的制度建设科学化，是一个带有根本性、全局性、稳定性和长期性的战略问题。党的制度包括党的领导制度和党内生活制度，是中国特色社会主义制度的有机组成部分，构建内容协调、程序严密、配套完备、有效管用的制度体系，既是提高党的建设科学化水平的需要，也是坚持和完善中国特色社会主义制度的需要。改革开放以来，我们党深刻总结历史经验，把制度建设作为一项重要基础性建设，贯穿于党的建设的各个方面。既用制度建设来促进党的思想建设、组织建设、作风建设和反腐倡廉建设的深入发展，又用制度建设来巩固党的建设取得的成果，努力探索注重从制度上建设党的新经验新路子。

改革开放以来，随着党的建设各项工作不断走向科学化、制度化、规范化，以民主集中制为核心的党的制度建设取得重大成绩和进步，但是仍存在着制度贯彻不力，制度连续性和可操作性不强，制度繁密化比较严重等问题。比如，"民主集中制贯彻过程中变形走样问题还没有得到根本解决，领导班子决策的民主化、科学化有待进一步加强；干部民主推荐、民主测评的科学性和真实性难题还没有根本破解，干部制度改革纲要的改革

---

① 参见高永中：《提高党的建设科学化水平研究报告》（2012年2月26日），中国组工网，http://www.qgzgw.com/html/2012/03_0226/395_7.html。

项目和改革举措在一些地方还没有得到完全贯彻，个别地方和部门跑官要官、买官卖官问题屡禁不止，严重影响选人用人公信度的提高；许多制度只是站在某一方面或某一部门角度来设计和制定，导致顾此失彼；不同时期出台的制度口径不一致，缺乏衔接性，甚至相互抵触；一些制度只有原则性要求，缺少具体操作程序和实施措施，导致基层不能执行、不会执行。一个制度出来要配套许多个制度，已有的制度还没有执行好，又要出台新的制度，造成制度过于繁密，引发制度之间相互‘打架’、‘扯皮’等问题”[①]。联系广东党的制度建设实际，也存在着一些不容忽视的制度建设缺陷或问题，主要是“党的领导制度方面有待进一步完善，党代表大会制度的有关配套制度还有待改进，党内基层民主选举制度还不够健全，全委会一般一年只开两次会；一部分党委委员没有真正进入履职状态，平时缺少对地方全局性问题的调查和研究，有的甚至只把当选为委员作为一种荣誉，在党委中往往扮演的是‘客串’角色，参与集体决策的作用相当有限”。如何破解广东党的建设过程中的制度缺陷，《实施意见》从充分发挥党委会的作用、健全党委领导体制和工作机制、落实党员主体地位和民主权利、实行党代表任期制和试行党代会常任制、改进基层党内选举制度等五个方面出发，对加强党内民主建设、健全民主集中制提出具体要求。同时提出通过不断创新党建工作机制，加强党建“主业”意识，落实党建工作责任制，以科学的方法推进党的建设。

新时期，不断推进广东党的制度建设科学化，必须积极响应胡锦涛总书记在庆祝建党90周年大会上的讲话精神，也就是“必须坚持用制度管权管事管人，健全民主集中制，不断推进党的建设制度化、规范化、程序化”。为此，必须始终把制度建设贯穿党的思想建设、组织建设、作风建设和反腐倡廉建设之中，坚持突出重点、整体推进，继承传统、大胆创新，构建内容协调、程序严密、配套完备、有效管用的制度体系。具体说来，就是“要坚持以党章为根本、以民主集中制为核心，坚持和完善党的领导制度，改革和完善党的领导方式和执政方式，发展党内民主，积极稳妥推进党务公开，保障党员主体地位和民主权利，完善党代表大会制度和

---

① 高永中：《提高党的建设科学化水平研究报告》（2012年2月26日），中国组工网，http://www.qgzgw.com/html/2012/03_0226/395_7.html。

党内选举制度，完善党内民主决策机制，保障党的团结统一，增强党的创造活力，坚决克服违反民主集中制原则的个人独断专行和软弱涣散现象。全党同志都要牢固树立法律面前人人平等、制度面前没有特权、制度约束没有例外的观念，认真学习制度，严格执行制度，自觉维护制度”①。这是针对制度建设在党的建设中的地位而提出的重要战略举措。

从实质意义上看，推进党的制度建设科学化，就是实现制度制定、制度执行、制度维护的科学化。因此，在未来努力的方向上，一是要着眼于坚持和健全民主集中制，依靠科学的制度建设党，大力推进制度创新，形成以党章为根本、以民主集中制为核心的制度体系；二是重点建立健全具有整体性、根本性、基础性的制度，完善各类配套制度，使整个制度体系于法周延、于事简便、严密完整、切实有效；三是要注重制度的贯彻实施，用科学有效的机制和方法保证各项制度得到切实执行，实现党的制度建设科学化。为此，有必要建立健全严密规范的制度体系。首先，要规范清理现有制度，坚持“分类规范、删繁就简、易于执行”的原则，不科学的及时废止，有缺陷的修订完善，重复设置的归并统一。其次，要加强关键性制度建设，坚持党的基本法规建设与具体的实施细则建设相结合，实体性制度建设与程序性制度建设相结合。最后，要严格制度执行，注重制度宣传，强化党员干部的制度意识、纪律意识，切实提高制度的执行力，切实维护制度的严肃性和权威性。②新时期，我们必须在新的实践中不断总结党的制度建设的成功经验，深入探索党的制度建设的科学规律，不断创新党的制度建设的内容，进一步提升党的建设科学化水平。

改革开放三十多年来，广东既走在全国经济社会发展的前列，也走在不断改革创新党的建设的前列。新时期广东党的建设将面临更多的挑战，提高党的建设科学化水平的要求更加迫切。为适应新形势新任务的需要，必须提高党的思想建设科学化水平，用发展着的马克思主义指导实践，做到选人、用人、培养人的科学化，做到群众观点、群众工作的科学化，做

---

① 胡锦涛：《在庆祝中国共产党成立90周年大会上的讲话》，《人民日报》2011年7月2日。

② 参见高永中：《提高党的建设科学化水平研究报告》（2012年2月26日），中国组工网，http://www.qgzgw.com/html/2012/03_0226/395_7.html。

到惩治和预防腐败体系建设的科学化，做到制度制定、制度执行、制度维护的科学化，不断推进党的思想建设、组织建设、作风建设、反腐倡廉建设和制度建设，为团结带领全省人民加快转型升级、建设幸福广东凝聚力量。

主要文献

1. 中共中央马克思恩格斯列宁斯大林著作编译局编．列宁全集．6卷、14卷，北京：人民出版社，1986、1988.

2. 邓小平文选．1~3卷，北京：人民出版社，1993、1994.

3. 中共中央文献编辑委员会编．刘少奇选集．上卷，北京：人民出版社，1981.

4. 中共中央文献编辑委员会编．江泽民文选．1~3卷，北京：人民出版社，2006.

5. 江泽民．论“三个代表”．北京：中央文献出版社，2001.

6. 李铁映．论民主．北京：人民出版社，2001.

7. 中共中央文献研究室编．江泽民论有中国特色社会主义．北京：中央文献出版社，2002.

8. 中共中央文献研究室编．十四大以来重要文献选编．上册，北京：人民出版社，1996.

9. 中共广东省委宣传部编．广东省解放思想学习讨论活动文件汇编．广州：广东人民出版社，2008.

10. 蒋斌，梁桂全主编．敢为人先——改革开放30年研究总论．广州：广东人民出版社，2008.

11. 王晓玲．广州改革开放30年．广州：广东人民出版社，2008.

12. 广东改革开放纪事编委会．广东改革开放纪事．1978—2008，广州：南方日报出版社，2008.

13. 尹德慈编．广州党建研究报告．广州：广东经济出版社，2010.

14. 苟志效主编．解放思想在广东．广州：广东人民出版社，2009.

15. 王征国．思想解放论：解放思想与观念变革研究．长沙：湖南人民出版社，1998.

16. 中共广东省委宣传部编. 改革开放三十年历史回顾与经验启示：解放思想学习讨论活动参考资料. 广州：广东人民出版社，2008.

17. 李萍，王丽荣主编. 党建工程的排头兵——广东党的建设30年. 广州：广东人民出版社，2008.

18. 于景森著. 学习型政党研究：关于中国共产党建设学习型政党的历史、理论与实践. 广州：人民出版社，2009.

19. 李爱平主编. 推进学习型党组织建设实用手册. 北京：人民日报出版社，2010.

20. 王燕文，何亦农，潘金洪等著. 学习型组织建设与评估. 北京：社会科学文献出版社，2004.

21. 侯以信，孟昭安，王梦茹著. 学习型政党建设研究. 石家庄：河北人民出版社，2006.

22. 郝振省，陈威主编. 中国阅读全民阅读蓝皮书. 第1卷，北京：中国书籍出版社，2009.

23. 林尚立著. 党内民主：中国共产党的理论与实践. 上海：上海社会科学院出版社，2002.

24. 唐晋主编. 党内民主：通向大国之路的中国民主. 北京：人民日报出版社，2009.

25. 王炳林主编. 和谐社会视野下的党群关系研究. 北京：人民出版社，2009.

26. 甄小英等编. 党群关系新论. 北京：中央党校出版社，2001.

27. 曹殊著. 新时期党群关系的理论与实践. 北京：中国社会科学出版社，2006.

28. 许德明主编. “两新”组织党建概论. 上海：上海人民出版社，2007.

29. 叶笃初等主编. “两新组织”的党建创新. 南京：江苏人民出版社，2001.

30. 邓频声等著. 中国特色反腐倡廉道路研究. 北京：时事出版社，2011.

31. 王浦劬著. 政治学基础. 北京：北京大学出版社，1995.

32. 王长江著. 政党现代化论. 南京：人民出版社，2004.

33. 王长江主编. 党内民主制度创新. 北京：中央编译出版社，2007.

34. 刘宗洪著. 执政党建设的新视野. 上海：上海三联书店，2007.

35. 王邦佐等著. 执政党与社会整合. 上海：上海人民出版社，2007.

36. 陈学峰著. 和谐社会与执政党建设. 北京：人民出版社，2006.

37. 关海庭主编. 执政兴国之路——中国共产党执政面临的挑战. 北京：华文出版社，2007.

38. 权伟太著. 执政党论. 北京：中共党史出版社，2004.

39. 李慎明主编. 执政党的经验教训. 北京：社会科学文献出版社，2008.

40. 李慎明主编. 党的建设与中国特色社会主义. 北京：社会科学文献出版社，2011.

41. ［美］亨廷顿著，刘军宁译. 第三波：20世纪后期民主化浪潮. 上海：上海三联书店，1998.

42. ［意］萨托利著，雷飞龙译. 政党与政党制度. 台北：韦伯文化事业出版社，2000.